我国研究型大学
教师学术职业身份与工作选择

基于A大学的个案研究

RESEARCH ON TEACHERS' ACADEMIC IDENTITY AND WORK CHOICE
IN RESEARCH UNIVERSITIES IN CHINA

The Case Study Based on A University

师玉生　著

上海三联书店

序　言

　　唐代韩愈的《师说》在前半部分对老师的作用及人们为什么应该从师学习的道理讲得很精辟,他说:"古之学者必有师。师者,所以传道授业解惑也。人非生而知之者,孰能无惑？惑而不从师,其为惑也,终不解矣。生乎吾前,其闻道也固先乎吾,吾从而师之；生乎吾后,其闻道也亦先乎吾,吾从而师之。吾师道也,夫庸知其年之先后生于吾乎！是故无贵无贱无长无少,道之所存,师之所存也。"这段话的大意是,古代求学之人必有老师。老师的作用就是讲授道理、传习知识和技能以及解答疑难困惑之事。人不是生来就懂得道理和知识的。只要有人懂得道理和知识比我早,他就可以作为我的老师,这无关他的年龄大小和贫富贵贱。道理和知识在哪,老师也就在哪。其中,"传道授业解惑",既说明了教师的根本职责和作用,也点出了教师的本质特征,即,教师之所以有别于其他职业身份者,就在于他是以向他人传授道理和知识以及解答疑难问题为职业的人,这种身份的人可以被简称为"教者"。

　　我们认为,如果说,天下所有的教师要有一个共同而且是最本质的身份特征的话,那就是"教者"。这是所有教师必然共有的原生身份,而其他都是派生身份,如学者、社会服务者、政治人、经济人、商人、技术人等。也就是说,只要是教师,无论从教于基础教育,抑或是从教于高等教育或其他任何教育,他的原生身份都是"教者",如果他再有其他外加身份,这些身份只能是他的派生身份而已。教师的这种特性,古今中外,概莫能外。甚至可以说,"教"是教师这一身份的本质属性,离开了这个属性,就不可能是真正意义上的"教师",而只能是其他职业或从业者。从这一意义上讲,我们认为,中外各级各类学校里与"教"字无关或没有直接参与"教"活动的所有教辅人员和部分党政领导人,其真实身份并不是严格意义上的"教师",他们只不过是在一定时期内负有某种职责或完成某些使命的学校服务者和领导者。

但是,自从真正意义上的大学诞生以来,大学教师的身份一直处于变化之中,其变化的总体趋势是日益多元化、复杂化甚至混乱化。教师身份的这些变化,与不同时期大学的职能演变有关,而大学职能的演变是大学内外部因素的变化和影响所致,特别是与社会外部环境对大学施加的压力或需求变化有着强大的关系。

我们认为,大学教师身份的演变,大致可以分成如下四个阶段:

一是单元身份阶段,即比较单纯"教者"的阶段,这一阶段大致是从 12 世纪末到 18 世纪末。1088 年在意大利北部诞生了博洛尼亚大学(University of Bologna,它是由中世纪罗马法学家依内里奥创办的一所拥有完整大学体系的大学,被公认为"世界大学之母"),这所大学与其他在中世纪诞生的一些古老大学一样,都是通过教学手段培养当时的专业人才,如医生、牧师、律师、教师等,教授知识和技能是这一阶段教师的本质属性和根本任务。

二是双元身份阶段,即"教者+学者"阶段,这一阶段大致是从 19 世纪初到 19 世纪末。1810 年 10 月,德国根据著名教育家、时任普鲁士教育大臣的威廉·冯·洪堡(Wilhem von

Humboldt)的教育理念创办了柏林洪堡大学（Humboldt-Universitat zu Berlin），它除了继续把教学作为大学基本职能外，还创新性地把科学研究作为大学的另一种重要职能而进行特别强调。自由的学术研究和独立的科学精神是这所大学最根本的办学理念，因而，其教师的身份是"教者＋学者"。1878年成立的美国约翰·霍普金斯大学（Johns Hopkins University）继承和发展了这种办学理念，引导和激励大学教师注重科学研究，培育独立自主的学术精神和科学研究精神。因此，当时教师的身份既是教授学生知识的"教者"，也是从事科学研究、创造知识的"学者"。很快地，这种办学理念受到欧美大学的广泛推崇和效仿，后来，这种新型的研究型大学在世界各地兴起。

　　三是三元身份阶段，即"教者＋学者＋服务者"阶段，这一阶段大致是从19世纪末到第二次世界大战结束时期。我们知道，从19世纪中后期到20世纪中叶，强调实用和功利的行为主义在美国大行其道，是美国社会的主流意识形态和文化生态。因而，在19世纪后期，美国威斯康星大学首倡并履行了大学的社会服务职能，其办学理念是，除了人才培养和科学研究之外，大学应该走出象牙塔而服务于国家和社会，满足国家和社会的现实需要，这既是大学的重要职责之一，同时也是大学的生存和发展之道。由于受到这种办学理念的影响，大学教师的身份，就在原有基础上增加了社会和国家的"服务者"特征。但是，必须指出的是，大学递增的这一"社会服务职能"，使大学从此走上了世俗化和平庸化的演变之路。就是说，从此以后，大学为了自身的生存和发展，越来越无条件地甚至无原则地满足国家和社会的各种需要，甚至是大量的浅层需要，从而在一定程度上不惜以牺牲大学的本质精神——学术独立和思想自由为代价；而作为大学真正主人的教师，从此也逐渐扮演起多重角色而疲于奔命。他们时而是正襟危坐的传道授业者，时而是严肃认真的科学研究者，时而又是卑微庸俗的社会服务者。

四是多元身份阶段,在这一阶段,大学教师的身份复杂多变,而且日趋混乱,他们在"教者、学者和社会服务者"之外,在一定时期,可能还兼有政治人、经济人、技术人和商人等身份特征。这一阶段大致是从1945年开始一直延续到现在。在这一阶段,大学教师的身份,与其说是教者兼学者兼社会服务者,还不如说是无法明辨的大杂烩。随着大学的发展和市场主义的冲击,大学教师们普遍产生了身份认知困惑。不仅教师自我身份的认同与社会对教师身份的认同存在很大的不协调性甚至冲突,而且教师自我身份的认同都出现了危机,即教师自身都可能已无法辨清自己到底属于何种身份。他们有时是传统意义上的教师(即教者身份),有时是思想不能完全独立的专业学术主义者(如专业学术官僚身份),有时又是政治权力的热衷追求者、辩护者和共谋者(即政治人身份),其他时候他们可能又是一家企业的老板或经济组织的顾问(即经济人或商人身份)。在此也要说明的是,不知从何时起,国内不少学者把文化传承作为大学的基本职能之一,同时,也把文化传承者的身份强加到大学教师身上。其实,这是不妥的,至少是没有必要的。因为大学教师中的"教者"和"学者"身份,就完全担负起了文化传承的使命,因而这种"文化传承"的提法,显然是多此一举!

下面,笔者仅就美国大学教师的"政治人"身份略作说明。第二次世界大战结束后,美苏不再是盟友,为了争霸世界,美国把苏联作为最主要竞争对手甚至是不容共生共存的政治敌手,因而开始实施以军事竞赛和经济围堵为主要特点的大规模全面对抗的冷战政策,这为美国国内麦卡锡主义的兴起创造了条件并打下了基础。而且在1950年代初中期,美国民主、共和两党的党派争斗十分激烈,国内政治气候炭气冲天,不仅反共主义气息浓烈,而且反智主义、怀疑主义和反不忠主义盛行。这种极其恶劣的政治风气波及全美各行各业,当然,美国各所大学也毫不例外。在全美各地,只要有人对政府意见提出异议或有宽容共产主义的言论和倾向,都有可能被视为对政府或国家不忠,从而惹来杀身之祸或麻烦事缠身,"而首当其冲的则是那些具有自由思想的大学教师,他们受到了更多的质疑,于是联邦政府对高校'精英式的高级研究和科学发展前景'研究项目的资助和高校教师行为进行全面质询和监控,同时还要求教师,尤其是州立大学的教师签署忠诚宣言"(参见王真真.当代美国大学老师的身份危机[J].江苏高教.2019(4):113)。因此,在麦卡锡主义的淫威之下,美国大学教师不得不屈从于国家政治权力,他们不得不违心地放下学术自尊和曾经的文化贵族身架,转而成为国家和政府的权力共谋者或卑微的歌功颂德者,而大学原生的学术独立精神和思想自由精神已基本被摧残得荡然无存,教师俨然成为卑躬屈膝的"政治人",而此时,大学也可悲地沦为政府的附庸机构。

　　至于大学教师的经济人、商人或技术人等身份认知及其形成的背后原因,在国内外许多文献中均有大量论述,在此无需赘言。

　　通过以上的简单分析,我们可以清楚地看到,现代大学教师的身份认知不仅多元复杂,而且混乱不堪,甚至已出现了教师身份的认同危机,其原因是极其复杂的,但社会的变迁、大学的自身演变、实用主义的盛行以及国家中心主义的兴起等,无疑是重要原因。而大学教师身份的认知混乱和认同危机,将必然会造成教师在教育教学、科学研究和社会服务工作中的职位错乱、效率受损和精力分散,如此,从小的方面讲,不利于教师本人的成长和进步;而从大的方面讲,也有害于大学的发展甚至国家的进步。因此,在现时代的背景下,探讨大学教师学术职业身份的感知、认知、认同及其身份演化的深层原因以及解决大学教师身份认同危机的途径等,应该是一个非常有意义和重要的研究主题。

　　本书是甘肃河西学院师玉生博士的力作。他借助于新制度主义、制度逻辑和资源依赖等理论和方法,以我国一所综合性研究型大学为研究案例,通过比较科学合理的研究方法,从多维度和多层面,着重分析和研究了我国研究型大学学术职业制度和机制的阶段性演变特征、大学教师的学术职业结构及其特点、大学教师学术职业身份及职业环境等的分类及其感知情况、大学教师学术职业身份认同危机或冲突的表现及其成因等。尤其值得称道的是,作者基于国家、市场和专业共同体的理论和逻辑,深刻地揭示了影响我国研究型大学教师学术职业身份感知与工作选择的各种因素。因此,本书的研究内容丰富,研究视角宽阔,研究结论可信,研究成果值得国家有关部门和研究型大学制订相关政策时参考,同时也值得我国学术研究界的关注。当然,任何学术研究都是无止境的,我希望作者不畏艰辛,继续努力,不断攀登学术高峰,并在不远的将来能够以更加优异的学术成就奉献于社会。期待作者新的飞跃。

林荣日
2021 年 4 月 3 日于复旦园

前　　言

　　随着大学与国家和市场关系的变化,国家和市场的价值信仰和工作模式不断嵌入大学,共同改变着大学教师的学术职业感知系统,特别是大学教师的学术职业身份、工作选择以及学术职业环境满意度。这些改变在我国研究型大学表现得更为明显。研究型大学的教学研究人员(统称为教师)以学术工作为基础,原本拥有一套以教师、研究者和社会服务者为一体的学术身份系统。但是,受到国家政策导向、市场竞争法则、大学绩效管理以及学术共同体认可机制等的影响,我国研究型大学教师原本统一的学术身份系统不断被解构为相互割裂、甚至冲突的身份系统,导致学术工作中普遍存在"重科研轻教学"的现象。因此,本研究的基本问题是:我国研究型大学教师如何认识其学术职业身份? 不同学术身份认同的教师其工作选择情况如何? 三种统一的学术身份为什么会发生割裂? 院校和教师如何去应对这些变化?

　　基于上述思考,本研究以我国一所研究型大学为案例(本研究中命名为 A 大学),在考察了 A 大学教师规模和结构变化的基础上,采用问卷调查和深度访谈等方法研究了 A 大学教师的学术职业身份、工作选择以及学术职业环境的基本现状,并且采用制度逻辑理论的分析框架,分析了国家、市场、公司和学术专业四种制度逻辑对我国研究型大学教师学术职业身份和工作选择的影响和作用形式,最后提出了促进我国研究型大学教师学术职业身份走向统一的政策建议。本研究为研究型大学教师理解其职业身份、工作特点和职业环境提供了一种新的研究视角,能够为国家和院校学术职业相关政策的调整提供理论和实践的指导。通过研究得出了以下结论:

第一,我国研究型大学教师供求关系和结构的变化,不仅影响着大学教师招聘、晋升、考评和薪酬等政策的制定,也会深刻地影响大学教师的学术职业身份、工作选择与职业期望。

第二,A 大学教师普遍认为大学教师是教师、学者和社会服务者为一体的综合身份系统,但在实际工作中三种学术身份具有统一性和冲突性的特点。具体表现在:(1)A 大学教师更加认同学者和研究者的身份,但在实际工作中教师或教育者的身份履行得更好,不同身份认同的差异影响着教师工作任务的分配与选择;(2)虽然在 A 大学"重科研轻教学"现象依然存在,但这种现象并不严重,院校政策对教师教学和科研工作的重视程度有较大影响;(3)研究工作对 A 大学教师的吸引力更大,即便教学为主型教师也对研究更感兴趣;(4)在实际工作和自由支配的工作时间里,A 大学教师用于科研工作的时间都多于教学,实际工作中不同岗位类别的教师教学与研究工作的时间分配与岗位性质基本一致;在自由支配的时间里,研究为主型教师用于科研工作的时间整体上高于教学为主型教师,研究为主型教师用于教学工作的时间也高于教学为主型教师,这主要是因为研究为主型教师也会将更多的时间用于研究生的指导和培养。

第三,A 大学教师对学术职业环境的整体感知处于比较好的水平,但各因子上差异较大;学术职业自我感受、制度环境、工作和生活压力以及工作的支持性条件是影响 A 大学教师学术职业环境满意度的重要因素;相对宽松的学术职业环境为 A 大学教师学术职业身份和工作选择提供了一定的机会和空间。

　　第四,国家、市场、公司和专业逻辑是影响 A 大学教师学术职业身份感知与工作选择的重要因素,每种制度逻辑都以不同的形式和作用机制影响着教师的学术职业身份感知与行为选择。具体表现在:(1)在国家逻辑中,研究型大学教师具有国家公务人员的身份特征,教学和研究工作的选择深受国家战略的影响。具体表现在:政策法规是国家控制大学的基本手段;委托人与代理人关系是国家与大学的基本关系;科研项目平台制是政府控制研究经费和研究内容的基本途径;事业单位身份决定着教师薪酬与职业发展轨迹。(2)在市场逻辑中,研究型大学教师身份具有更加功利的特点,职业利益是其教学与研究工作选择的主要依据。市场逻辑对研究型大学教师学术职业身份和工作选择的影响主要表现为学术劳动力市场供求关系的变化促进了研究人员的多样化;市场竞争机制正在影响着教师的收入结构与分层;学术劳动力市场的供给水平决定了人才招聘方式、范围和质量;市场逻辑与学术逻辑的结合引发了研究类型分化和学术管理的革命。(3)在大学管理日益公司化、项目制的背景下,研究型大学教师属于大学公司的雇员,绩效是大学教师短期的工作目标和利益追求。公司逻辑中,“大学公司”规模扩张为新型组织的出现提供了机会;公司逻辑下绩效评价标准更加差异化;研究型大学学术权力的重心在院系,院系学术权威和管理人员是目前研究型大学权力结构的主体。(4)在专业逻辑中,研究型大学教师在国内学术共同体内拥有较高的学术声誉和地位,优秀的学者是他们更加认同的学术身份,工作的目标是获得更大的学术成就和更高的声望。能力和志趣是我国研究型大学教师学术职业选择和发展的内在动力;社会关系网络是我国研究型大学教师获得学术声望的主要途径;同行评价是我国研究型大学教师学术评价的主要方式;评议人是我国研究型大学教师在学术共同体中担任的主要角色。

在我国研究型大学,每一位教师都在外部环境和院校政策的影响下建构着独特的学术身份系统和工作模式。为了促进研究型大学教师学术职业身份从割裂走向统一,本研究从推进博士生培养制度改革、完善教师考评政策、提升教师发展中心效能、强化教师分类管理、完善教师激励机制等方面提出了一些政策建议。

目　　录

第一章　　绪论

　　在西方国家，"学术职业"（Academic Profession）专指大学教师所从事的职业。美国学者洛根·威尔逊认为学术职业是一种以学术研究为志业和追求的人①，马克斯·韦伯称他们为"由神职召唤的，以知识的探索、发现与传播为天职的人"②。这样的人不仅具有以专业知识探究和发现真理的能力，还将真理的探究与发现视为终极目标和生存方式，代表着社会的良心和发展方向。我国学者沈红教授也进一步指出，学术职业专门指代的是大学教师所从事的职业，是一种"以学术为生、以学术为业、以学术知识为从业者得以生存和发展为基本特征的一种专门职业"③。

　　随着高等教育功能的不断扩展，高等教育在国家政治经济发展和文化引领方面的作用不断增强，大学教师这一职业群体的角色认知、理想信念及工作模式都与马克斯·韦伯的时代相去甚远，学术研究的志趣也由知识探究的天职向获得更多物质利益转变，学术工作也向加速主义的模式转变，大学教授甚至变成了"学

---

①　沈红.论学术职业的独特性［J］.北京大学教育评论，2011，09（3）：18—28。
②　马克斯·韦伯.学术与政治［M］.冯克利译，北京：生活·读书·新知三联书店，1999：155。
③　沈红.论学术职业的独特性［J］.北京大学教育评论，2011，09（3）：18—28。

术资本家"。许多人担忧,当大学教师所从事的工作都不再神圣的时候,这个国家和社会将会走向何方？因此,本研究在目前我国高等教育变革的大背景下,重点考察我国研究型大学教师的学术职业身份、学术职业工作选择的变化情况,并对这些变化的原因进行分析。在本章,将会对本研究的基本问题、研究思路与方法以及国内外相关研究的基本概况做一简要的介绍。

第一节　研究背景和问题的提出

一、研究背景

（一）国家和市场双重作用下我国研究型大学学术工作模式的变化

一直以来,高等教育在我国承担着重要的政治、经济使命,担负着中华民族伟大复兴的重任。高等教育和国家现代化之间有着密切的联系。国家在高等教育发展中拥有一定的控制力和领导权,几乎承担着高等教育发展的全部责任。20 世纪 80 年代以来的政治体制改革在高等教育领域也产生了较大的影响,政府职能转变主要体现在简政放权方面,中央政府赋予地方政府和高等学校更多的办学自主权,"由对学校的直接行政管理,转变为通过立法、拨款、规划、信息服务、政策指导和必要的行政手段进行宏观管理",[1]这是在《中共中央关于教育体制改革的决定》中对政府职能转变的基本表述,在其后的几次重大教育改革与规划文本中都在延续和明确这种精神。经过多年的改革,在国家法律法规和

---

① 　中共中央关于教育体制改革的决定[EB/OL]. http://www.moe.gov.cn/jyb_sjzl/moe_177/tnull_2482.html.

宏观政策的指导下,高等学校不断拥有更多的办学自主权:只要符合国家基本政策的规定,高校可以自主开展教育教学、科学研究、技术转化和社会服务等活动,自主设置专业和调整学科,自主制定学校发展规范,自主设置教学研究和管理机构,自主决定学校内部收入分配办法,自主管理和使用人才,自主管理和使用学校财产和经费等。与此同时,高等学校在获得更多办学自主权的同时也应承担更多的社会责任。为了规范和引导学校的办学行为、提升高等学校的教育质量,20世纪80年代开始中央和地方政府引入质量评估作为规范和引导高等学校办学活动的一种重要手段,评估结果不断被用在院校经费资助、教学科研平台建设等方面,这在先后出台的重点大学和重点学科建设政策中体现得更加明显。

由于中央和地方政府掌握着高等教育发展的核心资源,大学对国家的依附作用更强。院校必须有卓越的表现才能获得更多的资源和政策支持。作为政府代理人的高校及教学研究人员必须拿出更多可以显现的成果获得作为委托人的各级政府的信任,比如更加优质的教学和更多丰硕的研究成果。政府和高校在这种委托代理关系中不可避免地表现出作为整体的大学和作为个体的校长及行政管理人员之间的责任分散与消解,即使有各种各样的问责机制也会因为高等教育目标的模糊性和产出的复杂性弥散和消解办学主体的责任压力。

高等教育的复杂性一定程度上带来了政府管理的失灵,这恰好给市场的介入带来了契机。与我国长期以来形成的政府管理路径依赖不同,在由计划经济向市场经济的转变中,市场在资源配置中发挥的作用更加明显。市场经济中供求平衡、价值交换、成本核算以及公平竞争的机制,使得参与市场活动的组织和个人在发展规划、机会选择等方面有了更多最优选项。在国家和院校制定的学术政策中以市场为导向的经济方法不断增加,身处其中的大学教师的行为也越发具有市场和类市场的特征,美国学者斯劳特和莱斯利将其称为"学术资本主义"(学术资本主义用来描述高等学校和教师的市场或类市场的行为,学术资本主义的本质特征是学术研究的资本化和竞争性①)。学术资本主义背景下,国家科研政策逐渐从直接由政府拨款方式转变为通过设立各种研究基金项目、教学研究平台基地等间接的绩效资助形式,这些经费的获得大都具有竞争性的特点,拥有比较优势的单位和个人才能够获得较多的资助。另外,高等学校在知识创新和技术研发方面具有天然的优势,越来越多的企业和商业团体开始通过出资购买知识产权和投资技术研发等形式参与大学的研究工作,参与这些研究项目的大学和个人也能获得相应的经济回报。市场力量的介入使高等学校和教学研究单位及个人更加清楚地看到了研究带来的经济收益,学校获得了更多的研究经费资助,单位和个人的工作价值也可以快速地在市场交换中变现。不管是政府的经费投入还是产业界的捐赠和投资,都是院校通过竞争方式获得的,这都有赖于院校自身的教学研究优势。

　　20 世纪 80 年代以来,世界范围的高等教育都表现出了一个显著的变化:大学对政府拨款、学费、捐赠基金和企业资助的依赖程度不断增加,这些资金的流向和使用效率必须接受利益相关者的监督和问责②(阿特巴赫、莱斯伯格、拉姆布雷,2009);与此同时,经费和资源的流向又与院校声望密切相关。这种共生关系导致身处高等教育国际和国内市场中的大学"正在努力提升院校的

　　① 希拉·斯劳特,拉里·莱斯利.学术资本主义[M].梁晓,黎丽译,北京:北京大学出版社,2014:8。
　　② 菲利普·阿特巴赫,利兹·莱斯伯格,劳拉·拉姆布雷.全球高等教育趋势:学术革命追踪——2009 世界高等教育大会趋势报告摘要(上)[J].世界教育信息,2009(11):15—18。

声誉和等级"[①]（Hazelkorn，2009）。

通过以上的分析我们可以看到，我国研究型大学学术职业变革深受政府和市场的影响，虽然二者的运行机制存在着较大的差异，有时甚至相互矛盾，但是他们有一个共同的作用机制——追求卓越。对卓越的追求深刻影响着大学决策和大学内部教学研究人员的行为。卓越和一流是院校和学者一直的追求，绩效和评估却是近年来大学和教学研究人员必须面对的客观现实。

在学术领域中普遍存在着"竞标赛制[②]"和"马太效应"——拥有较高声誉的大学和学者可以从政府和市场中获得更多的研究资助和经济回报，拥有更多资源和经费的大学和学者又可以快速积累更高的声誉和经济回报。因此，学术场域的"竞标赛制"和"马太效应"会愈演愈烈，短期内提升大学和学者的声誉唯有尽快提升科研生产力。"在这样的背景下，院校主动或被迫去遵循追求卓越的标准化模板"[③]（Hallett，2006）。为了快速提升院校的声誉和等级，许多院校都不约而同地选择提高科研产出绩效作为应对外部资源压力的基本逻辑。这在我国顶尖研究型大学中表现得更加明显，这些大学在院校政策方面拥有更大的自主权，他们比地方高校拥有更多自主制定人才招聘、晋升以及内部薪酬分配政策的权力。科研生产力的核心是绩效，绩效包括科研产出的质量和数量两个方面。这种以绩效为导向的学术工作模式改变了学术职业的结构形态和传统的学术工作模式，直接导致学术职

---

① Hazelkorn E. Rankings and the Battle for World-class Excellence [J]. Journal of Higher Education Policy & Management，2009，21(1)：4.

② 阎光才. 学术等级系统与锦标赛制[J]. 北京大学教育评论，2012，10(3)：8 - 23。

③ Hallett T，Ventresca M J. Inhabited Institutions：Social Interactions and Organizational Forms in Gouldner's Patterns of Industrial Bureaucracy [J]. Theory & Society，2006，35(2)：213 - 236.

业的日益分化和分层,也在一定程度上侵害了学术工作的专业自主权①(阿特巴赫、莱斯伯格、拉姆布雷,2009)。在我国高等教育领域,这种对绩效的重视也在愈演愈烈,作为世界高等教育市场中的后发展国家,我国的大学本身就缺乏学术专业自主自治能力,又要迎接世界高等教育国际化的挑战,这必然会带来新的混乱和问题,这也给教学和研究人员的价值、信念和工作方式产生更大的困惑和矛盾。

(二)绩效评估背景下院校和教师学术工作的选择

20 世纪 80 年代以来,我国高等教育管理体制改革的核心就是简政放权;政府逐渐减少对高等学校的行政干预,高校获得了更多自主管理权,承担着更多的高等教育发展责任,高校的办学活力被不断激发出来。随着高等学校自主办学实践的不断深入,各级政府和大学都在摸索中积累着经验和教训,国家宏观调控能力和手段也在不断改善。伴随着 20 世纪 90 年代中期以来国家重点大学和重点学科建设战略的实施(211 工程、985 工程和"双一流"建设),我国重点研究型大学基本都能够充分利用国家政策的红利,积极推进大学综合改革,也取得了一定的成效。

我国高等教育的主体是公立大学,属于国家公共事务的范畴,高等学校的办学经费绝大部分首先来自政府拨款,其次是学生缴纳的学费,还有企业和社会的捐赠,除此之外,大学也可以通过产学研合作获得一定的经费收入。不同高校上述各类经费的来源及其比例有较大的差异。但政府拨款和学费仍是大学经费收入的主体,因此学校的办学行为首先会受到政府和学生及家长的问责与监督。从 20 世纪 90 年代开始,中华人民共和国教育部

---

① 菲利普·阿特巴赫,利兹·莱斯伯格,劳拉·拉姆布雷. 全球高等教育趋势:学术革命追踪——2009 世界高等教育大会趋势报告摘要(上)[J]. 世界教育信息,2009(11):15—18。

和国家教育委员会就已经开始组织高等学校评估活动。在经历了早期的试点后,逐步发展成为一种全国范围的制度化评估制度。2002 年教育部下发《普通高等学校本科教学工作水平评估方案(试行)》,2004 年教育部成立了高等教育教学评估中心,至此五年一轮的本科教学评估就成了各个大学必须完成的一场考试,评估结果还要向社会公布。在本科教学水平评估之前,当时原国家教委就对我国普通高等学校开展了首轮国家重点学科评选工作(1986 年—1988 年);其后教育部学位与研究生教育发展研究中心先后进行了三轮学科评估,主要是对具有研究生培养和学位授予资格的一级学科进行整体水平评估,以了解参评学科的发展状况、促进学科的内涵建设,为提升研究生教育质量提供参考。本科教学水平评估和学科评估是目前官方层面的两大评估制度,评估的结果反映了院校的办学水平,也代表着参评院校的学术声誉和学科在全国高等教育体系中的等级和位次;同时,评估结果也会成为院校争取政府拨款和产业界资助的重要筹码。因此,能否交出一份令国家和社会满意的答卷对大学发展的意义非常重大。

除了政府主导的评估活动以外,一些非政府的大学排名也在快速发展,并且吸引着院校和公众的注意力。虽然各类排行榜的测度指标和权重有较大的差异,但是这些影响力较大的机构计算出的大学排行榜还是受到了院校和社会的空前重视。特别是一些后发展国家,将这些排行榜作为大学发展和学科建设成就的主要标尺和战略发展目标,例如国际上较有影响的 QS、USNEWS 等世界大学排名;国内的武书连、中国校友会网、武汉大学等相关课题组开发的中国大学排名等。虽然社会和大学对这些大学排名指标的科学性、商业化目的进行着激烈的批判,但一旦本国大学在这些排名中有进步又会大加赞赏。不论是政府主导还是民间自发的大学水平评估和学科评估,评估结果都会向社会公布,这对大学的办学水平和学术声誉都产生了较大的影响。

许多学者普遍在观念上达成了共识,一流大学具有一流的科学研究能力和一流的成果,但最根本的是一流的本科教育。但是,各类评估中科研产出一直是评估的重要指标,即便是教学相关的评估也会与科研有着密切的联系。例如在师资队伍的考核方面,仍然是评估教师的学术头衔和科研成果数量为主。评估代表着一种审计或认证的文化,评估组织都会根据评估目的设定一套严格的评估指标体系,然后根据院校的实际表现将院校划归到一定的等级,最后得到一个对评估院校的综合得分,这样的评估实质上是一种审核与计算的过程,但大学产出的数量和质量都是一个重要的指标。即便是质量也被换算成了各种数值,包括大学培养了多少优秀的毕业生、教师产出了多少高质量的成果、大学获得了多少经费,等等。

排名是大学声誉和办学水平最直接的体现。作为高等教育后发展国家,我国从 20 世纪 80 年代以来就提出建设世界一流大学和一流学科的口号。能否达到或接近一流,大学也都会在各大排行榜里寻找自己的差距。在这样的发展压力下,大学能够在短期内提升排名的直接手段就是提升科研产出的生产力,也就是产出绩效。基于科研产出的易获得性,提高科研产出生产力就理所当然地成为了大学政策制定者和研究人员推崇的手段。因此,问责压力下院校和教师最有效的行动策略也就变成了提升科研绩效和科研生产力,审计文化已经深深地影响着院校和教师的行为取向和追求。

(三)学术职业制度的演变与学者身份和工作模式的变化

学术职业制度主要指与学术研究相关的一系列制度和规范的总和。根据新制度主义理论关于"制度"概念界定,"制度"包括各级行政组织通过法定程序制定和实施的法律、法规、规章、条例、办法和指导意见,也包括学术共同体在学术工作过程中自发形成的用来规范学术秩序、保障学者权益、认可学术水平的一系列规制、习惯和范式等,还包括学术职业所处的宏观社会文化、价值观念等。学术职业制度是保障学术研究作为一种专门职业的重要载体,是用以规范和保障学术研究人员从事学术工作、实现学术职业专业化发展的制度规范体系。

虽然目前学者们认为,学术职业主要指大学中从事知识发展、传播和应用的教学和研究人员,也包括一些专门研究机构中从事学术研究工作的人员,但是从学术职业演进过程看,大学教师仍然是学术职业的主体和重要组成部分。原始部落中的记录员、巫师以及生产工具的制造者可能是最早从事知识发展和应用的专门人员,当然,这时并没有形成一套规范的正式制度来规范从业者的行为。国家和阶级产生以后,在国家机构中专门从事法律、医术、军事和行政工作的官吏,学校中从事教学工作的教师,在寺庙从事高深学问研究的高级僧侣开始出现。从这个时候开始,虽然已经有一些关于从业者的资格、选拔和待遇等方面的规定,但他们仍然不是专门从事学术研究为职业的人员,从事学术研究工作只是他们的一部分职责。我国春秋战国时期诸子百家们著书立说、创办私学、进行文化研究、并致力于改造社会,他们应该较早地具有了学术职业的一些特点。古希腊智者创办的学园被称为西方乃至全世界最早的大学,学园内部也会有一些关于教学和学习方面的规范。但是这个时期的相关学术制度因为学校组织的合法性问题以及学术共同体的零散与薄弱,并没有使学术职业成为一种正式的职业,也不能称为真正意义上的学术职业制度。伴随欧洲中世纪大学取得了教皇或政府的特许状而获得合法的地位和身份,大学里从事学术工作的教师也获得了合法的地位和身份,并且受到相应的保护,在大学从事教学和研究工作的教师真正成为以学术为业、以学术为生的专门职业。教师行会或学生行会以组织的形式对教师资格、教师待遇、教学内容等进行审查与规范,并通过教师行会管理教师的思想和行为,学术职业制度才逐渐形成,并获得了更多的合法权。随着中世纪大学社会影响力的不断提升,大学不断与教皇或国王进行斗争,在斗争中大学及其教职员获得了学术自由、学术自治的权力,也获得了"神职身份"或国家"公务人员身份"①,同时也内生出了一些关于学术职业伦理和学术研究相关的基本制度,如学位的认证与颁发等。随着民族国家的崛起,大学的国家功能不断增强。以现代德国高等教育改革为契机,大学开始承担起了更多研究职能,大学教师只有具备和达到了国家规定的入职门槛才能受聘于大学,并有一整套完善的等级晋升、薪酬待遇等正式制度和规范被大学教师广泛认可。教师受聘于国家的同时,教师的公务员身份也在走向"契约化"②。这个时期与学术职业相关的制度规范基本上遵循着科学的逻辑,学者通过声誉和影响力进入大学,学术评价工作在学术共同体内部通过同行评价的方式完成,学术声誉来自研究成果的质量和对学术共同体的贡献。虽然这时候也会讲究学术研究的数量,但更加重视学术产出的质量,大学自治是保障学术职业健康发展的基本制度。

现代大学与国家的关系在 20 世纪以后发生了巨大的变化,高等教育的政治经济功能在第二次工业革命以后明显加强,在欧洲几乎所有的技术发明和革新都与大学有着千丝万缕的联系。一流的研究成果必须依靠一流的研究条件和充足的经费支持:大学的教学和研究工作越来越多地依赖政府的拨款与资助;社会捐赠也越来越多,大学与社会的联系越发紧密。大学需要政府和社会的经费资助,社会需要大学研发更多的技术与成果。在获得国家和社会的经费资助以后,大学也要产出与之匹配的成果、完成更

---

① 陈伟."从身份到契约":学术职业的变化趋势及其反思[J]. 高等教育研究, 2012(4): 65—71。

② 陈伟."从身份到契约":学术职业的变化趋势及其反思[J]. 高等教育研究, 2012(4): 65—71。

多的研发任务,招收和培养更多的专有人才。当高等教育大众化以后,越来越多的学生涌入大学,越来越多的企业需要大学的研究成果,国家间的竞争也日益激烈。在国家投入有限的情况下,办学成本与产出的科学计算就成为国家和大学共同面对的难题。

一系列问题的叠加,绩效管理和危机公关成为大学必需的行动策略。这种矛盾的集中爆发出现在 20 世纪 70 年代,新公共管理运动在欧洲国家兴起,以英国为代表的西方国家普遍减少政府对高等教育的直接拨款,特别是教学与研究经费(R&D 经费),政府引入竞争机制分配政府拨款和招生数额,教学研究绩效与拨款直接挂钩,同时鼓励大学通过产学研合作的形式获得工商界的研究资助。这种以绩效和产出为导向的国家政策带来了院校政策的改变,学术研究不再是闲暇和自由的职业,终身教职制度在美国遭遇了重大的危机。20 世纪 90 年代以后,大学管理活动中绩效管理和项目管理越来越流行。

伴随着 20 世纪 80 年代以来西方国家科技政策的变化,大学和研究人员可以通过转让技术和专利、开办公司、出售教育产品、为社会提供有偿服务等形式获得额外收入。越来越多的大学和教学研究人员积极投身于这样的活动,美国学者斯劳特和莱斯利也曾指出,世界高等教育已经进入了"学术资本主义的时代"①。当大学和教授拥有的知识转化为资本的时候,教学和研究工作的性质也就发生改变,传统上以知识探究兴趣为目的的工作变成了盈利,市场准则和盈利机制深深影响和改变着学术职业的身份、价值和工作习惯。一些研究表明,虽然学术资本主义行为具有显著的学科、性别、年龄等差异,但是这种新的学术政策导向正在改变着大学教学研究人员的价值、身份及工作模式。学术资本主义

---

① 希拉·斯劳特,拉里·莱斯利.学术资本主义[M].梁骁,黎丽译.北京:北京大学出版社,2014:8。

也在加剧大学及教师的分层与分化。

因此,学术职业的变革是大学与国家和市场关系不断调整或适应的结果,学术共同体内生的价值、惯习与规范常常受到外部环境的制约和影响。

(四) 我国研究型大学学术职业面临的压力和挑战

在过去的 150 年里,中国高等教育的国家功能不断加强,高等教育和国家现代化之间关系密切,高等教育承担着重要的政治、经济和文化功能,担负着中华民族崛起和复兴的重任。长期受到传统儒家文化的影响,高等教育不仅是知识分子自我完善的手段,也是一种实用主义的工具目标。中华人民共和国成立后,高等教育完全服务于计划经济的需要。20 世纪 80 年代,在计划经济向市场经济的转变过程中,高等教育的经济功能不断加强,并且市场在高等教育资源配置中发挥的作用也越来越大。与此同时,在过去的近四十年里,我国一直遵循"国家宏观调控下的市场经济模式",即一个强大的国家和自由的市场,以争取尽快实现现代化,提高国家的全球竞争力[1](Mok,2005)。国家利益和私人利益与高等教育的经济效益密不可分,这一模式使高等教育的经济和实用功能急剧增强。在这样的背景下,我国高等教育也迎来了一个高速发展的时期,处于高等教育顶端的精英大学在国家科技创新与经济腾飞中发挥着引领示范的作用,处于中间和底端的大学是高等教育普及化和应用性人才培养的中坚力量。精英研究型大学在自主办学方面获得了较多的政策与经费支持,研究型大学内部管理政策在国家宏观政策的指导下也具有更大的自主权,通过自主招聘、任用、晋升、评价、薪酬等政策,大学招聘到

---

① Mok K H. The Quest for World Class University: Quality Assurance and International Benchmarking in Hong Kong [J]. Quality Assurance in Education, 2005,13(13): 277 - 304.

了更加优秀的人才,激发出了教学研究人员更大的学术研究热情,学术人员的专业化水平显著提高。

政府通过问责与评估的方式间接对大学进行监管,问责与评估的结果与院校获得的资源直接相关。在这样的背景下,院校面对的外部评估压力更大,在大学内部以绩效为核心的项目管理被院系、研究中心和研究人员广泛采用,教师面临更大的绩效考核压力。与西方国家相似,应对外部问责压力和追求内部绩效卓越都将会成为我国高等教育发展的新环境。高等教育的发展创造了新的学者期望和学术工作模式,并形成了新的学者与院校、学者之间的动力关系。随着越来越多接受过高水平教育和训练的年轻学者进入研究型大学,学术人员的专业化水平不断提升;一大批具有海外教育和研究经历的学者进入大学,带来了学者群体的多样性。这样的政策调整在迅速提升我国研究型大学学术职业水平的同时,也给我国学术职业发展提出了新要求,学术职业将会面临更多的挑战,最明显地表现在以下几个方面:

首先,国家和大学希望短期内提升学校整体研究能力和院校排名的愿望,导致大学的学术工作过分强调研究结果,而忽视研究过程。"加速主义"发展模式①(Mok,2005)使得大学鼓励学者遵循独特和创新的路径开展学术研究,院校和学者似乎别无选择,只能专注于实实在在的利益和产出,屈从于功利主义的精神。虽然追求卓越和科学探究是一个漫长曲折的过程,但是学者被要求学术研究有一个可以预测的时间表。这样,院校和学者普遍只能选择,在牺牲质量的基础上追求有形产出的最快增长,也创建了一个建立在损害了学者热情、耐心和毅力基础上的功利主义制度文化,更

---

① Mok K H. The Quest for World Class University: Quality Assurance and International Benchmarking in Hong Kong [J]. Quality Assurance in Education, 2005,13(13): 277 - 304.

糟糕的是,这样的制度文化更容易催生学术不端行为的发生。

其次,由于学术人员基本工资相对较低[①],学者需要更多的创业机会,导致学者花费较多的时间从事"学术资本主义"的活动,而忽视了自己教学和研究的基本职责。这些"学术资本主义"的活动包括运营他们自己的公司、与私营企业合作、转让专利和技术发明、出版著作等,参与学术创业活动的学者主要集中在应用学科或与市场比较接近的领域。学者们普遍担忧,过分追求学术资本化不仅破坏学术研究的长远发展,创业精神也会损害学术研究人员的学术精神和教育学生的基本责任。

第三,在"审计文化"的时代[②](Strathern,2000),中国学者像许多其他国家的同行一样,主动或被强制依照外部人员制定的绩效和质量指标开展教学研究活动,这也会损害学者的专业自主性。在中国高等教育中,政府承担着高等教育发展的重要责任,在政府主导下采取由外部人员制定的量化指标评价学术工作,可能带来学术职业发展的低专业化问题。

我国研究型大学学术职业发展所面临问题,诸如注重问题导向的研究、量化产出、学术资本主义和低专业化等问题,也是世界各地高等教育发展正在面临的普遍性问题(阿特巴赫、莱斯伯格和拉姆布雷[③],2009;Hazelkorn[④],2009)。我国学术职业发展与

---

① 菲利普·G. 阿特巴赫. 失落的精神家园——发展中与中等收入国家大学教授职业透视[M]. 施晓光译,青岛:中国海洋大学出版社,2006。

② Strathern M. Audit Cultures:Anthropological Studies in Accountability,Ethics and the Academy [M]. Routledge,2000.

③ 菲利普·阿特巴赫,利兹·莱斯伯格,劳拉·拉姆布雷. 全球高等教育趋势:学术革命追踪——2009 世界高等教育大会趋势报告摘要(上)[J]. 世界教育信息,2009(11):15—18。

④ Hallett T,Ventresca M J. Inhabited Institutions:Social Interactions and Organizational Forms in Gouldner's Patterns of Industrial Bureaucracy [J]. Theory & Society,2006,35(2):213 - 236.

西方国家面临着相似的挑战,但生成机制和原因却有着较大的差异,我们是政府指导,他们靠市场调节。政府通过政策规范学术工作的同时,也在创造着学术人员新的价值、期望和学术工作习惯。

因此,基于目前我国学术职业变革的宏观环境以及研究型大学教师学术工作面临的问题和挑战,本研究将会通过调查研究的方法去验证我国研究型大学是否也存在上述这些问题;如果存在,研究型大学教师如何理解他们所从事的学术职业;是什么因素在影响他们对学术职业身份和工作选择的感知与理解。通过这些问题的研究,总结和发现目前我国研究型大学学术职业的基本规律与特点,为未来的学术职业政策调整提供一些可行的政策建议。

二、研究问题和基本内容

正如前面所述,在国家和市场的双重影响下,我国学术职业发展正在面临着过分重视问题导向的研究和科研生产力、重科研轻教学、学术资本主义和低专业化等问题,阿特巴赫等人在2009年就曾指出这些问题也是世界高等教育系统面临的普遍问题。我国研究型大学教师原本拥有教师、研究者与社会服务者为一体的学术身份系统,但是随着国家与市场的不断进入,大学教师原本统一的学术身份系统出现了冲突与割裂,不同身份认同的教师其教学、研究与社会服务工作的选择与投入也会存在较大的差异,这也就是我国高等教育领域普遍出现"重科研轻教学"现象的内在原因。因此,本研究将以我国研究型大学作为研究对象,以高等教育领域普遍存在的"重科研轻教学"现象为切入点,研究我国研究型大学教师的学术职业身份和工作选择问题。

　　基于我们对学术职业概念的理解，本研究认为我国的研究型大学教师的学术工作信念与价值更加接近学术职业的特性，因此，本研究的对象界定在我国研究型大学，因为这些大学办学历史悠久，教学和研究水平普遍较高，教师具有较好的教育背景和职业选择机会，教师的专业自主性相对较高，他们完全有能力选择自己的学术志趣，能够按照自己的学术理想和信念开展教学研究工作。这些大学处于中国大学场域的顶端，他们更容易获得国家政策调整的信息，拥有相对更大的办学自主权。这些大学教学研究水平较高，能够在国际国内学术劳动力中招聘到最优秀学者，教师的专业化水平较高，教师结构更加多样化；目前这些大学正在进行教师招聘、考评等相关政策的调整，例如教师招聘的全球化、教师评聘中的非升即走等。换句话说，目前我国高等教育领域日益严重的"重科研轻教学、过分重视问题导向的研究、强调科研产出绩效、学术资本主义等现象，更有可能发生在这些大学。因此，本研究选择我国研究型大学作为研究对象来研究我国学术职业变革问题更具现实性和代表性。

　　本研究以 A 大学为个案，从教学研究人员对学术职业身份感知和教学与研究工作选择的角度，采用问卷调查和个别访谈的方法，对我国研究型大学教师学术职业身份和学术工作选择的基本现状进行研究，借助制度逻辑理论的分析框架，考察国家逻辑、市场逻辑、公司逻辑和学术专业逻辑对我国研究型大学教师学术职业身份和工作选择的影响及作用形式。为了深入探讨我国研究型大学学术职业变化的表现及可能的原因，本研究对近四十年来我国普通高校和研究型大学学术职业规模与结构变化情况进行了详细的描述，总结了我国研究型大学教师学术专业化的水平与特点，为后面的理论分析提供了基本数据和事实的支持。本研究的基本内容包括以下几个部分：

　　第一，对中华人民共和国成立以来我国学术职业规模与结构变化情况进行了研究和回顾。首先,采用国家统计局统计年报数据,分析了中华人民共和国成立以来我国普通高等学校教师供求关系、职称结构、年龄结构、学历结构的变化情况,总结我国普通高校教师规模与结构的变化情况及特点。其次,聚焦到国内一所综合研究型大学(A 大学),采用该大学校志和年报统计数据,描述中华人民共和国成立以来该大学教师人数、年龄结构、职称结构、学历结构的变化情况,总结我国研究型大学教师规模与结构的变化情况及特点。最后,从大学内部治理结构,教学研究人员招聘、晋升、考评等政策的变化方面,分析总结我国研究型大学教师供求关系变化和学术职业专业化水平,为后面分析不同类型教师学术职业身份、工作选择与职业期望提供事实和依据。

第二,以 A 大学为案例学校,采用问卷调查法和访谈法,对我国研究型大学教师学术职业身份、教学研究工作选择以及学术职业环境基本现状进行调查研究,重点探讨教师的学术职业身份(教师还是学者)、学术职业期望、教学研究工作的选择、学术职业环境等。通过对上述问题的研究,总结我国研究型大学教师学术职业身份和工作选择的特点,并以此为依据在后面的章节中分析四种制度逻辑对学术职业身份和工作选择的影响。

第三,采用制度逻辑理论的分析框架,研究我国研究型大学教师学术身份和工作选择的影响因素,分析国家逻辑、市场逻辑、公司逻辑和专业逻辑对研究型大学学术职业身份与工作行为选择的影响和作用形式,进而探讨我国研究型大学学术职业变革的原因。

第四,研究的基本结论与反思。在前面研究的基础上对本研究的基本结论进行总结,提出了一些促进我国研究型大学教师学术职业身份走向统一的政策建议,并对本研究存在的不足和问题进行了反思。

三、研究目的与意义

（一）研究目的

研究型大学教师对于学术职业身份、教学工作和研究工作的选择以及学术职业环境的感知具有相对的独特性。虽然不同院校的学术职业政策具有较大的差异，但是他们却面对着相似的制度环境。本研究的基本问题是我国研究型大学教师学术职业身份与工作选择的基本现状及原因。对于学术职业身份、学术工作选择以及学术职业环境等主观感受的问卷调查和深度访谈，重点通过国家、市场、公司和学术专业四种制度逻辑对我国研究型大学教师学术职业身份和工作选择的影响和作用形式。通过这些问题的研究，本研究预期达到以下研究目的：

1. 通过对中华人民共和国成立以来，特别是近四十年来我国研究型大学教师规模与结构变化情况的整体描述，总结我国研究型大学教师供求关系与学术工作模式变化的特点，总结我国研究型大学学术职业环境的外部特征。

2. 在问卷调查和个别访谈的基础上，描述我国研究型大学教师学术职业身份、教学与研究工作选择、职业发展期望以及学术职业环境的基本现状，总结我国研究型大学教师职业身份、教学研究工作选择以及学术职业环境的基本特点。

3. 采用制度逻辑理论的分析框架，探明四种制度逻辑（国家逻辑、市场逻辑、公司逻辑和专业逻辑）对我国研究型大学教师学术职业身份和工作选择的影响程度和作用形式，特别是对教师职业身份、信念、工作价值及专业实践活动的影响。

4. 在对上述问题研究的基础上，总结我国研究型大学教师学术职业身份认同和工作选择的基本特点和影响因素，并且提出一些促进我国研究型大学教师学术职业身份走向统一的政策建议，为院校学术职业相关政策的制定和青年学者的职业指导提供帮助。

（二）研究意义

基于本研究的基本内容和研究目的,本研究对我国研究型大学教师学术职业身份和工作选择的基本现状以及影响因素进行研究,从教师职业身份认同的角度审视目前高等教育领域普遍存在的"重科研轻教学"现象的基本表现和成因,为改善研究型大学学术职业环境,提升学术职业专业化水平提供理论和实践的指导。本研究具有较强的理论意义和实践意义,具体表现在:

1. 通过对近四十年来我国普通高等学校和研究型大学教师规模与结构的变化情况的分析,可以归纳和总结我国学术职业规模与结构变化的规律,不仅可以丰富我国学术职业问题研究的成果,也能够为国家学术职业相关政策的调整提供理论和实践的指导。

2. 在问卷调查和个别访谈的基础上,研究我国研究型大学教师学术职业身份和工作选择的基本现状与特点,不仅可以丰富学术职业问题研究实践经验,也能为研究型大学人事政策的调整和完善提供实践的指导,并且能为青年教师的学术职业规划与发展提供帮助与指导。

3. 本研究采用制度逻辑理论的分析框架研究国家、市场、公司以及专业逻辑对我国研究型大学教师学术职业身份与工作选择的影响及作用机制,可以更加全面地展示我国研究型大学学术职业变革的原因,为高等教育改革与发展相关政策的制定提供理论和实践的指导。

4. 本研究采用制度逻辑理论的分析框架探讨我国研究型大学的学术职业变革问题,可以在一定程度上丰富和拓展制度逻辑理论的研究领域和应用范围,为制度逻辑理论提供更多的案例和经验支持。

四、研究思路与方法

（一）研究思路

本研究的基本内容包括相互联系的五个部分，且前后衔接为一个整体。本研究的基本思路如下：

首先，在对我国研究型大学教师规模与结构变化情况描述的基础上，分析我国研究型大学教师供求关系变化的基本特点和教师专业化水平的基本现状，为后面分析制度逻辑对教师学术职业身份和工作选择变化的影响和作用形式提供数据和事实的依据。

其次，采用问卷调查法和访谈法对我国研究型大学教师学术职业身份和工作选择的基本现状进行研究，总结我国研究型大学教师学术职业身份和工作选择的基本现状和特点。

第三，在问卷调查的基础上，研究我国研究型大学学术职业环境的基本现状，重点分析我国研究型大学学术职业环境为教师学术职业身份和工作选择提供了多大程度的选择机会和空间。

第四，在对我国研究型大学教师供求关系与专业化水平、教师学术职业身份与工作选择以及学术职业环境问题研究的基础上，采用制度逻辑理论的分析框架研究四种制度逻辑对我国研究型大学教师学术职业身份与学术工作选择的影响及作用形式。

最后，提出一些促进研究型大学教师学术职业身份走向统一的政策建议。

（二）研究方法

本研究主要采用了文献法、个案法、问卷调查法和访谈法四种研究方法，对我国研究型大学教师学术职业身份和工作选择的基本现状和原因进行了深入的研究,四种研究方法的使用情况如下。

1. 文献法

文献法是一种通过搜集、整理和分析各种现存的有关文献资料,从中选取信息,以达到某种研究目的方法。文献是一个相对广泛的概念。本研究中,首先收集到了国内外学者关于学术职业变革、高校教师学术职业身份、高校教师学术工作选择等问题研究的相关文献。通过文献的梳理以我国研究型大学学术职业变革的宏观环境作为研究背景,重点对研究型大学教师的学术职业身份和工作选择的相关文献进行了梳理,确定了研究问题和研究内容,进一步聚焦在国家和院校学术职业制度的改变对学术人员学术职业身份和工作选择行为的研究方面,并找到了制度逻辑理论作为分析我国研究型大学教师学术职业身份和工作选择变化原因分析的理论视角。其次,为了研究的需要,本研究全面收集了我国国家层面和案例大学层面与学术职业相关的政策文件,作为分析四种制度逻辑对我国研究型大学教师学术职业身份和工作选择影响的事实材料。同时,本研究详细收集了中华人民共和国成立以来我国普通高等学校和案例大学教师相关的统计年报数据,将其作为总结我国研究型大学教师规模与结构变化的特点,以及后面制度逻辑分析的数据和事实的基础。

2. 个案研究法

个案研究方法也称为案例研究法,主要是为了实现特定的研究目标,选取典型个人和组织作为研究对象,在较长时间内进行连续性的观察和研究,以揭示研究问题的全部特征。在我国,目前学术界对"研究型大学"这一概念仍有较大的分歧,但是结合我国高等院校分层分类的特点,大家普遍认为原来的 39 所"985 工程"建设高校一定程度上能够代表我国的"研究型大学",并且这些高校中的综合性大学更加符合国际上对"研究型大学"的界定。

因此,本研究中的研究型大学主要指我国原"985 工程"建设高校中的综合性大学。在具体样本高校的选取上,本研究选取了一所地处华东地区的综合性研究型大学为个案,本研究中将其称为"A 大学"。A 大学从中华人民共和国成立以来就被国家确定为重点建设高校,先后成功入选为"211 工程"和"985 工程"建设高校,在最新的"双一流"建设名单中该大学被确定为世界一流大学建设高校,该大学学科门类齐全、内部组织机构多样、教师来源多元、教学研究能力出众,并且具有较高的国际国内影响力。因此,选择 A 大学作为研究个案更能够反映我国研究型大学的基本特点,也能够更加清楚地看到四种制度逻辑对我国研究型大学教师学术职业身份和工作选择的影响。

3. 问卷调查法

为了研究我国研究型大学教师学术职业身份、教师工作选择以及研究型大学学术职业环境的基本现状及特点,本研究采用问卷调查法进行了研究。本次调查采用随机分层抽样的方法,选取 A 大学人文艺术学科、社会科学和理工医学三大学科领域的 400 名专任教师进行了调查,问卷采用现场发放的形式发放,共发放问卷 400 份,回收有效问卷 366 份,问卷回收率91.5%。

被调查教师的基本情况如下:在性别方面,男性教师 246 人,占 67.2%,女性教师 120 人,占 32.8%;具有博士学位教师 336人,占 91.8%,硕士及以下学位教师 30 人,占 8.2%;在教师年龄方面,30 岁以下教师 2 名,占 0.5%,30 岁—40 岁之间的教师 136人,占 37.2%,40 岁—50 岁之间的教师 148 名,占 40.4%,50岁—60 岁教师 50 名,占 13.7%,60 岁以上教师 30 人,占 8.2%;在教师专业技术职务方面,正高级教师 142 人,占 38.8%,副高级教师 172 人,占 47.0%,中级及以下教师 52 人,占 14.2%;在教师学科归属方面,文史哲等人文艺术学科教师 74 人,占 20.2%,经管法教等社会科学教师 94 人,占 25.7%,理、工、农、医等自然科学教师 188 人,占 51.4%,其他学科教师占 2.7%。

从样本教师的性别、年龄、最高学历、专业技术职务以及学科类属等情况看,样本教师基本能够反映 A 大学教师群体的基本情况,这与 A 大学 2017 年的信息公开数据所反映基本情况一致,2017 年 A 大学专任教师人数为 2665 人,其中教授和副教授总数为 2212 人,占专任教师的 83%,样本教师中教授和副教授比例占调查教师人数的 85.2%,因此,样本具有较好的代表性,样本情况表 1.1.1。

表 1.1.1　样本基本情况表

项目		人数	百分比	项目		人数	百分比
性别	男	246	67.2%	年龄	30 岁以下	2	0.5%
	女	120	32.8%		30 岁—40 岁	136	37.2%
最高学历	本科及以下	4	1.1%		40 岁—50 岁	148	40.4%
	硕士	26	7.1%		50 岁—60 岁	50	13.7%
	博士	336	91.8%		60 岁以上	30	8.2%
专业技术职务	正高	142	38.8%	所属学科	文、史、哲、艺等	74	20.2%
	副高	172	47.0%		经、管、法、教等	94	25.7%
	中级	50	13.7%		理、工、农、医	188	51.4%
	初级	2	0.5%		其他	10	2.7%
本校工作时间	0 年—3 年	42	11.5%	岗位性质	教学为主型	82	22.4%
	4 年—6 年	40	10.9%		研究为主型	268	73.2%
	7 年—10 年	94	25.7%		研究型	16	4.4%
	11 年—20 年	112	30.6%				
	20 年以上	78	21.3%				

　　在研究工具方面,本研究在参考现有文献的基础上,自编了
《我国研究型大学教师学术职业现状调查》调查问卷,问卷主要包
括四个部分:第一部分是调查对象的背景资料,包括被调查者的
性别、年龄、学历、专业技术职务、所属学科、岗位性质等信息;第
二部分是我国研究型大学教师学术职业身份与角色的情况;第三
部分,我国研究型大学教师教学与研究工作的基本情况;第四部
分,我国研究型大学学术职业环境的基本情况。其中我国研究型
大学教师学术职业环境调查表在参考阎光才调查问卷的基础上
进行了修订①。由于教师对学术职业感知的复杂性,普遍不存在
非此即彼的情况,因此,除了被调查教师的基本信息外,该问卷设
计大都是以多项选择题的形式呈现,我们只能通过被调查者对某
一问题选择情况的排序反映学者的倾向性。

　　4. 个别访谈法

　　访谈是社会科学研究的基本方法之一,本研究采用目的性抽
样的方式选取不同学科、年龄和职称的 11 名教师进行了深度访
谈,其中自然科学教师 2 名、社会科学教师 7 名、人文艺术学科教
师 2 名。教师访谈更加侧重于教师对其学术职业理想、价值、研
究工作及习惯等的理解,也包括学术人员对国家和 A 大学科研和
人事相关政策的认知、评价和回应等情况。在问卷统计和分析的
过程中,结合研究问题的实际情况,本研究也通过电子邮件的方
式对一些教师关于 A 大学"代表性成果"评价办法、教师高级职务
评审中对论文数量的规定等问题的看法或实际情况进行邮件访
谈。教师访谈采用了半结构化访谈的形式,通过熟人介绍的方式
选择访谈对象。本研究中重点访谈对象的基本情况见表 1.1.2。

---

　　① 阎光才.我国学术职业环境的现状与问题分析[J].高等教育研究,2011,32
(11): 1—9。

表 1.1.2　访谈教师基本情况表

访谈者编号	性别	出生年份	职称	学科	学术简历
H1	男	1972	教授	材料科学	分别于 1995 年、1998 年、2001 年获 A 大学学士、硕士和博士学位。2001 年留校任讲师，2003 年晋升副教授，2009 年任博士生导师，2010 年晋升教授。至今没有国外访学进修等经历，已发表 SCI 论文 130 余篇，授权中国发明专利 12 项。
L1	女	1966	教授	旅游管理	1999 年博士毕业于中国科学院，当年进入 A 大学工商管理博士后科研流动站，2001 年出站后在 A 大学旅游学系工作至今，先后在韩国世宗大学和德国德累斯顿技术大学等院校做访问学者。主持国家自然科学基金及国际合作科研课题 10 多项，主持和参与省市自治区的旅游业发展战略或旅游业发展总体规划等横向课题 10 多项。
W1	男	1878	讲师	英语语言文学	1998 年考入厦门大学，2002 年 7 月获厦门大学英语专业学士学位，后考入 A 大学攻读英语语言文学硕士研究生，2006 年获得直接攻博资格，2009 年 6 月毕业，英语语言文学专业博士学位，现任教于 A 大学外文学院大学英语教学部。2015 年申请教育部青年项目 1 项，发表论文 10 篇。
W2	男	1954	副教授	英语语言文学	1976 年本科毕业于 A 大学后留校任教，主要从事公共课大学英语教学工作，先后担任过教研室主任、大英部的副主任等职务，2016 年退休，目前返聘为研究生综合英语课程教学教师。
S1	男	1957	教授	人类学	博士生导师，全国人类学民族学领域首位长江学者，A 大学民族研究中心主任，曾任中国社会科学院研究生院教授、美国明尼苏达州卡尔顿学院人类学及亚洲研究伯恩斯坦讲座教授等职。出版专著或译著 9 部，发表论文若干，主持完成国家级课题多项。

续　表

访谈者编号	性别	出生年份	职称	学科	学术简历
G1	女	1985	副研究员	教育学	复旦大学英语语言文学学士,日本东京大学比较教育社会学硕士,清华大学高等教育学博士,2013 年入职 A 大学高教所,2016 年晋升副高级职称,主持省部级以上课题 4 项,出版专著 2 部,发表多篇权威论文。
F1	男	1986	讲师	法学	武汉大学法学学士,奥斯陆大学国际人权法硕士,2014 获得武汉大学法学博士学位后入职 A 大学,主要研究方向为比较宪法和人权法学,已在《法学评论》刊物上发表多篇中英文学术论文。
F2	女	1963	教授	法学	先后在 A 大学获得本科、硕士和博士学位,目前为 A 大学法学院教授,副院长,主要研究方向为国际法,出版专著 3 部,发表学术论文多篇。
F3	男	1968	教授	法学	2000 年毕业于北京大学法学院,获法学博士学位同年入 A 大学法学院工作,主要研究成果有著作 4 部、论文 50 多篇、译著 5 种。曾两次获得"我心目中的好老师"称号,2009 年获得上海市育才奖,获得 A 大学本科教学贡献奖。
GY1	男	1982	副教授	政治学	博士毕业于伦敦经济学院,曾任职于英国谢菲尔德市政府社会保障部和伦敦经济学院,2008 年入职 A 大学,发表中英文学术论文多篇,出版专著 1 部。
HJ1	男	1966	教授	环境科学	先后在 A 大学获得学士、硕士和博士学位,曾任环境和科学系副系主任,担任《环境光化学》《环境化学原理》《环境分析化学实验》等课程的教学工作,主持科研项目 7 项,已在国内外核心刊物上发表论文 60 余篇。

第二节　国内外相关研究述评

　　"学术职业"是英语中"Academic Profession"的中文翻译,也有学者将其翻译为"学术专业"。西方国家对"Academic Profession"及相关问题的研究已经有一百多年的历史了,特别是20世纪四五十年代以来,以洛根·威尔逊的《学术人》为代表的美国学者对"Academic Profession"这一特殊的职业群体进行了系统且细致的研究,他们将"Academic Profession"理解为一种以学术研究为志业和追求的人;马克斯·韦伯称之为由神职召唤的,以知识的探索、发现与传播为天职的一群人。由于现代大学教学、研究和社会服务等职能的不断扩展,并广泛地被世界所认可,大学中从事专门教学和研究工作的教师越来越符合或成为学术职业的主要组成人员。因此,西方国家语境下的"Academic Profession"就是指大学教师,20世纪90年代中期美国卡耐基教育基金会主席阿特巴赫号召全世界十几个国家的学者进行了全球学术职业变革的国际研究课题,他们的研究对象也主要定义为大学教师这一群体。国内学者普遍将"Academic Profession"翻译为"学术职业",按照沈红教授的界定,学术职业就是以学术为生、以学术为业、以学术的存在和发展为从业者得以存在和发展为基本特征的一种专门职业。我国以学术为业者主要包括两种,一类是在高等学校从事专门的教学和研究的教学和研究人员,另一类是在科研院所的研究人员。为了和西方国家的学者及研究成果能够更好地交流与对话,本研究中学术职业除了特别说明以外,均指各级各类高等学校中专门从事教学研究及相关工作的专业人员。

一、学术职业概念和内涵的相关研究

学术职业的概念来源于西方,以美国学者洛根·威尔逊 1942 年发表的《学术人》为起点[①],西方国家对学术职业问题的研究已经有 70 多年的历史,并且有相对比较稳定的研究问题和内容。学术职业的英文是 Academic Profession,主要指大学教师所从事的职业,这一概念的中心在学术,学术职业是用来指代以从事知识的教学、研究和社会服务为己任的职业。学术职业是社会分工背景下产生的一种特殊职业类型,作为一种相对比较成熟的职业,其对从业者的进入、发展和退出、薪酬以及评价都有一系列普遍认同和必须遵守的制度、规范和习俗,并要求学术职业的从业者应该具备一定的职业道德和精神。因此,西方学者对学术职业的定义大都是学术性的角度对这一职业的从业者及其工作方式与要求进行界定的。例如,马克斯·韦伯把学术职业看作"以学术作为物质意义上的职业"[②],他同时强调学术职业具有物质性和精神性"双重属性",即精神追求和物质回报并存:一方面学术是学者赖以生存的一种谋生手段,具有与其他职业同样的实用性;另一方面,学者又超越了狭隘的功利性,视学术为实现生命价值和意义的目标,把追求学术当作一种"天职"和"召唤",这是学术职业的独特性及生命[③]。美国教育学教授马丁·芬克斯坦认为,学术职业是"拥有专业知识背景的、易受新知识生产影响的、随着学术劳动力市场波动的、遵循共同学术规则和学术伦理的自主性

①　沈红. 论学术职业的独特性[J]. 北京大学教育评论,2011,09(3):18—28。
②　马克斯·韦伯. 学术与政治[M]. 北京:生活·读书·新知三联书店,1999:155.
③　张英丽,沈红. 学术职业:国内研究进展与文献述评[J]. 大学(研究版),2007(1):56—61.

职业"①。伯顿·克拉克进一步强调,学术职业"是一个学术部落和学术领地的集合,它包括所有自然科学、人文社会科学领域,同时,学术职业也是其他各类职业的培训基地,如医生、律师、工程师等职业"②。

这些概念的提出都有着深刻的社会背景,也有一些共通的地方。这个概念在狭义上特指在学院和大学里工作的教师群体,他们承担着教学、科研和服务职责,致力于知识的创造、整合、传承和应用。在广义上,学术职业不仅仅指某一时期静态的大学教师群体,而且包括这一职业的准入、晋升、评价、伦理以及从业者的变化等等。从这个意义上来说,它是一个动态的、发展的概念,在高等教育发展的不同历史时期和不同的国情背景下其外延也有所不同。国外对大学教师的研究多是在学术职业的框架下展开,从职业的角度来研究大学教师的聘任、晋升、薪酬等。

通过对文献的搜集与整理,笔者发现国内相对较早涉及"学术职业"这一术语的文献是《当代学术职业的国际比较研究》③(杨锐,1997),2006年以后学术职业的研究不断增加,目前已经有一批学者开始关注学术职业,并从社会分工、制度变迁、学术职业环境等方面研究和探讨学术职业问题。但目前国内对"学术职业"概念的界定基本套用西方的"学术职业"概念,并且主要参照的是马克斯·韦伯、马丁·芬克斯坦等人的概念。例如,李春萍④

---

① Benjamin E. The New Academic Generation: A Profession in Transformation by Martin J. Finkelstein; Robert K. Seal; Jack H. Schuster [J]. Academe, 1999, 85 (5): 86.

② Clark B R. The Academic Life: Small Worlds, Different Worlds [J]. Educational Researcher, 1989, 18(18): 4 - 8.

③ 杨锐. 当代学术职业的国际比较研究[J]. 高等教育研究,1997(5): 89—97。

④ 李春萍. 分工视角中的学术职业[J]. 高等教育研究,2002(6): 21—25。

(2002)和陈伟①(2003)等人的定义均来自马克斯·韦伯的以学术作为物质意义上的职业,郭丽君(2004)引用了美国教授马丁·芬克斯坦的定义②。陈悦(2006)则在参考韦伯和芬克斯坦概念的基础上指出:"这个出自西方的概念在狭义上特指大学教师这一职业群体,他们授业与研究并重,为人类知识的增长不断做出贡献,在广义上不仅指静态大学教师群体,而且还包含着这一职业群体的演变、规则、准入、保持和管理等,是个动态的概念③"。

华中科技大学的沈红教授及其学生较早在中国系统地研究学术职业,并且按照美国学者的研究框架研究中国学术职业的发展和变革问题。关于学术职业的界定,沈红教授认为有必要对学术职业的对象群体进行界定。在她参与研究的多国学术职业变革项目调查中,她将研究对象确定为四年制高校的教师,2011 年的一篇文章中她结合自己的研究经历后指出,"Academic Profession"在英文中并不复杂,被英语国家的学者定义为大学教师从事的职业,但中文翻译或者说在中国的用法却有不同。学术职业在西方国家不仅有特定的人群,也有相对稳定的研究问题,学术职业本身是一种社会工作,是一个事实存在,有大量的问题域,如大学教师的准入、聘任、薪酬等等。最终她结合"academic profession"的英语本意给出了在中文语境下的学术职业定义:"学术职业是以学术为生,以学术为业,学术的存在和发展使从业者得以生存和发展为主要特征的职业,广义指的是所有的分布在不同机构中的学者和他们所从事的学术工作,狭义上专指四年制

① 陈伟.西方学术专业比较研究——多学科视域中德、英、美大学教师的专业化运动[D].浙江大学,2003:191。
② 郭丽君.学术职业的思考[J].学术界,2004(6):148—154。
③ 陈悦.学术职业的解读 —哲学工的理想与现实[J].煤炭高等教育,2006,24(3):35—37。

本科院校作为其职业发展场所的学者和他们从事的学术工作。"①这一定义表明了学术职业的基本内涵和特征,并且具有更加清楚的研究对象。但是,在中国专门从事研究工作的从业人员还包括科研机构中从事教学、科研与社会服务工作的专业人员。

结合国内外学者对学术职业概念的界定,本研究所使用的学术职业的概念更加接近沈红教授的学术职业的界定,将学术职业定义为大学教师从事的专门职业,不包括科研机构中从事学术研究的人员。学术职业主要指具有"以学术为生,以学术为业,学术的存在和发展使从业者得以生存和发展"②为特征的职业,作为成熟的职业必须有严格和规范的学术人员招聘、晋升、成果鉴定与评价、权利保障等相关制度规范。

二、国外学者关于学术职业问题的研究历程

张英丽在其博士学位论文和《学术职业与博士生教育》一书中对学术职业这一术语的起源问题做过详细的考证,她指出,虽然 Logan Wilson 的《学术人:对教授职业的社会学分析》一书及其参考文献中都没有出现过"学术职业"(academic profession)这一术语,但是目前国内外学者都将此书作为学术职业问题研究的开始,此书对学术职业研究极富开创意义和引导价值③。如果我们将这本著作作为专门学术职业问题研究的开始,以学术职业问题研究的一些代表性著作作为标志,我们可以将国外学者关于学术职业问题研究的过程分为起步、发展和成熟三个历史阶段,下

---

① 沈红. 论学术职业的独特性[J]. 北京大学教育评论,2011,9(3):18—28。
② 沈红. 论学术职业的独特性[J]. 北京大学教育评论,2011,9(3):18—28。
③ 张英丽. 学术职业与博士生教育. 武汉:华中科技大学出版社,2009。

面将对不同历史阶段的一些代表性著作及其基本观点做简要的
介绍,以了解国外学者关于学术职业问题研究的基本概述。在这
里关于是否是"代表性著作",本研究中主要是通过对学术职业相
关文献梳理的过程中,将引用率较高的一些书籍作为阶段划分的
主要依据。

1. 起步阶段的学术职业研究

从 1942 年 Logan Wilson 的《学术人:对教授职业的社会学
分析》一书的出版开始,学者们开始关注和研究大学教师这一独
特群体的工作特质。1969 年《关键职业:大学教师协会的历史》
一书论证了学术职业在现代社会中所起的重要作用,这一阶段学
术职业的研究处于起步阶段,学者们开始注意到社会中任何重要
的发明基本都与大学教授的工作有着直接的关系。这一时段的
相关研究中,大多数研究都围绕"学术职业"展开,但是他们的研
究对象并不是专门针对大学教师,而是科学史中重大理论问题的
发现者或重大技术发明者,在研究的过程中开始关注到大学教师
职业的关键性。当然一些研究完全围绕学术职业本身展开,集中
梳理学术职业的概念和发展历史。这一阶段的主要文献和基本
观点见表 1.2.1。

表 1.2.1   起步阶段学术职业研究文献和基本观点表

学者	著作	时间	主要观点
Wilson	《学术人:对教授职业的社会学分析》	1942	对学术阶级(the academic hierarchy)、学术地位、学术过程和功能等进行了研究[1],对学术职业研究极富开创意义和引导价值。[2]

---

[1]   Michael P. Lempert. The Academic Man: A Study in the Sociology of a Profession [J]. Educational Studies, 1996, 27(3): 236 - 241。

[2]   张英丽. 学术职业与博士生教育[M]. 武汉:华中科技大学出版社,2009:28。

续 表

学者	著作	时间	主要观点
Philip	《学院价值观的变化：对高校教学的影响初探》	1957	对学术人价值观转变展开研究,试图回答"大学如何影响学生性格"等问题。①
Theodore 和 McGee	《学术市场》	1958	该研究调查了 9 所研究型大学人文学科教师离职和岗位补充的情况,开启了学术职业流动研究的序幕,并讨论了如何评估教师表现、招聘程序等重要内容。②
Rudolph	《美国学院与大学》	1962	从 1636 年哈佛大学成立开始梳理,记录了美国大学"杂交化"的历史,其中包含有大学教师来源等内容。③
Christopher 和 David	《学术革命》	1968	讨论了学术革命的前景、过去和现在代际学术"战争"等问题,认为学术职业正经历着变革,正在走向市场并寻求更多的权力与控制。④
Perkin	《关键职业：大学教师协会的历史》	1969	对 19 世纪以来英国大学进行了研究,发现学者已成为选择和教育其他专业人员的人,随着社会专业化的增进,大学教学成为关键职业,这种"关键"既体现在经济发展方面,也体现在文化进步上。⑤

① Jacob P E. Social Sciences: Changing Values in College. An Exploratory Study of the Impact of College Teaching [J]. American Journal of Education, 1958,66 (2): 127.

② Curtis J H, Caplow T, Mcgee R J. The Academic Marketplace [J]. American Journal of Sociology, 1961,20(2): 92.

③ Frederick Rudolph. The American College and University [M]. New York: A. Division of Random House. 1962.

④ Jencks C, Riesman D. The academic revolution. [M]. The academic revolution. The University of Chicago Press, 1977: 113-117.

⑤ Harold J. Perkin. Key Profession: the history of the association of university teachers [M], London: Routledge & Kegan. Paul, 1969.

2. 学术职业研究的发展阶段

第二个阶段是从 1971 至 1992 年,在这个阶段,学术职业研究的代表性学者和著作不断增多,一些外国学者的著作被越来越多的中国学者翻译为中文,对我们了解西方国家大学教师的工作状态有非常大的帮助。在这个阶段,研究方法也更加完善,一些重要的学者开始集中研究学术职业问题,如阿特巴赫。这一时期关于学术职业问题的研究主要集中在对学术职业基本研究问题的界定方面,使学术职业问题研究有了更加明确的研究主题,如大学教师发展、学术职业与学科、学术职业的国别比较等。主要研究文献见表 1.2.2。

表 1.2.2　发展阶段学术职业研究文献和基本观点表

学者	著作	时间	主要观点
Halsey 和 Trow	《英国学术界》	1971	研究了英国大学和社会的关系,对英国学术职业发展路径、价值取向、对于大众化的态度、教学科研偏好等进行了讨论。①
Altbach	《比较视域中的学术职业》	1977	作为一本论文集,首次进行了全球跨国学术职业比较研究,集中研究了英国、意大利、日本、澳大利亚、美国等国的学术职业变革情况,特别关注了学术职业领域的学术漂移、女性学者的流动、工会运动等问题。②

① Halsey A H, Trow M A. The British academics [M]. Faber and Faber Ltd. 1971.

② P. G. Altbach. Comparative Perspective on the Academic Profession [M]. New York: Praeger Publishers. 1977.

学者	著作	时间	主要观点
Wilson	《美国学者：过去和现在》	1979	重点研究了大众化时期美国学术职业的工作环境，学者成长路径和经历，学术职业地位、竞争与声誉，大学和学院的运行方式等。①
Linnell	《美元和学者：教师收入基金对于学术未来的调查》	1982	分析了高等教育财政紧张对于学术职业可持续发展的影响，讨论了学术职业面临的道德伦理危机和经济危机，以及大学的未来。②
Engel	《从牧师到教师：19世纪牛津大学学术职业的兴起》	1983	以19世纪的牛津大学为个案，详细分析了大学及其学院中的教学人员从神职身份向教师身份转变的历史进程。③
Burton Clark	《学术职业：国别、学科、院校环境》	1984	从国别、学科、院校三个方面进行了学术职业研究，是又一次比较集中的学术职业的跨国研究。④
Bowen 和 Schuster	《美国教授：国家资源岌岌可危》	1986	对大学教师的工作量、时间利用、补偿金、工作环境、报酬趋势和行业工作条件等进行了访谈，发现高等教育财政状况的恶化已经危害到学术职业的持续发展。⑤

① Felder D W. Review: American Academics: Then and Now, by Logan Wilson [J]. Improving College and University Teaching, 1980,28(3): 140 - 141.

② Linnell R H E. Dollars and Scholars. An Inquiry into the Impact of Faculty Income upon the Function and Future of the Academy. Final Summary [J]. Journal of Higher Education, 1984,55(3): 430.

③ Engel A J. From Clergyman to Don: The Rise of the Academic Profession in Nineteenth-century Oxford [M]. Oxford University Press, 1983.

④ Clark B R. The Academic Life: Small Worlds, Different Worlds [J]. Educational Researcher, 1989,18(5): 4 - 8.

⑤ Bowen H R, Schuster J H. American Professors: A National Resource Imperiled [M]. Oxford University Press, 1986.

续　表

学者	著作	时间	主要观点
Burton Clark	《学术生活：小的世界，不同的世界》	1987	认为伴随着收入水平的下降,美国学术职业在 1970 年代进入了老龄化的"危机"时代,引发了有关学术职业"失去的一代"的讨论。也指出,大多数的学术职业者既看重学科基础也看重机构的承诺。①
Bechor	《学术部落及其领地：知识探索与学科文化》	1989	通过深入访谈,对学科知识与学术文化之间的关系做了探究,成为学科研究的经典著作。②
Boyer	《学术水平反思——教授工作的重点领域》	1990	对教师多样性发展与整体性要求、新一代学者、学术活动与社群等展开了专题研究。③
Halsey	《学究式统治的下降：20 世纪英国学术职业》	1992	以 10 年为单位对英国学术职业学科构成、物质环境、地位、态度、价值倾向、士气等进行了研究,发现英国学者社群正面对危机。④

3. 学术职业研究的成熟阶段

国外学术职业问题研究的第三个阶段开始于 1994 年左右,代表性著作是博耶和阿特巴赫的著作《国际学术职业：十四个国家和地区概览》。在这个阶段,学术职业问题研究最大的特点是

---

① 　Clark B R. The Academic Profession: National, Disciplinary, and Institutional Settings [M]. University of California Press, 1987.

② 　托尼·比彻,保罗·特罗勒尔. 学术部落及其领地：知识探索与学科文化 [M]. 北京：北京大学出版社,2008。

③ 　欧内斯特·波耶. 学术水平反思——教授工作的重点领域[M]. 北京：人民教育出版社,1994。

④ 　Becher T. Decline of Donnish Dominion: The British Academic Professions in the Twentieth Century [J]. Journal of Higher Education, 1994,65(65): 114.

强调国际合作研究、比较研究和实证研究,标志是 20 世纪 90 年代初期由卡耐基基金会赞助、美国卡耐基教育基金会主席博耶领导和主持的针对 14 个国家和地区的学术职业调查。20 世纪 90 年代中后期,随着第一次调查成果的发布以及学术职业研究领域的进一步深入,使学术职业研究走向了成熟。2004 年,第二次调查范围扩大到 26 国,中国大陆(沈红教授团队)首次参与到了学术职业的跨国研究中,目前已经结束了两次国际学术职业状况调查。这一阶段的研究成果对于我们进一步了解和研究各国学术职业变革问题提供了更加可靠的结论支持,有了更加权威的文献可以参考。成熟阶段学术职业研究文献和基本观点见表 1.2.3。

表 1.2.3 成熟阶段学术职业研究文献和基本观点表

学者	著作	时间	主要观点
Boyer 和 Altbach	《国际学术职业:十四个国家和地区概览》	1994	介绍了 14 国(地区)学术职业调查的成果,主要得出了九个方面的结论,世界范围内大部分教师是男性和中年;少数国家教授主要以教学为主,大多数国家则首推研究;大多数国家,成功的研究对获得教学职位很重要;教授对于自身知识分子的生活、教学及与同事的关系很满意;学术自由虽受国家保护,但往往不被院校管理者所支持;教授们觉得有义务运用他们的知识解决社会问题,等等。①
Kogan	《任教于高等教育:应对新的挑战》	1994	通过对部分 OECD 国家学术职业供给、结构和内涵,学术工资面临的挑战,以及相关的政策和实践的比较研究,发现大学的学术性师资任命方面的政策

① 菲利普·G.阿特巴赫.国际学术职业:十四个国家和地区概览[M].周艳等译,青岛:中国海洋大学出版社,2008。

续　表

学者	著作	时间	主要观点
Blackburn	《教师工作、动机、预期和满意度》	1995	已深受日益紧缩的财政环境和教育入学率而带来的压力等的影响。① 学院和大学教职员正目睹着高等教育制度环境的显著变化，大学中竞争正取代合作，大学外对于教师的批评强度和数量有所增加。②
Glassick	《学术评估》	1996	提出了大学教师所从事的工作可以被认可为学术的六个具体标准。③
Boyer	《学术的再思考：教授的优先级》	1997	讨论了随着时间推移的学者、合同的创造力、校园多样性、学术职业新一代、学者与社区等问题。认为应该更宽泛地理解"学术"的内涵，尊重各种形式的学术活动，并让从事这些活动的教师有尊严地在大学校园里生存。④
Slaughter	《学术资本主义：政治、政策和创业型大学》	1997	首次提出大学学术资本主义现象，认为学术职业日益在公司文化的环境中生存，学术市场出现"学术资本主义"变革。⑤

①　Kogan M，Moses I，El-Khawas E. Staffing Higher Education：Meeting New Challenges [J]. 1994.

②　Blackburn R T，Lawrence J H. Faculty at work：Motivation [J]. Achievement Need，1995：26.

③　宋旭红.学术职业发展的内在逻辑[M].武汉：华中科技大学出版社，2008：73。

④　Boyer E L. Scholarship Reconsidered：Priorities of the Professoriate [J]. Academe，1990，42(1)：151.

⑤　希拉·斯劳特，拉里·莱斯利.学术资本主义：政治、政策和创业型大学[M].北京：北京大学出版社，2008。

续　表

学者	著作	时间	主要观点
Rhoades	《管理专业：工会劳动教师和学术转型》	1998	书中对教师契约、工会化组织和学术工作进行了研究。①
Martin	《新一代学者：一个转折中的职业》	1998	对比新老两代学术职业者的调查数据，从人口、职业准备和生涯发展、工作内容、方式、态度等方面进行了比较分析。②
McNay	《高等教育及其社群》	2000	作者认为未来的大学可能向"网络管理"转变，并按照"企业责任"的方式增加问责，为了解决大学治理中出现的问题，应注重高等教育管理中与利益相关者和社会的互动。③
Coser	《理念人：一项社会学的考察》	2001	这是一部专门研究有关西方知识分子社会背景的文献。④
Altbach	《变革中的学术职业——比较的视角》	2001	探讨了在新的社会条件下，德国、英国、法国、荷兰、意大利、西班牙、瑞典、美国8个国家学术职业所发生的变革以及未来发展的走向。⑤

---

① 宋旭红. 学术职业发展的内在逻辑[M]. 武汉：华中科技大学出版社，2008：77。

② Martin J. Finkelstein, Robert K. Seal&Jack H. Schuster. The New Academic Generation：a profession in transformation [M]，Baltimore and London，1998.

③ Zhong Z, Ulicna D, Han S. The EU and China：the Race for Talent-The Relevance and Responsiveness of Higher Education [M]. Internationalisation of Higher Education：An EAIE Handbook. 2014.

④ 刘易斯·科塞. 理念人———项社会学的考察[M]. 郭方等译. 北京：中央编译出版社，2001。

⑤ 菲利普·G. 阿特巴赫. 变革中的学术职业——比较的视角[M]. 别敦荣等译，青岛：中国海洋大学出版社，2006。

续　表

学者	著作	时间	主要观点
拉塞尔·雅各比	《最后的知识分子》	2002	认为"昔日混迹于城市的大街和咖啡屋里的"最后"一代知识分子"逐步被"几乎全部生活在校园里"的知识分子(大学教师)所取代。①
Donalol	《学术责任》	2002	探讨了学术自由与学术责任的关系,包括学术职业者在人才培养、教学、指导、服务、研究发现等方面的责任,认为"与学术自由互为补充的是学术责任"。②
Gould	《公司文化的大学》	2003	认为学术职业已处在"公司文化"环境中。③
Duderstadt	《21世纪的大学》	2005	认为在学术职业变革中,市场和绩效正逐渐发挥作用。④
Altbach	《比较高等教育:知识、大学和发展》	2006	该书对教授职位面临的国际性危机进行了比较研究,认为学术职业的"黄金"时期已经结束,变革是"不可避免的"。即使如此,作者坚信这一危机会像20世纪初那样成功度过。⑤
Altbach	《失落的精神家园:发展中和中等收入国家教授职业透视》	2006	开展了墨西哥、阿根廷等13个发展国家的学术职业调查研究,指出"发展中和中等收入国家学术职业正经历着举世瞩目的变化。"该书中国部分的研究由陈向明撰写,讨论了中国学术职业的数量问题、质量问题、教师聘任的变化

①　拉塞尔·雅各比. 最后的知识分子[M]. 洪洁译,南京:江苏人民出版社,2002。

②　唐纳德·肯尼迪. 学术责任[M]. 阎凤桥等译,北京:新华出版社,2002。

③　埃里克·古尔德. 公司文化中的大学[M]. 吕博,张鹿译. 北京:北京大学出版社,2005。

④　詹姆斯·杜德斯达. 21世纪的大学[M]. 刘彤译. 北京:北京大学出版社,2005。

⑤　菲利普·G. 阿特巴赫. 比较高等教育:知识、大学与发展[M]. 人民教育出版社译,北京:人民教育出版社,2006。

学者	著作	时间	主要观点
			和学术职业面临的挑战,但作者并未进行独立的调查。①
爱德华·希尔斯	《学术的秩序》	2007	该书是作者去世后由其学生对于已发表过的 14 篇文献按照时间顺序整理的论文集,作者认为,因重新建构、裁减人员和大学与产业的密切合作,大学精神正逐渐失去。文中详细介绍了美国历史上的学术秩序,就学术自由等问题进行了讨论与反思。②

以上是从 20 世纪 40 年代以来公开出版的著作中,国外学者关于学术职业问题研究的基本观点,从整体上回顾了西方学者对学术职业变革问题的研究概况,我们可以感受到学术职业从业者基本情况的变化,也有学者关注到了大学日益市场化、资本化、公司化等对学术职业变革的影响。除了上述学术职业研究的著作外,使用"academic profession""Academic staff""academic career""academic scholarship"等为关键词,还检索到一些博士学位论文和期刊论文,博士论文的研究主题主要集中在学术职业的国际化、学术生产力、教师社会化等方面,而期刊论文的研究主题虽然比较宽泛,但主要集中在学术职业的历史研究与国别研究,欧洲学术市场研究,学术职业与性别、收入、年龄等关系的研究方面,也有一些文章在探讨学科文化与学术职业的关系问题。

---

① 菲利普·G.阿特巴赫.失落的精神家园——发展中与中等收入国家大学教授职业透视[M].施晓光译,青岛:中国海洋大学出版社,2006。

② 希尔斯.学术的秩序:当代大学论文集[M].李家永译,北京:商务印书馆,2007。

三、大学教师学术职业身份与工作选择问题的相关研究

（一）国内学者关于学术职业相关问题的研究概况

中国大陆学术职业的研究，起步于 20 世纪 90 年代。以"学术职业"为关键词（截至 2018 年 2 月 23 日），在中国学术期刊网上检索到期刊论文数量为 298 篇，其中核心期刊论文 198 篇，硕博士论文 42 篇。通过对 198 篇核心期刊论文的关键词共现网络我们可以看到现有研究的基本内容和特点，关键词频率和关系节点较强的关键词能够反映出有研究的一些核心主题，其中大学教师、学术自由、学术人员、学术研究、学术共同体、终身教职、博士生教育、影响因素为主要的议题。除此之外，学术权力、学术文化、学术制度、学术劳动力市场、学术责任、教学与科研等也形成了一些更为细致的研究议题，具体见图 1.2.1。

图 1.2.1　国内 198 篇核心期刊论文关键词共现网络图

（二）学术职业特点、学术身份和学术工作问题的相关研究

国内学者关于学术职业特点问题的研究主要集中在关于学者身份及其变革问题的研究方面，特别是从学术职业身份变革的角度出发，讨论 20 世纪 80 年代以来我国学术职业的主要变化、影响因素等，下面对研究的文献和主要观点做一简要的回顾。

1. 学术职业身份演变过程的相关研究

在学术职业身份问题的研究方面，熊华军对此进行了集中地研究，其发表的几篇论文分别对不同时代学术职业的特点、学者身份等问题做了分析，他认为"古希腊时期的哲学家扮演着大学教师的社会角色，他们在年轻时跟随一些著名的哲学家学习知识，并自发地建立了学园，古希腊学术职业打上了理论理性的烙印，这也奠定了学术职业萌芽的基础"[①]（熊华军，2012）。在中世纪早期，作为上帝选民的中世纪大学教师，要有关上帝的全知全能的知识，此时大学教师专业角色具有神圣性，其专业精神具有普遍性、公有性、非谋利性以及批判性的特性；另外大学教师仿照行会的形式组建了大学，努力排除教会、皇权等外在权力的干扰，通过严格的学业考核，挑选出最有能力的人进入学术职业，保证了学术职业的纯粹性、专业性和自治性[②]（熊华军，2012）。在大学盛期的时代，大学教师以学术为业，其专业活动不仅神圣，而且专业组织严密，具有崇高的专业地位。然而在中世纪后期，大学教师专业活动的神圣性、专业组织的严密性、专业地位的崇高性逐渐丧失，但是此时的大学教师就是学术职业，其信仰是学术之魂，其理性是学术之光，更重要的是，学术职业是信仰与理性二者的

---

① 熊华军. 理论理性规定的古希腊大学学术职业[J]. 当代教育与文化，2012，4（4）：86—91。

② 熊华军，李伟. 实践理性规定的中世纪大学学术职业[J]. 中国地质大学学报（社会科学版），2012（3）：93—98。

统一①(熊华军,2011)。学术职业在学院科学时代,大学教师以"扩展被验证了的知识"为使命,将科学研究与人才培养和社会服务统一起来,此时的大学教师是"纯科学家",其专业精神表征为公有性、普遍性、去私利性、独创性以及有组织的怀疑性等特征,并且大学教师专业发展制度和保证学术共同体良性运转的专业组织机制逐渐成熟②(熊华军,2012)。在后学院科学时代,作为学术资本家的大学教师不仅要具备学科性知识、跨学科知识、实践性知识和条件性知识等专业知识,还应具备批判性反思式教学能力、跨学科研究能力、学术资本化服务能力,并遵守职业伦理规范,为更好地以实际应用为导向生产知识,大学教师要进入学术圈,其专业发展须纳入体制建设中,同时,专业组织的运行依靠一套严格的官僚管理制度加以保证③(熊华军,2012)。与熊华军等人的研究结论基本一致,陈伟等一大批学者持同样的观点,学术职业的发展也与社会的发展一致(杜驰④,2008;李志锋⑤,2007;陈慧娴、熊华军⑥,2010;罗雄荣⑦,2010),经历了身份契约化的转变过程,学术职业先后赖以存在和发展的行会身份、宗教身份及政府公职身份备受挑战,以评聘协调、非升即走、聘任后评价、末位

①　熊华军,丁艳.中世纪大学学术职业的变化[J].大学教育科学,2011(2):69—74。

②　熊华军.学院科学时代的大学学术职业[J].自然辩证法研究,2012(8):49—53。

③　熊华军.后学院科学时代的大学学术职业[J].高等教育研究,2012(9):36—41。

④　杜驰.高等教育发展与学术职业的制度变迁[J].高教探索,2008(4):10—13。

⑤　李志峰,沈红.学术职业:欧洲中世纪时期的形成与形态[J].中山大学学报(社会科学版),2007(4):44—47。

⑥　陈慧娴,熊华军.中世纪大学学术职业:信仰与理性的统一[J].高教发展与评估,2010,26(6):74—79。

⑦　罗雄荣.现代西方学术职业的特点及启示[J].煤炭高等教育,2010,28(2):53—55。

淘汰等为规程的契约化变革日渐盛行。有效的学术职业改革，应坚持"身份传统＋契约化变革"的整合型发展方式[①]（陈伟，2012）。

　　总之，高等教育发展与学术职业的制度变迁相互依存，中世纪大学的诞生，使学术职业由初级阶段沿着职业化的路线初步实现了制度转型；现代大学制度的确立促成了学术职业的现代转向，使学术职业的志业追求与职业诉求在制度框架内实现了较好的融合。当代高等教育大众化进程的迅速推进，引发了日渐严重的研究漂移现象，动摇了学术职业的核心价值准则，学术职业面临新的制度变迁诉求。但是其演变的过程中所形成的学术职业价值理念，即"以学术为生"和"在学术上追求卓越"，已成为西方大学教师学术职业的灵魂和指导大学教师建构自身学术职业生涯的根本原则，学术职业在其学术性的基本属性基础上，学者与教师身份具有一定的契合性，这也决定了从事学术职业的人员大都具有大学教师的身份。通过高深知识这一载体和工作内容，学术职业身份实现了学者或研究者与教师身份的统一。

　　因此，根据他们的观点，学术职业与大学教师具有高度的历史契合性，理性和信仰的统一是中世纪大学的根本特征，并形成了较为完善的学术组织与制度，以保障学术职业的创造力。学术组织和制度来自学术共同体，学术制度具有鲜明的内生性特点。但近代以来由于大学功能的变化和社会对知识的需求，学术职业的身份和信仰系统都发生了巨大的变化，外生性学术职业制度不断增多，并且作用越来越大，学术职业在内生性制度与外生性制度的撕扯中不断调试和发展。

---

　　① 陈伟."从身份到契约"：学术职业的变化趋势及其反思[J]. 高等教育研究，2012(4)：65—71。

2. 学术职业身份和学术工作变革的国别研究

在学术职业身份与学术工作变革的国别研究中,以美国、英国和德国学术职业制度的研究最为集中,特别是关于美国的学术权力保障制度、新公共管理背景下英国学术职业变革以及德国讲座制等方面的介绍和反思更受学者的关注。

在对美国学术职业身份及其变革的相关研究中,学者们首先关注的是美国学术职业制度的发展与变革,例如教师聘用制、终身教职以及学术保障制度等。在这些方面,郭丽君的研究指出,西方发达国家的大学教师聘任制正经历着不断的改革,从终身制到有任期聘任制是其改革的共同取向,高等教育大众化、市场化、管理主义的蔓延是聘任制改革的深层动因,这些改革对传统的学术职业产生了深远的影响①(郭丽君,2007);张斌贤借鉴职业社会学的相关研究成果,通过探讨 1636 年—1914 年间(特别是 19 世纪后期)美国学术职业化进程以及主要因素,分析了美国高等教育发展的内在动力机制②(张斌贤,2004);谭冠中对美国终身教职制度产生、变革与发展的历史进行考察后指出了美国大学学术职业兴衰与终身教职制度发展之间的内在关系③(谭冠中,2012);吴岩借用社会学对职业化的研究成果分析了美国大学教师的职业化过程,认为大学教师的职业化过程促进了美国大学对科学研究方法的重视和学科的发展,也形成和发展了教师的职业亚文化④(吴岩,2007)。此外,李子江等人重点研究了美国保障学术职业

---

① 郭丽君,吴庆华. 全球化境遇中高等教育价值观的变革和政策取向[J]. 现代教育管理,2007(9):98—100。

② 张斌贤. 学术职业化与美国高等教育的发展[J]. 北京大学教育评论,2004,2(2):92—96。

③ 谭冠中. 美国高校教师管理对我国高校教师岗位设置及聘用制的启示[J]. 高教论坛,2012(5):136—137。

④ 吴岩. 美国大学终身教职制形成要素的历史分析[J]. 现代大学教育,2007(4):41—45。

安全的制度机制,特别是美国大学教授协会、美国教师联合会和全国教育协会在保障大学教师的合法权益、促进美国学术职业的发展方面的重要贡献①(李子江,2003);耿益群则对美国研究型大学的院校制度如何保障学术职业人员的基本权利方面进行了研究②(耿益群,2004)。从上述学者的研究我们可以看出,美国学术职业变革深受社会环境变化的影响,为适应社会变革的要求,学术职业保障制度不断完善,面对市场化、商业化以及管理主义的侵害,学术共同体也作出了积极的响应和努力,特别是美国大学教授协会、教师联合会的持续斗争,这是美国学术职业保障制度的一大特色。

在对英国学术职业变革等问题的相关研究中,学者的关注点却与美国问题的研究不同,现有研究更加关注新公共管理运动带来的英国学术职业及其学者身份的改变。其中黄亚婷集中研究了在英国政府、利益相关者、专业化管理人员和市场等多方力量作用下,英国学术人员的身份地位从专业精英向知识工人转变,学术职业的治理模式从学院治理走向企业管理,学术职业的评价方式从同行评议演化为绩效评估,英国学术职业正面临着学术资本主义泛滥、传统学术理念衰落以及学术认同感危机等困境③(黄亚婷,2013);吴艳茄也以德、英、美三国为例发现随着高等教育精英化时代的终结,传统教授的理想及其自我概念已不再适合整个学术职业④(吴艳茄,2011)。

　　① 李子江.论美国学术自由的组织与制度保障——AAUP及其关于学术自由和终身教职的原则声明[J].比较教育研究,2003,24(10):19—23。
　　② 耿益群.20世纪90年代以来美国大学终身教授制度研究综述[J].比较教育研究,2004,25(7):83—87。
　　③ 黄亚婷.新公共管理改革中的英国学术职业变革[J].高等教育研究,2013(5):95—102。
　　④ 吴艳茄.发达国家大学教师制度变革的基本动向及影响[J].教育与职业,2011(23):94—96。

在对德国学术职业变革等问题的研究方面,学者们对德国独特的讲座制度、编外教师制度和晋升制度更感兴趣。在德国独创的编外教师制度的研究方面,陈伟认为编外讲师是 19 世纪德国学术职业生涯整体设计的一个创新,它与讲座教授分别作为起点和顶点,共同构成完整却陡峭的学术职业道路,并进一步指出德国独特的编外讲师制度为选拔学术接班人、激励大学教师具有一定的积极影响[1](陈伟,2007)。关于德国大学学术职业的晋升路径的研究,易红郡指出德国的学术职业晋升制度颇具特色,具有博士学位和博士后研究经历是担任教师所必需的大学授课资格,只有晋升编外讲师职位才有获得承担教学任务的权利,当教授职位空缺时,候选人通过竞争获得终身教职[2](易红郡,2011)。编外讲师到终身教授的学术路径,是德国大学独特的学术文化。

在其他国家学术职业变革带来学者身份变化的研究方面,卢乃桂等人对目前法国学术职业改革问题进行了深入的探讨,并指出作为高度中央集权管理体制的法国,目前大学面临的困境主要是教师流动性低、教学与研究结合困难、评估缺乏激励性、学术职业前景黯淡等,因此法国正经历着高等教育分权的变革,以增强大学和教师的学术责任、改革僵化的管理体制[3](卢乃桂、徐岚,2008)。吴志兰则对 20 世纪 80 年代以来荷兰学术职业变革与高等教育政策之间的关系进行了研究,指出荷兰的高等教育政策不断朝权力下放的方向发展,大学的适应能力不断增强,在宏观政策方面的改革主要集中在学术任命与学术发展、学术职业类型的

---

① 陈伟."编外讲师"——德国学术职业生涯的独特设计[J]. 比较教育研究,2007,28(4):58—62。

② 易红郡. 从编外讲师到终身教授:德国大学学术职业的独特路径[J]. 高等教育研究,2011(2):102—109。

③ 卢乃桂,徐岚. 法国高等教育管理体制变革中的教师学术职业[J]. 高等教育研究,2008(1):92—98。

多样化、学术人员身份的改变以及终身教授制改革等方面①（吴志兰,2004），吴薇等人从外部保障条件和内部学术尊重两个方面考察了 17 世纪荷兰莱顿大学学术职业获得繁荣的原因②（吴薇、熊晶晶,2013）。也有学者对中国和印度的学术职业变革进行了对比研究,在别敦荣翻译的加雅拉姆和阿特巴赫的研究论文中,对两国政府高等教育政策调整情况进行了对比分析,指出虽然两国政策调整的结果差异较大,但都面临着较大的风险③（加雅拉姆、阿特巴赫,2007）。

在对不同国家学术职业变革及相关问题的研究中,学者们的研究大都指向 20 世纪 80 年代以来世界高等教育普遍面临的高等教育大众化、市场化、管理主义等问题和挑战,学术职业传统的延续与现代转型的困境与出路是学者普遍关注的焦点问题,探讨高等教育发达国家的学术职业制度变革以及带来的学者身份与工作模式的变化对后发展国家有着重要的借鉴和启示。

3. 关于我国大学教师学术职业身份演变过程的相关研究

在对我国学术职业身份历史演变的相关研究中,学者们普遍采用历史分析的方法对我国学术职业的起源和形成过程进行了考察,他们将清末民初作为我国学术职业的历史起点,并指出我国学术职业制度是在近代化的过程中从西方国家学习和借鉴而来的。在这方面,阎凤桥对我国学术职业的发展历史进行了考察,他认为在清朝末期之前,中国由于政教合一、官学合一的体制,再加上知识本体论的缺失,无法形成独立的学术职业,近现代

---

①　吴志兰.荷兰的学术职业——最近十几年的改革与发展[J].外国教育研究,2004(6)：57—60。

②　吴薇,熊晶晶.近代莱顿大学教师学术职业特点与启示[J].集美大学学报(教育科学版),2013,14(1)：13—16。

③　N.加雅拉姆,菲利普·G.阿特巴赫.孔子与古鲁：中国与印度学术职业的变革[J].别敦荣等译.高等教育研究,2007(2)：24—32。

意义上的学术职业是在西学东渐的过程中逐渐形成的;中国传统学术以学者个人道德修养为特征,重广博和通识,并崇尚权威,注重为往圣立言,而现代学术职业以发展客观知识为宗旨,对已有知识持怀疑态度,重在学术创新,现代学者朝着学科化和专业化的方向发展[①](阎凤桥,2014)。陈亚玲则对晚清时期我国以儒学为主体的传统学术向以科学为中心的现代学术转型问题进行了研究,指出在这个过程中,学术与政治分离,学术活动逐渐成为一项独立的社会职业,教师由传统社会中的"官师"蜕变为以知识生产和传授为谋生手段的职业学人[②](陈亚玲,2010)。赵晓梅则对18世纪江南大学学术职业化的过程进行了详细的考察,并指出明清之际中国的学术精神、内容和风格伴随着政治的剧烈变动在发生巨变,由义理心性之学转向训诂考据之学,由道德内省转向文献考证,这是中国知识阶层的关怀对象和认知对象的转变,这种"知识性认同"创生出了"职业性认同",治学真正成为了一种"职业"[③](赵晓梅,2005)。商丽浩对民国时期我国公办大学的教师结构进行了考察,指出民国初期政府通过教学工作量将大学教师职业划分为专任教师和兼任教师两种类型,大学盛行聘请兼任教师,专任教师在外校兼课比较常见,兼任教师和专任教师之间的区别并不明显,由于这种现象受到了海内外学者的一致批评,此后中国的学界、大学和政府逐渐限制兼任教师,到民国后期,中国大学学术职业的专任程度逐步提高,与此同时大学开始由注重教

---

① 阎凤桥."西学东渐"与中国近现代学术职业的形成[J].中国高等教育评论,2014(5):3—13。

② 陈亚玲.民国时期学术职业化与大学教师资格的检定[J].高教探索,2010(6):88—93。

③ 赵晓梅.十八世纪江南学术职业化的考察——读艾尔曼《从理学到朴学》[J].西南民族大学学报(人文社科版),2005,26(1):68—70。

学绩效向关注学术质量的转变①(商丽浩,2010)。因此可以看出,我国学术职业化开始于晚清民国时期,学术职业是在强大的社会环境和政治运动下形成的,知识体系与学科分类、学术研究的内容和方法、学术职业角色等都与大学的理念和制度体系有着重要的联系。

随着中华人民共和国国家建设和高等教育制度的调整,我国学术职业制度也随之发生了较大的变革。一些学者指出,这种变革首先出现在 1949 年初期向苏联学习阶段,例如顾恒对 1949 年初留苏学生的史料进行了整理分析,通过搜集到的 326 名留苏知识分子的教学研究主题、方法及价值取向的定量分析发现,知识分子的学术工作重心不断转变,留学政策是决定留苏群体构成特征的主导因素,高等教育的制度性环境始终影响着留苏群体的学术职业发展②(顾恒,2014)。

20 世纪 80 年代,伴随着国家政治经济改革的推进,我国学术职业制度发生了重大的变化,学者们从不同角度对其变化进行了研究。阎凤桥从制度理论的视角探讨了中国社会制度下学术职业的特征以及改革开放以来学术职业的变化,他指出了我国公立高校和民办高校的法人属性,确定了公立和民办高校教师分别具有不同的身份特征和福利待遇;改革开放三十年,高校人事制度发生了显著变化,在职人员的聘用逐渐从"身份管理"向"岗位管理"转变,高校组织形态由"单位"逐渐向"组织"转变,学术职业也从"单位人"转向"社会人"③(阎凤桥,2009)。我国高校人事制度

---

① 商丽浩.限制兼任教师与民国大学学术职业发展[J].浙江大学学报:社会科学版,2010,(6):76—82.

② 顾恒.留苏群体学术职业生涯与新中国高等教育变迁[D].华东师范大学,2014.

③ 阎凤桥.转型中的中国学术职业:制度分析视角[J].教育学报,2009,5(4):8—17.

改革的核心是教师聘任制的全年实施,在这个基础上大学教师的
"单位人"身份开始向"契约人"的身份转变,但是目前我国高校中
的教师聘任制仍然实行的是新人新办法、老人老办法的政策,因
此,人事制度改革对于那些原来的"老人"其实影响不大。周光礼
进一步指出,教师聘任制是我国学术职业变革的政策主导,基于
聘用制的核心特质,聘任制改革的理论前提是尊重学术职业的特
性,致力达成学术逻辑与市场逻辑的整合,只有使用制度化的机
制和非正式的规范相结合的办法,才能破解聘任制改革的制度设
计难题[①](周光礼,2009)。也有一些学者看到了我国学术职业正
在经历的结构性变迁,其中周艳指出,这种变迁主要体现在两个
方面,一是教师间学术职业结构的分化,过去教师—行政人员间
的二元结构,演变为现在的教师—课题经理—亦管亦教亦研的
"学者官员"—纯管理者之间的多元关系和分层;二是教师本人职
业的分化,表现在教师学术角色的多元化,这种分化的结果必然
是大学学术行政化、课题管理商业化、教师考核量化等[②](周艳,
2007)。

在关于我国中华人民共和国成立以来学术职业变革及原因
的相关研究中,学者们普遍从制度变迁的视角研究我国学术职业
的变革,20 世纪 80 年代以来我国学术职业制度的变迁表现出了
较大的独特性。例如,王应密以新制度主义为分析视角对我国学
术职业制度变迁的过程进行了研究,他的研究指出"大学学术职
业制度是学术发展的内在逻辑,我国大学的学术职业制度变革是
学术共同体、行政力量以及社会需求等内外部力量共同作用的结
果。学术发展的内在逻辑和学术共同体所构成的内部力量致力

---

① 周光礼.委托-代理视野中的学术职业管理——中国大学教师聘任制改革的
理论依据与制度设计[J].现代大学教育,2009(2):80—85。
② 周艳.中国高校学术职业的结构性变迁及其影响[J].清华大学教育研究,
2007,28(4):50—55。

于形成学术职业发展的内在制度,而行政力量以及社会需求所组成的外部力量则试图构建一套外在的制度体系,这构成了大学学术职业制度发展演变中的'双重秩序'演化路径,学术职业的变革具有双重螺旋结构和作用机制";同时,"我国大学学术职业制度的发展与演变有其自身的特殊性,这主要表现在持续强大的行政力量始终主导着大学学术职业制度的变迁,长期的制度依附已经内化了依附性文化,使得内在学术职业制度的发展进入了一种闭锁状态,无法实现促进中国大学学术职业发展的功能,行政规律替代了学术规律,经济价值僭越了学术价值,从而出现了学术发展的内在逻辑、学术共同体、行政力量以及社会需求等力量相互作用中张力失衡的现象"①(王应密,2009)。苏永建从制度复杂性的视角对我国学术职业变迁问题进行了研究,并指出在我国学术职业制度的变迁过程中,以"行政化"为主要特征的政治逻辑和以"学术资本主义"为主要特征的经济逻辑是影响中国学术职业发展的外部逻辑,两者的交互作用严重侵蚀了中国学术职业的自主性,同时,学术逻辑本身的缺陷使得中国学术职业更加容易受到外部逻辑的影响和制约,多重制度逻辑中中国学术职业发展面临更多的挑战②(苏永建,2013)。时伟的研究进一步指出,大学学术职业是历史发展的产物,其发展过程受到了学术、政治与市场多种因素的影响,其中学术因素是大学学术职业发展的根基③(时伟,2012)。

另外,我国学术职业变革的研究中,一些学者也对我国学术职业的国际化问题展开了研究。例如李碧虹和舒俊从国际化学术活动、跨文化观念与内容、国际化态度、国际化知识技能四个维

---

① 王应密.中国大学学术职业制度变迁研究[D].华中科技大学,2009。
② 苏永建.多重制度逻辑中的中国学术职业——从政策调整到制度变革[J].江苏高教,2013(5):13—16。
③ 时伟.大学学术职业发展的冲突与调适[J].江苏高教,2012(4):16—18。

度,对中美大学学术职业的国际化进行比较研究,发现中国学术职业国际化在跨境国际化上水平明显低于美国,在国际化态度上参与热情明显高于美国,在跨文化观念与内容上两国基本持平,在国际化知识技能上中美具有不同特征,中国的学术职业国际化虽起步较晚,但显示出充足的发展潜力①(李碧虹、舒俊和曾晓青,2014)。

　　因此,作为一种专门的职业,学术职业伴随着现代大学的诞生而出现,经历了欧洲中世纪的宗教洗礼、民族国家的拷问、现代社会反思以及信息社会重新建构几个阶段,伴随着现代大学职责与功能的演变,学术职业制度也在不断调整,学术职业也已形成了多样化的使命系统。知识发展和社会需求是促使其使命演变的重要因素,而服务社会则是贯穿学术职业使命演变的一条主线。虽然目前的研究都在讨论国家、市场、学术专业共同体以及大学整体的使命等因素对我国学术职业变革的影响(学者学术职业身份以及行为选择的影响),但是并没有进一步揭示这些内外因素影响学术职业身份以及学者行为选择的作用机制和形式,这些问题需要我们从学理上和实践中进一步明确。

四、现有研究的简要述评

　　通过对国内外学者关于学术职业变革及相关问题研究文献的梳理发现,目前国内外学者在学术职业相关理论问题的研究方面已经形成了一些相对统一的看法,但是仍然需要从实践上对这些问题进行更加深入的研究和探讨。

　　首先,伴随着现代大学的发展,西方国家对大学教师的学术

---

　　① 李碧虹,舒俊,曾晓青. 中美学术职业国际化的比较研究[J]. 比较教育研究,2014(10):97—103。

身份、工作内容与形式、管理制度与规范、学术认可与评价等问题的研究已经相对成熟,但是在我国从学术职业视角下研究大学教师的学术职业身份、学术工作模式、学术职业理想与精神还是一个相对较新的研究领域。

其次,学术职业是一种以学术为生、以学术为业、以学术的存在和发展为主要特征的专门职业,虽然各国文化差异较大,但是学术职业主要指大学中从事教学研究工作的专业人员。作为一种特殊的职业类型,学术职业同样形成了一整套对从业者进入与退出、薪酬与激励、考核与晋升等的制度、规范和习俗,并且学术职业要求从业者具有更高的专业自主和学术精神。

第三,学术职业问题的研究在国外已经经历了起步、发展和成熟三个阶段,但是在我国的研究时间并不长。虽然目前已经形成了相对稳定的研究群体和研究成果,但仍然需要更多的学者关注和研究大学教师的生存与发展问题。

第四,国内学者对学术职业变革问题的研究主要是通过大学发展历史的考察去探究学术职业演变的过程,进而寻找现代大学发展的基本规律,特别是对美国、德国、英国等国家学术职业相关制度的研究,这为完善我国学术职业制度具有积极的意义。但是我们更应该关注中国大学的文化传统和目前我国大学发展的阶段,非升即走、终身教职、讲座制并不一定适合中国大学,特别是现阶段的中国大学。

第五,现有的研究表明,学术职业变革既是社会分工的产物,也遵循着学术发展的内在逻辑,特别是学术共同体的专业精神,学术职业变革更是社会变革的产物,深受国家的行政力量、市场的调节机制和社会需求等外部力量的影响和制约。多种力量的博弈既是学术职业发展的现实困境,也给学术职业的繁荣提供了生机和活力。

总之,目前学术界关于学术职业问题的研究已经积累了丰富的成果,但是中国问题的研究仍需考虑中国社会的现实,特别是结合目前我国大学发展的历史阶段和特点研究学术职业问题,需要我们更进一步明确学者对其学术职业身份以及工作选择的真实感受,以及国家、市场、学术专业共同体、大学使命等因素对我国学术职业从业人员的学术职业身份以及行为选择的影响和作用机制。

第二章 理论基础和研究框架

塔尔科特·帕森斯在 20 世纪 60 年代就曾指出,"在高度分化的社会中,组织的产生和发展,为我们实现那些仅凭个人力量根本不可能实现的目标提供了重要的机制和手段"[①](Parsons,1960)。理查德·斯科特也进一步指出,"在世界各国经济生产组织和公共组织的快速发展过程中,组织越来越受到外部政府、市场以及各种团体所确立的文化模式和规范的影响,当然组织也受自己独特的传统和过去经验的影响"[②](scott,2002)。许多理论都从不同的视角对组织发展与变革的原因进行了研究,形成了不同的理论流派,这些理论流派包括新旧制度主义理论、资源依赖理论、委托—代理理论等,他们对于组织变革的研究具有独特的研究视角和解释力。现代大学也是他们所描述的组织之一。目前世界高等教育正在发生着巨大的变革,这种变革在一定程度上是组织的变革,一所大学就是一个小型的社会,这里聚集着各种力量的博弈,有的来自政府和资本市场,有的来自大学内部寻求

---

① 理查德·斯科特. 制度与组织——思想观念与物质利益(第三版)[M]. 姚伟,王黎芳译,北京:中国人民大学出版社,2010(3):1。

② 理查德·斯科特. 制度与组织——思想观念与物质利益(第三版)[M]. 姚伟,王黎芳译,北京:中国人民大学出版社,2010(3):2。

声誉和等级提升的强烈愿望,这在今天的中国大学尤为明显。为了更好地解释我国研究型大学学术职业变革的表现及原因,本研究借鉴了制度逻辑理论、委托—代理理论和资源依赖理论的基本观点,并将其作为本研究的理论基础。下面将这几种理论的基本观点以及它们与学术职业变革问题的相关研究做简要的介绍。

第一节　理论基础

一、新制度主义与学术职业身份和工作选择的合法性

20 世纪 60 年代以来,组织与制度的研究逐渐成为社会学研究的焦点问题和热点领域,越来越多的组织社会学家开始探讨制度文化的合法性研究,迪马吉奥、鲍威尔、迈耶等人都曾指出组织的目标就是实现制度理性,即制度的合法性,"有时甚至不惜牺牲经济理性"①(DiMaggio,Powel,1983)。萨奇曼进一步指出,制度的合法性是"一个广义的理解或假设,在组织的社会价值观、信念和意义的基础上,建构的实体行为才是可取的、适当的、或符合规范的"②(Suchman,1995)。通常合法性的来源包括国家、专业或职业和文化:政府通过政策和法律确定监管的合法性,行业组织领域则通过规则和价值观形成集体规范的合法性,集体文化建构了文化认知的合法性,监管合法性是强制性的和规范性的,而

---

　　① 理查德·斯科特.制度与组织——思想观念与物质利益(第三版)[M].姚伟,王黎芳译,北京:中国人民大学出版社,2010(3):49.
　　② Suchman M C. Managing Legitimacy:Strategic and Institutional Approaches[J]. Academy of Management Review,1995,20(3):571-610.

集体规范的合法性则是专业,认知合法性是理所当然的①(理查德·斯科特,2010)。基于这样理解,作为我国高等教育体系的公立大学,其办学的合法性首先是获得国家政策法规的认可,获得监管的合法性;其次是获得作为大学行业规范的合法性,这是关于大学理念与基本职责问题的认可;同时作为大学教师集体工作模式和价值信念基础上的集体文化的合法性也是大学组织和个人工作合法性的重要来源。

　　新制度主义中的文化认知流派进一步指出,获得合法性推动着组织变革,并决定组织的生存,而不是提高效率和短期经济效益②(理查德·斯科特,2010)。例如,招聘一个具有较高学术身份的学者,例如诺贝尔奖得主、院士、长江学者等,都会很容易获得规范的合法性,尤其是在强调重视各种大学学术排名的今天,诺贝尔奖得主或著名学者能够带来更多的研究资助和更好的声誉,然而,这样的招聘却降低了技术的效率,因为这些额外的支出降低了教学的投入,或者可能会是以牺牲招聘更多学术人员为代价。同时,合法性可能来自"各种不兼容的结构元素",其中的一些结构元素的合并只是象征性地保护内部技术核心的不断变化③(理查德·斯科特,2010)。这样的例子可能在目前大学中的一些专业性机构和组织的建立中可以看到,例如目前比较流行的高等研究院、研究中心等智库,这些机构可能都有一个合法的名称,但是院校中某些考评、支持性政策设立的时候却很难保证其合法性,这正如埃德尔曼等人指出的,组织内部工作活动中的松散耦

---

　　① 理查德·斯科特.制度与组织——思想观念与物质利益(第三版)[M].姚伟,王黎芳译,北京:中国人民大学出版社,2010(3):44—47。

　　② 理查德·斯科特.制度与组织——思想观念与物质利益(第三版)[M].姚伟,王黎芳译,北京:中国人民大学出版社,2010(3):48。

　　③ 理查德·斯科特.制度与组织——思想观念与物质利益(第三版)[M].姚伟,王黎芳译,北京:中国人民大学出版社,2010(3):50。

合或象征性依从可能是很难监控或评估的,松散结合在专业机构中更为常见,如医院、律师事务所和大学①(Edelman,1993)。这些组织积极鼓励其专业性,因此,他们的技术效能成为一个超出了公众理解的"神话"。神话在正式的评估中持续进行并通过诚信在调节②(理查德·斯科特,2010)。另外,松散结合的概念特别适用于高等教育,院校和部门是分散的、松散结合的。如果通过院校和部门进行更改(象征性的或实质性)往往是不成功的,松散结合保护院校受到的其他外部因素的影响③(伯恩鲍姆,1989)。

在相同的领域面临着类似的组织合法性问题,象征性变化导致组织的同构。新制度主义更加强调组织同构现象。同构的力量来自三个方面:强制性、规范性和模仿。强制同构起源于监管需要的合法性,主要的强制力是国家通过法律和财政管制;职业化是规范同构的结果,应对结果的不确定性需要文化和规范的合法性,这也导致组织同构;当组织技术知之甚少或者当目标较为模糊时,组织倾向于模仿将自己视为更成功或合法的其他组织④(理查德·斯科特,2010)。因此,一些精英大学的成功模式可能成为更多非精英大学采用的新项目,不是因为这样的计划已被证明是有效的,而是因为它被认为是合法的,例如非升即走、恶性的人才竞争等。

新制度主义的优势在于我们能够更好地解释学术职业变化

---

① Cottraux J. R. J. Edelman (1992). Anxiety theory research and intervention in clinical and health psychology. Chichester: John Wiley & Sons Ltd. (349 pp) [J]. Clinical Psychology & Psychotherapy, 1993,1(1): 62-62.

② 理查德·斯科特. 制度与组织——思想观念与物质利益(第三版)[M]. 姚伟,王黎芳译,北京:中国人民大学出版社,2010(3):51—52。

③ 伯恩鲍姆. 大学运行模式[M]. 青岛:中国海洋大学出版社,2003。

④ 理查德·斯科特. 制度与组织——思想观念与物质利益(第三版)[M]. 姚伟,王黎芳译,北京:中国人民大学出版社,2010(3):67—80。

的双重性。首先,新制度主义有助于解释高等教育宏观结构的相似性。规范的合法性机制有助于解释为什么研究型大学变得越来越相似。其次,松散结合的概念有助于解释院校和学系的变化。尽管几乎所有的大学都在进行着相似的改革,大学可以应对政策制定者、认证机构和捐助者的问责,但在实践中院系和教师的行为并不一定完全按照这样的标准和要求去做,这在一些基础研究或者人文艺术学科中表现得更加明显。

新制度主义解释学术职业变革有两个缺点。第一,该理论强调宏观结构的象征性,分析组织的人,却忽视了人的组织,只研究组织的工作会导致组织分析抽象的经验主义。第二,过分注重宏观结构的统一性,也无法解释各个组织变革的差异性。面临着类似的事件,组织有时是同构的反应动作,有时却不是,因为"组织机会集合了不同的利益"[①](Scott,1967)。同样地,大学面临的问责和声誉的担忧可能会在某些方面选择相似的回应方式,在其他方面却选择不同的方式,这也就是为什么面对相同的政策教师会有着不同的应对方式。例如,虽然技术和成果转让能够带来高额的转让费,使研究者获得丰厚的报酬,但是并不是所有的研究人员都会朝着这样的方向努力。

目前也有研究采用新制度主义的理论视角,解释学术职业面对问责和声誉提高的压力时组织变化效用的问题。例如Hallett开展了关于通过自上而下的政策手段推进城市小学问责改革进程问题的民族志个案研究,重点考察了那所学校中传统象征性责任改变对学习产生的影响,数据显示学习重新与绩效挂钩,通过问责的神话和组织实践,曾经的松散结合的组织变得

[①]　理查德·斯科特.制度与组织——思想观念与物质利益(第三版)[M].姚伟,王黎芳译,北京:中国人民大学出版社,2010(3):127—128。

紧密联系[①](Hallett，2006)。Sauder 和 Espeland 使用一个法学院的案例研究,解释为什么排名广泛渗透到了法学院,排名是如何改变教学人员对法律教育看法的,法律教育工作者是如何在自己职业身份变化的过程中艰难生活的。他们的研究结果表明,解耦并不仅仅取决于外部执行机构的压力,而是组织执行者缓冲或隐藏了一些活动,相反,法律专业人士有意或无意地内化了问责和声望增加要求等的压力[②](Sauder，Espeland，2009)。O'Meara 和 Bloomgarden 研究了精英文理学院的教师如何感知到追求更高的声望和等级变化压力的,他们关注教师追求声望的力量对组织认同的影响,追求声望的力量严重影响了教师的工作和生活,努力追求更高的排名和地位的动机显著影响组织内部的核心程序,包括学生入学、教学、奖励和任期,然后影响教师职业生涯和身份[③](O'Meara，Bloomgarden，2011)。

新制度主义理论可以更好地解释组织面对相同或相似的场域环境,组织和个人应对外部环境压力时的一种制度同形或同构现象,特别是规范、规制和模仿(文化—认知)三种作用机制。这三种机制在解释研究型大学应对高等教育外部压力时的应对方式具有较强的解释力。例如研究型大学在应对国家资助、竞争、排名、声望等压力下过分强调科研生产力的应对方式,越来越多的学者牺牲个人研究旨趣追求短平快的研究成果,甚至学术造假等现象。但是,新制度主义在解释学术研究人员面对相同制度环

---

① Hallett T，Ventresca M J. Inhabited Institutions: Social Interactions and [4] Organizational Forms in Gouldner's Patterns of Industrial Bureaucracy [J]. Theory & Society，2006，35(2): 213 - 236.

② Sauder M，Espeland W. Strength in Numbers? The Advantages of Multiple Rankings [J]. Indiana Law Journal，2005，81(1): 205 - 227.

③ Meara K O'，Bloomgarden A. The Pursuit of Prestige: The Experience of Institutional Striving from a Faculty Perspective [J]. Journal of the Professoriate，2011: 4.

境下的差异性应对方式方面的解释力相对较弱。

二、制度逻辑理论与学术职业身份和工作选择的复杂性

　　自迈耶等观察到组织可能面临不兼容的社会文化和商业期望开始,制度视角已经暗示了制度过程的复杂性及其对组织行为的影响[①](Meyer,1977)。前期的研究主要是探索社会文化力量是否会影响组织的行为,即证明制度过程确实有作用,但是没有把组织实践和结构联系起来考虑,直到制度逻辑的概念被提出[②](Greenwood,Raynard,2011)。制度逻辑理论是"制度理论经过同构主义和新制度主义阶段后发展出来的研究视角和方法,Ariedland等最早引入制度逻辑来描述内生于现代西方社会制度中相互矛盾的实践和信念",[③]Hoffman则将研究重点转移到了探索逻辑之间如何相互联系以及多种逻辑如何在组织内发挥影响的问题[④](毛益民,2014)。

　　斯科特在1997年指出,"尽管组织面临着各种制度要求的影响,但是这种制度之间并非必然是统一和一致的,只是在组织场域中存在着占优势的信念系统和相关的实践活动时"[⑤](Scott,1997)。按照制度逻辑理论的基本观点,制度逻辑是组织和社会

　　① Meyer J W,Rowan B. Institutionalized Organizations:Formal Structure as Myth and Ceremony [J]. American Journal of Sociology,1977,83(2):340-363.

　　② Royston Greenwood,Mia Raynard,Farah Kodeih,et al. Institutional Complexity and Organizational Responses [J]. Academy of Management Annals,2011,5(1):317-371.

　　③ 李晓丹,刘洋.制度复杂理论研究进展及对中国管理研究的启示[J].管理学报,2015,12(12):1741。

　　④ 毛益民.制度逻辑冲突:场域约束与管理实践[J].广东社会科学,2014(6):211—220。

　　⑤ 理查德·斯科特.制度与组织——思想观念与物质利益(第三版)[M].姚伟,王黎芳译,北京:中国人民大学出版社,2010(3):167—168。

应对制度环境复杂性的根本原因,制度逻辑理论可以更好地解释在相似的制度环境中组织和个人应对方式之间差异的原因和作用机制。Thornton 等人把制度逻辑定义为"个体生产和再生产他们的物质资料,规划时间和空间,为社会现实提供有意义的物质实践、假定、价值标准、信念和规则的社会建构和历史性的模式"[①](Thornton,1999)。这个定义"首次把制度的结构维度、标准维度和象征维度这三个必要且互补的维度整合起来,全面地解释了制度逻辑"。[②] 简言之,制度逻辑是关于如何解释组织现实,什么构成了合适的行为以及如何获取成功的假定和价值标准的集合。

任何制度都蕴含一套相对稳定的假设、信念、价值、规则等象征符号和实践形式,我们将其称为制度逻辑。当组织面临多种逻辑并给出各种不相容的指导法则时,组织面对的就是制度的复杂性。社会由多样的制度逻辑组成,它们可以为个体和组织提供行动策略。在内嵌的层级框架内,Thornton(1999)等人的研究进一步指出,西方社会包含了多样的制度秩序或者社会部门,分别有自己的中心逻辑;社会中存在六种主要的制度秩序,分别是市场、企业、职业、家庭、宗教和政府;社会活动者会在不同逻辑的指导下行动,有些人倾向接受某种制度逻辑,而另外一些人可能认为其他的逻辑更好;在相当多的场域中,组织内多种逻辑的出现是非常普遍的,包括社会性企业、医疗健康、文化产业、专业服务

---

①   Thornton P H. Institutional Logics and the Historical Contingency of Power in Organizations: Executive Succession in the Higher Education Publishing Industry, 1958‑1990 [J]. American Journal of Sociology,1999,105(3):801‑843.

②   李晓丹,刘洋. 制度复杂理论研究进展及对中国管理研究的启示[J]. 管理学报,2015,12(12):1741。

等[1,2](Thornton，1999;李晓丹,刘洋,2015)。因此,特定场域中的制度逻辑并不是单一的,而是多种逻辑相互竞争的过程,其核心是主导权的竞争。在场域主导逻辑上,有的学者认为即使场域同时存在两种或以上的逻辑,其主导逻辑仍会是单一的,场域内逻辑的变化是一种新的逻辑替代旧的逻辑,这其实忽略了持续复杂性的可能[3](Brunsson，Olsen，1993)。Greenwood 等人则指出,组织除了明显受到主导的市场逻辑影响外,其他非市场逻辑,如政府和家庭逻辑也会明显影响组织关键的经济活动[4](Greenwood，Raynard，Kodeih，2011)。由此,制度逻辑的多样性以及它们的矛盾、竞争、共存和变化共同影响了制度的复杂性。

　　研究者已经认识到组织所处的环境往往跨越不同的场域,组织的生存和发展面临不同场域内不同制度逻辑的要求和压力[5](斯科特,2010),多重制度逻辑间的不兼容与冲突导致的制度复杂性成为组织日常运作的一部分(Greenwood[6]，2011；Voronov,

①　Thornton P H. Institutional Logics and the Historical Contingency of Power in Organizations: Executive Succession in the Higher Education Publishing Industry, 1958 - 1990 [J]. American Journal of Sociology，1999,105(3): 801 - 843.

②　李晓丹,刘洋. 制度复杂理论研究进展及对中国管理研究的启示[J]. 管理学报,2015,12(12): 1741。

③　Murphy A. The Institutional Logics Perspective: A New Approach to Culture, Structure and Process [J]. Leadership & Organization Development Journal, 2012,15(6): 583.

④　Royston Greenwood，Mia Raynard，Farah Kodeih，et al. Institutional Complexity and Organizational Responses [J]. Academy of Management Annals, 2011,5(1): 317 - 371.

⑤　理查德·斯科特. 制度与组织——思想观念与物质利益(第三版)[M]. 姚伟, 王黎芳译,北京: 中国人民大学出版社,2010(3): 167 - 168。

⑥　Royston Greenwood，Mia Raynard，Farah Kodeih，et al. Institutional Complexity and Organizational Responses [J]. Academy of Management Annals, 2011,5(1): 317 - 371.

Clercq &. Hinings[①], 2013)。组织通过作为"游戏的规则"的制度逻辑理解社会现实并采取行动,遵守相应的制度诉求以获取重要参照的受众的认可(Thornton, Ocasio[②], 1999;Greenwood[③], 2011),而当面临多重甚至相互冲突的制度逻辑时,组织便难于理解所处情境和展开有效的活动。

目前学术界关于制度逻辑的研究主要集中在两个方面:一部分学者致力于社会层面上的制度逻辑研究,例如 Friedland 和 Alford 就认为西方社会普遍存在着官僚主义国家、资本主义市场、民主国家、基督教和家庭五种制度逻辑,这些制度逻辑常常是充满矛盾和冲突的[④];更多的学者关注场域层面的制度逻辑,由组织场域的复杂性带来的组织变革的复杂性。关注场域制度逻辑的复杂性以及组织应对的研究中,目前的研究主要涉及组织场域中单一主导逻辑和多重制度逻辑竞争两种视角:Bhappu 研究了家庭逻辑和市场逻辑对日本企业管理实践的影响[⑤];Thornton 等人的一系列研究,更加关注了场域内主导逻辑对组织结构和经营

① Voronov M, Clercq D D, Hinings C R. Institutional complexity and logic engagement: An investigation of Ontario fine wine [J]. Human Relations, 2013, 66 (12): 1563 – 1596.

② Thornton P H. Institutional Logics and the Historical Contingency of Power in Organizations: Executive Succession in the Higher Education Publishing Industry, 1958 - 1990 [J]. American Journal of Sociology, 1999, 105(3): 801 – 843.

③ Royston Greenwood, Mia Raynard, Farah Kodeih, et al. Institutional Complexity and Organizational Responses [J]. Academy of Management Annals, 2011, 5(1): 317 – 371.

④ Friedland R, Alford R R. Bringing society back in: Symbols, practices and institutional contradictions [A]. W. W. Powell, Dimaggio. P. J. The New Institutionalism in Organizational Analysis [C], 1991(10): 232 – 263.

⑤ Bhappu A D. The Japanese Family: An Institutional Logic for Japanese Corporate Networks and Japanese Management [J]. Academy of Management Review, 2000, 25(2): 409.

战略的影响[①];Friedland 也指出每种制度都存在一种核心逻辑，即"一系列物质实践和符号构念，其建构一个领域中的组织原则，可供组织与个人进行阐述"[②];Greenwood 等人则主要关注多重制度逻辑对组织战略反应的影响[③];周雪光也认为，制度逻辑诱发和塑造了特定领域中相应的行为方式，并且大规模的组织变迁往往涉及多重过程和机制，呈现出一种"制度化生产"的复杂现象，只有在制度逻辑的相互作用中才能恰如其分地认识它们各自的作用和影响，才能对组织变迁提出令人满意的解释[④]。就目前国外学者关于制度逻辑研究的视角和热点问题我们可以看出，"制度逻辑作为影响组织战略、结构和文化的一种正式与非正式规则，现已得到各领域学者的广泛关注，例如，宏观层面上涉及国家制度的设计、转型期制度环境、制度差异、制度创业等；微观层面上涉及组织场域内制度逻辑对组织战略的影响，如组织变革、组织文化、组织结构等"[⑤]。

目前的研究表明，组织和个人应对制度逻辑复杂性（多种逻辑呈现的异质性、逻辑的动态性以及逻辑的历史权变性）是因为组织存在多种逻辑，而它们之间往往是充满着竞争或冲突的关

① Thornton P H. Markets from Culture: Institutional Logics and Organizational Decisions in Higher Education Publishing [M]. 2004.

② Friedland R, Alford R R. Bringing society back in: Symbols, practices and institutional contradictions [A]. W. W. Powell, Dimaggio. P. J. In The New Institutionalism in Organizational Analysis [C], 1991(10): 232 - 263.

③ Royston Greenwood, Mia Raynard, Farah Kodeih, et al. Institutional Complexity and Organizational Responses [J]. Academy of Management Annals, 2011,5(1): 317 - 371.

④ 周雪光,艾云.多重逻辑下的制度变迁:一个分析框架[J].中国社会科学,2010(4): 132—150。

⑤ 杨书燕,吴小节,汪秀琼.制度逻辑研究的文献计量分析[J].管理评论,2017, 29(3): 90—109。

系[1](Greenwood,2005),并且个体和组织的利益、身份、价值和假定嵌入了主流的制度逻辑[2](Thornton,Ocasio,2008),组织的决策和效果是个体代理和制度结构相互作用的结果[3](Battilana,Leca,Boxenbaum,2009)。制度逻辑塑造着组织和个人合理的、有意识的行为,个体和组织活动者也在塑造和改变着制度逻辑,同时,正在进行的可以复制现有逻辑符号和材料的组织流程也在改变着人们的信仰、甚至创造新的逻辑[4](Thornton,Ocasio,2012)。逻辑多样性在不同条件、不同组织内会出现不同的结果,多样的逻辑在一些组织中会导致内部的冲突,在另外一些组织中却能够无缝融合,基于此,Ostrom(2015)提出用兼容性和中心性两个维度刻画多种逻辑在组织中呈现的异质性(Ostrom,2015)[5]。

因此,制度逻辑理论可以为我们研究教育领域,特别是高等教育领域学术职业变革的原因提供一个可行的分析框架,特别是索顿和奥尔森基于西方国家而提出的五种带有普遍性的制度逻辑理想类型,对于我们探讨国家、市场、官僚控制与学术专业逻辑相互作用下学术工作的制度环境具有一定的启示与借鉴意义。

---

[1] Royston Greenwood, Mia Raynard, Farah Kodeih, et al. Institutional Complexity and Organizational Responses [J]. Academy of Management Annals, 2011,5(1): 317 - 371.

[2] Thornton P H, Ocasio W. Institutional Logics [M]. The SAGE Handbook of Organizational Institutionalism, 2008.

[3] Julie Battilana, Bernard Leca, Eva Boxenbaum. How Actors Change Institutions: Towards a Theory of Institutional Entrepreneurship [J]. Academy of Management Annals, 2009,3(1): 65 - 107.

[4] Thornton P H, Ocasio W, Lounsbury M. The Institutional Logics Perspective [M]. Oxford University Press, 2012.

[5] Ostrom E. Beyond Market and States: Polycentric Governance of Complex Economic Systems [J]. American Economic Review, 2015,100(2009 - 4): 641 - 672.

三、委托—代理理论与学术职业身份和工作选择的组织特征

委托—代理理论为了解大学和多个利益相关者之间的动力特征提供了一个有用的概念工具。首先,假设处于目标冲突中心地位的代理人,基于自身的利益和结果的合同,绩效更有助于代理人追求结果和目标的兼容性①(Eisenhardt,1989)。其次,学院和大学在一定程度上享有高度的自治和自由,这种自由部分来自学术工作的高度专业化和学术研究的本质,教师和管理人员被视为专家。这种自由创建了知识的失衡,作为委托人的校长很难监测和评估教师和管理人员是否工作,或者对他们的所有投入和工作绩效进行全面的评估监测。例如,政府通过一系列的直接监督方式监控着大学的办学行为,如年度报告、绩效审计、预算审查以及各类评估。此外,为了提供足够的、外部利益相关者能够理解的信息,评估极易采用基于定量的绩效评估和类似的措施。

虽然委托—代理理论可以解释目前高等教育领域问责与评估制度盛行的部分原因,也能够从委托人与代理人之间关系解构的角度解释具有官僚控制特征的大学行政组织与个人利己主义和机会主义行为的原因。但是委托—代理理论解释学术职业的变化方面也有一些主要的局限性。首先,这一理论强调人类行为的利己主义和机会主义动机,忽视了其他动机,如利他主义、信任和内在动机,这对了解教师工作的特殊性有一定的局限性。许多研究都表明,大部分追求学术研究的内在激情主要是教师追求学术成功带来的成就感,亦或者是学术探究的兴趣。例如,Liefner在美国、瑞士、荷兰和英国的六所大学开展了基于绩效的资源分配对大学学术工作的影响的研究,他的研究发现,虽然资源分配

---

① Eisenhardt K M. Agency Theory: An Assessment and Review [J]. Academy of Management Review,1989,14(1):57-74.

会改变个人行为的预测,但是绩效为基础的资源分配和大学的成功之间的关系却很弱,合格的学者并不关注货币性的激励措施,而是他们的个人动机和科学探究的兴趣①(Liefner, 2003)。因此,无论资源分配形式如何,大学都有很多情绪高昂的成功的学者。

委托—代理理论研究高等教育的第二个限制是,目前的大学,特别是中国大学,总是要面对多个行权权威、多种资金来源和多个目标集,代理人可能会产生责任分散和逃避的心理,逃避委托人的利益和目标。但是,委托代理理论可以帮助我们更好地理解大学行政组织的特性以及处于特定行政组织机构中的教学研究人员的身份和行为。

四、资源依赖理论与学术职业身份和工作选择的外部制约性

资源依赖理论假定组织和组织中的个人的行动在多大程度上,受到所依赖的外部资源的控制②(Salancik, 1978)。组织行为的一个中心环节就是确保主动地维持或增加有形的资源。资源贫乏的组织或者资源充足的组织为了获取新的资源将做出一种更大的改变。例如,高校不断通过在线教育、国际学生、技术转让或新的学位课程寻求新的收入来源。此外,资源依赖理论假设,组织严重依赖外部资源的提供者(如国家资助、捐赠基金、工业合作),通过满足外部资源提供者要求的方式来求得生存。例如,公立大学比私立大学更加容易关注政府和国家行政机构的规划和问责。

---

① Liefner I. Funding, resource allocation, and performance in higher education systems [J]. Higher Education, 2003,46(4): 469 - 489.

② Soni P. The External Control of Organizations (Pfeffer and Salancik, 1978) [C]. IIMB Internal, 2014.

　　资源依赖理论非常强调组织内部与他们环境的互动和反应动力。组织由具有获取或维持稀缺资源的不同能力的子单元构成。"在应对突发事件时一个重要的决定因素就是在控制组织实施环境的条件下,子单元在组织内部竞争环境中寻求有利的位置[1](Salancik,1978)。"个人或组织利用强有力的位置来获取稀缺资源,进而增强个人或组织的力量,更强大的子单元试图通过控制稀缺资源维持他们的权力,势力较小的子单元试图减少对他人的依赖。从这个意义上讲,资源依赖理论在很大程度上依赖于国家的政治观点、组织内的相互作用及其对组织生存和变革的影响[2](Tushman,1977)。

　　尽管组织是外部控制的,但是资源依赖观点反对环境决定论,认为组织是有能力改变的。组织活跃的应对外部需求的战略主要有两个方面:首先,组织在一种相互依赖的关系中,其中一个组织也控制其他组织需要的资源,并且控制关键资源能力越大的组织具有越大的组织自治和自由决定权;其次,外部环境并不是无法控制的现实,组织是有限理性的,组织中的个人可以理解和评估他们所处环境的结构、资源和约束,并能够在一定程度上选择如何对这些外部现实做出最优的反应[3](Pfeffer,Salancik,1978)。组织依据他们所依赖的外部环境控制的关键资源来采取行动策略,这需要积极地透视组织面临外部需求和期望的变革中

　　[1]　Soni P. The External Control of Organizations (Pfeffer and Salancik,1978)[C]. IIMB Internal. 2014.

　　[2]　Bauer M. Book Reviews:J. Pfeffer and G. K. Salancik:The External Control of Organization 1978,New York:Harper and Row [J]. Organization Studies,1980,1(3):298-300.

　　[3]　Pfeffer J,Salancik G R. Social Control of Organizations [J]. British Journal of Sociology,1978,23(4):406-421.

的领导地位、作用、角色以及组织内部权力分布的变化情况[1]
(Pfeffer，Salancik，1978)。每个约束的背后都是一个利益集团。
因此,管理的一个重要功能就是了解决定自己环境的行动者的
影响。

　　高等教育组织变革的研究支持资源依赖的观点,院校和他们
的部门将进行变革,变革的结果是这些资源、特别是重要的经费
资源可能变得更加有利于组织的发展。Salancik 和 Pfeffer 早在
1974 年就针对美国大学研究部门的研究发现,部门力量与获得赠
款和合同的能力高度相关,特别是权力在研究生奖学金的分配中
最常见,这是机构最为稀缺的资源[2](Salancik，Pfeffe，1974)。美
国学者斯劳特和莱斯利通过美国、英国、在澳大利亚等国政府资
助政策与经费的比较发现,公立高等院校对政府财政依赖较高,
随着政府资助高等教育的经费的逐年下降,高校可得到的非限制
性公共经费越来越少,这使高等教育系统出现了资源依赖性危
机,高校也在积极寻找更加多样化的资助来源[3](希拉·斯劳特,
拉里·莱斯利,2008)。

　　总之,虽然各自的理论视角和假设具有较大的差异,但是新
制度主义、委托—代理与资源依赖三种理论在解释组织变革问题
方面都有较强的解释力,特别是对于解释研究型大学组织变革的
原因方面,资源依赖性关注经费等资源,新制度主义关注大学文
化规范和信仰,制度逻辑理论则关注一种普遍的价值信仰与物质
实践活动。资源依赖理论认为组织行为是基于理性和战略,旨在

---

　　① 　Pfeffer J，Salancik G R. Social Control of Organizations [J]. British Journal
of Sociology，1978,23(4)：406-421.

　　② 　Pfeffer J，Salancik G R. Social Control of Organizations [J]. British Journal
of Sociology，1978,23(4)：406-421.

　　③ 　希拉·斯劳特,拉里·莱斯利. 学术资本主义：政治、政策和创业型大学[M].
梁骁,黎丽译. 北京：北京大学出版社,2008：70。

研究产出和绩效的最大化。但是,在高校具体运作的环境中,规范和社会组织行为的结构也是非常重要的,特别是大学相关制度政策的合法性方面。

第二节 理论分析框架

一、制度逻辑和制度逻辑的理想类型

制度逻辑理论的核心是回答组织应对外部资源时合法性的来源。根据组织制度理论的基本观点,特定的社会组织总是处于特定的社会结构和文化系统中,承担着特定的社会责任。这就意味着特定的社会组织必须应对外部利益相关方的需要,并做出合法的回应。这里的合法性由特定组织在长期的社会实践活动中形成的一整套象征性符号系统和实践活动构成,即索顿和奥尔森等组织制度学者提出的"制度逻辑"。Thornton 等人把制度逻辑定义为"个体生产和再生产他们的物质资料,规划时间和空间,为社会现实提供意义的物质实践、假定、价值标准、信念和规则的社会建构和历史性的模式",并且将制度的结构维度、标准维度和象征维度这三个必要且互补的维度整合起来,全面地解释了制度逻辑[①](Thornton, 1999)。

在进一步的研究中,Tornton 和 Ocasio 于 2012 年将影响西方国家组织发展的基本制度逻辑简化为七种基本的类型(制度逻辑的理想类型),即"官僚制国家、资本主义市场、专业或协会、企业公

---

① Thornton P H. Institutional Logics and the Historical Contingency of Power in Organizations: Executive Succession in the Higher Education Publishing Industry, 1958 - 1990 [J]. American Journal of Sociology, 1999, 105(3): 801 - 843.

司、社区、家庭和宗教，并且描述了每种制度逻辑的合法性及其来源"①(Tornton，Ocasio，Lounsbury，2012)，具体见表 2.2.1。

表 2.2.1　制度逻辑的理想类型表(来源：**Tornton，Ocasio，Lounsbury，2012**)

	国家	市场	专业/职业	企业/公司	社区	家庭	宗教
象征的本质	国家是再分配机制	交换	专业是关系网络	公司是一种等级结构	共同的边界	牢固的家庭	寺庙是银行
合法性的来源	民主参与	分享价值(价格)	个人的专业知识	公司的市场位置	统一的愿望信任和互惠	无条件忠诚	信仰重要性、神圣性
权威的来源	官僚主义统治	价值的占有者	专业协会联盟	董事会成员、高层管理者	社区价值、观念的承诺	家长统治	神职的魅力、能力
身份的来源	社会经济阶层	匿名	高超的手艺、个人声望	官僚等级中的作用	情感联系、自我满足和生声望	家庭中的威望	与神的联系
规范的依据	国家公民	利己主义	协会或行会中的成员	公司中的雇员	团体中的成员	家庭成员	圣会中的成员
关注的依据	利益集团的身份地位	市场中的身份/地位	专业的身份地位	等级中的身份地位	团体中的个人投入	家庭中的身份地位	超自然的关系
策略的依据	提高公共福利	提高效率和利润	提高个人声望	扩大规模、多种经营	提高团队中地位、荣誉	提高家庭荣誉	提高自然中宗教的象征意义

---

① Thornton P H，Ocasio W，Lounsbury M. The Institutional Logics Perspective [M]. Oxford University Press，2012.

续　表

	国家	市场	专业/职业	企业/公司	社区	家庭	宗教
非正式控制机制	幕后的政治及活动	工业分析及活动	知名人士的政治及活动	组织文化	可显的行为	家庭的政治及活动	召唤的崇拜
经济制度	福利资本主义	市场资本主义	个人资本主义	管理资本主义	合作资本主义	家庭资本主义	西方人的资本主义

　　正如表中描述的,组织合法性的获得深受各自逻辑的象征本质、符号特征以及实践活动的影响。例如,在象征的本质方面,资本主义国家的本质是一种社会资源再分配的机制、资本主义市场的本质是一种交换、专业工作的本质是一种关系网络、资本主义企业或公司的本质是一种科层制的等级结构、社区的本质是一种社区内部成员工作的共同边界、家庭的本质是一种牢固的血缘关系,而资本主义社会普遍存在的宗教的本质则是一种信仰的银行。在组织合法性的来源方面,在资本主义国家中组织的合法性来源于民主参与,资本主义市场中组织的合法性来源于价值或价格的共享,专业工作中组织的合法性来源于个人的专业知识,企业或公司逻辑下组织的合法性来源于公司在资本主义市场中的位置,组织从社区中获得合法性的途径是统一的愿望和信任与互惠,作为家庭的组织从组织所在的大家庭中获得的合法性是基于对大家庭的无条件忠诚,作为宗教成员组织或个人的合法性来源于对宗教信仰的神圣不可侵犯的笃信。在合法性诉求的回应策略方面,组织想要从国家获得资源的合法性就必须在提高国家公共福祉方面打动国家或政府,要想获得市场的青睐就必须努力提高生产效率和利润,组织和个人想要在特定专业领域获得声誉或地位就必须提高组织或个人

的专业能力,等等。因此,每一种制度逻辑都会对处于特定社会背景中的组织或个人提出不同的要求,并需要组织或个人做出积极的回应。

二、我国研究型大学教师学术职业身份与工作选择的制度逻辑类型

不可否认的事实是,我国研究型大学的制度环境是一个集合了国家、市场、大学公司以及学术专业几种逻辑的混合体。处于高等教育场域中的大学试图获得国家、市场、官僚组织以及专业共同体的认可与支持,获得合法性,并将这些合法性转变为一种学术职业的规范和价值信仰,这一切深刻影响着教学研究人员的学术职业身份以及学术工作的选择。

本研究在对我国研究型大学教学研究人员对其学术职业身份、职业期望、行为选择以及学术环境的主观感受的基础上,将进一步解释为什么研究型大学的教师对其学术职业身份和工作选择会有不同的看法? 他们是基于什么标准和价值做出这样的决定和选择的? 也就是说,他们是如何获得其学术职业身份和工作选择的合法性的? 为了更好地回答这些问题,本研究主要参照 Tornton、Ocasio 和 Lounsbury 在 2012 年提出的制度逻辑理想类型的框架,结合我国学术职业的特点,归纳和提炼出了我国研究型大学教师学术职业身份和行为选择的四种制度逻辑类型,并对每一种制度逻辑对学术工作的象征本质、合法性来源、工作过程、学术绩效评价、学者身份等的不同要求进行了界定和说明,并采用这一分析框架分析每一种制度逻辑对我国研究型大学教师学术职业身份和工作选择的影响。

Tornton、Ocasio 和 Lounsbury 在 2012 年的研究中所设定的是西方国家普遍存在的七种制度逻辑,更多的是在描述资本主义

世界的现象。在本研究中,我们根据学术职业的内在特点,结合中国社会的文化特性,在索顿等人提出的七种制度逻辑中去除掉了宗教、社区和家庭三种逻辑,将公司或企业的逻辑修改为大学公司逻辑,这里的大学公司并不是具有经济实体性质的公司,而是指伴随着大学规模的扩展,目前的大学越来越像一个庞大的公司,并且大学的某些管理也越发地类似于公司中的项目管理、量化管理等方式,这里的大学公司只是一种象征意义上的公司。由此确立了我国研究型大学教师学术职业身份和工作选择的四种基本制度逻辑,每种制度逻辑对学术工作的象征符号系统与实践活动系统的具体要求见表 2.2.2。

表 2.2.2　我国研究型大学教师学术职业身份与工作选择的制度逻辑类型表

	国家	市场	专业/专业化	大学公司
知识控制	学术知识被国家限制	学术知识被消费者利用	学者依靠高深知识完成工作;学术知识被专家严格控制	学术知识是作为大学公司的专有财产
工作过程支配	任务被国家条例和程序规定;工作过程被管制	市场决定学术工作将如何开展	学者根据被专业共享的标准控制他们自己的工作过程	任务被商业规则、程序和路径限定
工作范围	任务的内容和边界由国家决定	任务的内容和边界由消费者设定	任务的内容和边界反映学术共同体的追求	任务的内容和边界由管理决策确定
招聘与身份	学者被纳入官僚体系招聘	学术人员自主地被招聘	学术人员通过学术共同体招聘	学术人员被大学公司招聘
绩效标准	被非学术人员的国家官员评价	消费者评价学术工作;市场决定成功	学者和学术协会评价工作是否达到绩效标准	被可能非学术的管理者和作为消费者的学生评价

续　表

	国家	市场	专业/专业化	大学公司
工作目标	集体的工作是为了增加公共福利	个人工作是为了增加研究和知识的经济利益	学者工作是为了提高个人声望	个人工作是为了维持雇佣身份,高层管理者的工作是为了提高大学的规模和声望
权力来源	自己在隶属的利益集团中行政等级的地位	在市场中的地位	学术专业中的地位	在大学公司中的地位
身份来源	身份由行政等级相同的社会经济地位决定	没有身份,匿名	身份被学术工作的类型和质量决定,由个人的专业声望决定	身份被大学公司的官僚规则决定,与大学公司整体身份有关
正式控制机制	强制性,由法律和规定管制	没有正式的控制机制	专业社会化和共享的规则规范	大学公司的官僚控制系统
非正式控制机制	通过幕后政治活动保护和提高利益集团的权利	学者遵循市场的信号,有更大市场价值的人对他人的影响也较大	学术声望高的人对他人的影响更大	学者遵循他们所属的团体的缄默性规则、信仰和组织文化
薪酬控制	由国家根据国家制定官员等级标准决定	市场决定;有较高市场价值的学者的收入越高	根据学术等级和学术专业地位决定薪酬	根据企业等级制度由企业大学决定薪酬
雇佣控制	谁被聘用和工作的起点都由国家决定	工作有较高市场价值的人更有可能被聘用,工作的起点没有预设	工作有较高质量的人更有可能被雇用,学术起点从最低的学术等级开始	工作对大学企业有较高价值的学者更有可能被雇用,工作起点没有预设

	国家	市场	专业/专业化	大学公司
流动控制	人员的流动被国家控制，限定在国内；流动在行政等级上有预设的路径	市场需求控制流动；工作具有较好市场价值的学者更有可能在大学内外或国际上流动，没有预设的流动路径	学术工作的质量决定流动；学术工作质量较高的学者在大学内外或国际上具有更大的流动可能性；流动的路径依据学术等级	流动由公司需要决定；对大学具有较大价值的学者有更多的流动机会；大学之间的流动对原来的大学不利；流动的路径依据企业等级
发展机会	机会由所服务的国家提供	机会由市场需要决定	机会由专业协会根据的个人工作质量提供	机会由公司大学根据大学利益提供

学术职业是以知识的探索、发现与传播作为从业者生存与发展基础的职业，其工作对象是高深知识，工作信念是追求真理和探究新知，其工作具有较强的专业自主和科学精神。在科学发展过程中，每一个学科都有一套被学者认可或尊重的学术认可标准与制度，例如优先发表、学术引用以及 SCI 和 SSCI 等期刊等级的划分办法，这些目前在学术领域非常普遍的学术认可标准与原则正是在科学发展过程中内生出的制度和规范。学者的学术权威和声望与学者的学术成就直接相关，学术共同体的等级分层主要依据学者个人在学术共同体中的成就和影响力。因此，学术或专业的逻辑是学术职业发展的基本动力和本质属性，学术职业发展首先遵循的应该是专业的逻辑。

前面已经对国家、市场和大学的公司化管理与学术职业发展之间的关系进行过简要的论述。下面将对国家、市场和大学公司化组织对学术知识和学者工作过程控制的模式进行介绍，为第六章的研究提供理论支撑。

（一）四种制度逻辑中学术工作的目的和知识控制形式

学术知识是大学存在的基础，也是学者工作的对象。在不同制度逻辑中学术研究工作的目的与知识控制形式的基本内容如下：

首先，高等教育的公共属性决定了大学是国家管理公共事务的基本范畴，因此，国家逻辑认为学术知识是被国家控制的，学者研究什么、怎么研究、研究到什么程度在一定程度上都会受到国家的直接或间接控制。许多国家都是通过教学研究经费控制的形式间接控制学术知识，在国家逻辑中学术工作的目的是提高社会福祉。

其次，市场逻辑主张学术研究的目的是增加学术研究和知识的经济利益，学术知识在一定程度上是为了被各类消费者广泛利用，知识的效用决定了学术知识被谁控制，有用性就成为市场逻辑下知识控制的基本机制，知识的交易价值被无限放大。

第三，作为公司的大学，强调学者属于大学公司的雇员，大学中教学研究人员所拥有的知识均属于大学公司的专有财产，而学者工作的目标即是为了维持自己的雇员身份，也是为了提高大学的学术声望、规模和多样性。在公司逻辑中学术工作的核心价值是维持雇员的身份。

第四，学术职业的学术属性决定了学术共同体的功能和价值。专业的逻辑表明，学者依靠高深知识完成学术工作，学术知识通常被专家严格控制，学者工作的目的是提高个人在共同体内的声望和价值。因此，在专业逻辑主导下，被共同体内成员认可、获得较高地位和声望是学者工作的基本动力。

（二）四种制度逻辑中学者工作的范围、过程以及对学术人员的控制机制

知识控制和工作目的是学术工作的首要问题，这关系着学术研究工作为谁服务和为了什么目的工作的问题。从上面的分析

我们可以看出不同制度逻辑对其要求的差异，那么接下来我们需要进一步说明不同制度逻辑中学术研究工作的内容、学者工作过程以及对学术人员的控制机制的主要内容。

首先，在国家逻辑中，学术研究的内容和边界完全按照国家设定的参数和标准进行，研究任务也是在国家相关条例和程序规定下进行，工作过程也完全被国家控制，这是国家属性和权力职责所决定的，处于国家公共事务范畴中的大学只能严格遵守。同时，国家通过强制性的法律法规对学术工作进行管控，这是学术研究合法性的直接来源，也是规制的力量。

其次，在市场逻辑中，学术研究的内容和边界仍然是由消费者设定，一切有实用价值的研究任务和项目都会被认可，也会得到市场的奖励和资助。市场逻辑中学者工作不存在正式的控制机制，但非正式的控制机制的作用对学者的影响更大，因为学者遵循着市场的信号，有更大市场价值的工作会收到更多的关注，从事有较大市场价值的研究工作的学者对他人的影响也较大。在市场逻辑下，学术研究的内容和形式常常受到市场价值规律的影响，研究任务和内容通常会相互模仿。因此，在市场逻辑中学术研究的合法性来源主要是通过相互模仿获得的。

第三，在公司逻辑中，学术工作的内容和边界主要由大学的决策者决定，通常与大学决策目标相一致的研究方向和领域会获得学校的重点支持和保障，并通过行政组织的权力完成研究团队的整合与重组。在公司逻辑下，学者工作的正式控制机制为大学的官僚控制系统，通过科层制的正式权力对学者进行控制，同时学者所属正式组织中的工作惯例、组织文化和价值信仰也会对学者工作方式产生间接的控制作用。因此，在公司逻辑下，研究任务和内容通常受到大学管理决策的影响，官僚控制系统中的正式规则对学者的控制较大。在公司逻辑下，学术研究的合法性主要通过规制和规范的作用实现的。

第四,在专业逻辑中,学术研究工作的内容和边界主要反映的是学术共同体的追求和需要,也就是被学术共同体成员普遍认为重要或具有较大研究价值的领域和热点问题常常会被学者追捧。在专业逻辑下,学者工作的正式控制机制主要是学科规训和一些被大家共享的规则和规范,有些虽然并没有被学术共同体明确提出,但是在学者的教育经历中已经被学科规训影响。除此之外,专业逻辑下对学者工作的控制机制还有非正式机制的影响,这主要是学术声望高的学者对他人的影响者控制也越大。因此,在专业逻辑下,学术研究工作的合法性来自文化—认知机制的作用,有时也会通过模仿机制起作用。

(三)四种制度逻辑中学者的身份、招聘、薪酬和雇佣关系

不同的制度逻辑在学术人员的招聘形式与学者身份获得的合法性方面都有不同的表现形式,进而会对学者薪酬和雇佣关系控制也有不同的手段,这对学术职业发展过程和职业期望产生较大的影响。

首先,在国家逻辑中,学者被纳入国家公务系统招聘,国家行政系统会对学者招聘的条件和从业标准有严格的规定,学者一旦被招聘,将会获得与政府行政系统等级中人员一致的社会经济地位和身份,国家也会参照行政官员的等级标准确定其薪酬水平。在雇佣关系控制方面,谁被聘用以及工作的起点也由国家行政系统决定。在国家逻辑下,学术人员的身份具有国家公务人员的身份,薪酬和雇佣关系相对稳定,职业发展轨迹也相对稳定。

其次,在市场逻辑中,学术人员主要根据其学术能力大小通过学术劳动力市场需求被招聘,市场对学者身份没有明确的要求,学者可以根据个人的偏好通过学术劳动力市场进行职业选择。学术人员的薪酬水平也由市场供求决定,有较高市场价值的学者收入更高,学者的市场价值一般是由学者的学术水平和成就决定的,而学术水平的高低除了学术共同体内的声望以外,也包

括学者获得政府或共同体认可的一些荣誉和身份等。学者雇佣关系的控制方面,市场竞争是学者被雇佣还是被解聘的主要控制机制,其工作的起点并没有明确的要求和规定。因此,在市场逻辑下,学术劳动力市场是决定学术人员招聘、薪酬以及雇佣关系的主要因素,学术人员的身份、薪酬和雇佣关系变数较大,职业发展也充满了弹性。

第三,在公司逻辑中,学术人员的招聘由大学根据学校发展规划和决策的需要招聘,学者身份也由大学行政规则决定,学者身份也与大学的整体身份有关,这里的身份主要指学术人员的政治经济地位。学术人员的薪酬主要根据大学的等级制度确定,在大学学术和行政等级中位置较高的学者薪酬水平也较高。在学者雇佣关系的控制方面,对大学具有较高价值的学者更有可能被雇佣,其工作起点也没有预设,完全取决于学者个人对大学的价值大小。在公司逻辑下,学者身份、薪酬和雇佣关系通常与学者学术工作的绩效有关,科研生产力较强的学者对大学的贡献和价值较大,常常会获得较高的地位、薪酬和稳定的雇佣关系。

第四,专业逻辑中,学术人员通过学术共同体被招聘,学者是否被特定机构或大学聘用主要看学者在学术共同体中的身份和地位,而这种身份和地位一般由学者学术工作的类型与质量决定,很多时候这种身份和地位与学者的声望有更直接的关系。在学术逻辑下,学者薪酬高低主要由学术等级和专业决定,等级越高则薪酬越高,学术工作类型也会影响薪酬的变化。学术工作有较高质量的学者更有可能被雇佣,工作起点一般会从最低的学术等级开始。因此,在专业逻辑下,决定学者是否被招聘、学者身份与地位、薪酬水平和雇佣关系都与学者的学术能力和研究水平直接相关,专业知识和能力才是学术界的硬通货,并且在专业逻辑下,学者身份、薪酬和雇佣关系相对比较稳定,学术发展轨迹相对比较缓慢,学术发展必须从最低的学术等级开始。

（四）四种制度逻辑中学者的流动性与发展机会

前面对四种逻辑中学者招聘、薪酬、雇佣关系及职业发展的稳定性进行了描述，下面将从学者流动和职业发展机会两个方面对四种制度逻辑的象征系统和实践形式进行说明。

首先，在国家逻辑中，学术人员的流动完全被国家控制，学者横向的流动仅限于国内，纵向的学术等级内部流动在行政等级上有预设的路径，学者只能够从最低等级逐级向上流动。学者的发展机会也是由所服务的国家提供，学者的职业发展一般会有固定的路径和严格的规定，达到相应学术等级的岗位要求则会自动进入下一个岗位等级。因此，在国家逻辑中学者的横向流动较少，纵向的流动路径缓慢，职业发展有严格的规则限定。

其次，在市场逻辑中，学者的流动完全由市场需求控制，工作具有较好市场价值的学者更有可能在大学内外或国际上流动，学者横向流动没有预设的流动路径，纵向的流动也没有太多学术等级的限制，主要看学者自身的学术能力和水平是否在学术劳动力市场中具有良好的交易价值。学者的职业发展机会也完全由市场需求决定。因此，在市场逻辑中学者流动性较大，职业发展相对自由，职业发展没有太多的预设和限制。

第三，在公司逻辑中，为保证大学的稳定性，大学会尽量阻止学术人员从大学流失，由于专业领域的限制，学者很少会发生跨越学科大类的流动，学者的流动由大学根据学校发展战略需要决定。学者在大学内部流动一般会由大学根据预设的岗位标准和实际需求纵向流动，对大学发展贡献较大的学者有更多的流动机会，除了工作绩效较低的学者，大学之间的流动对原来大学产生较为不利的影响。学者沿着预设等级路径进行职业发展，发展机会也由大学根据大学的现实利益而提供。

第四，在专业逻辑中，学者流动能力由学术工作的质量决定，学术工作质量较高的学者在大学内外或国际上具有更大的流动可能性,学者完全根据个人偏好和能力实现横向的自由流动;但在纵向流动上流动的路径依据学术等级的高低,从最低的学术等级开始,纵向流动较为缓慢。在学术职业发展机会方面,发展机会主要由学术共同体根据学者工作的质量和学术声望决定。因此,专业逻辑遵循着学术的逻辑,以学术研究的质量作为学者流动和职业发展机会的硬指标。

除此之外,在这个学术职业发展的四种类型中,还对学术工作的绩效标准的评价方式进行了说明。在国家逻辑中,学术人员的绩效常常由非专业的国家各级行政人员评价,有时虽然由国家行政机构委托专业机构对学术人员的学术工作绩效做出评价,但评价标准却还是由行政人员事前制定。在市场逻辑中,学术绩效一般由消费者评价,对消费者具有更大实用价值的学术成果常常会得到较高的评价,在一定程度上市场决定着学者的成功。在公司逻辑下,学术工作很可能被非专业的管理人员进行评价,有时也会有作为消费者的学生评价。在专业逻辑中,学者的学术工作绩效和成果的水平由学术共同体中的同行进行评价,同行评价是学术共同体中学术评价的基本形式。

总之,每一种制度逻辑都有一套对学术工作中知识控制与研究目的、学者薪酬与雇佣关系、学者行为控制以及流动与职业发展的期望和设想。在我国研究型大学学术职业发展与变革的过程中,有时只是国家逻辑在发挥作用,有时却是一种制度逻辑主导下几种制度逻辑同时在发挥作用。同时,在实践中,在不同学术职业管理项目上,发挥作用的制度逻辑类型也会存在较大的差异。因此,在接下来的第五章,将会采用制度逻辑的四种类型,尝试分析我国研究型大学教师学术职业身份与工作选择的过程中,四种制度逻辑对其的影响和作用形式,以探讨我国研究型大学学术职业变革的原因。

第三章　我国研究型大学教师规模与结构的变化

　　学术职业变革是一个历史的过程,作为一个专门职业,大学教师是学术职业的主体并且与学术职业有着天然的联系。从欧洲中世纪开始大学教师就成为高深知识探究的最大群体,虽然"学术漂移"时有发生,大学教师依然是知识发现、传播与应用的主体。虽然我国现代大学只有一百多年的历史,但是近三十多年我国大学的规模和水平都有了巨大的提升,大学内部从事教学和研究工作的学术人员的规模和结构也发生了根本性的转变。这种转变带来了学术人员的多元化,不同类型的大学教师其学术职业身份和工作模式也会有较大的差异。

　　学术职业的规模与结构对我国研究型大学教师的学术工作产生了较大的影响,因此,在这一章将对中华人民共和国成立以来,我国普通高校以及案例研究型大学教师供求关系和结构的变革历程进行简要回顾,为深入分析国家、市场、公司以及专业逻辑对我国研究型大学教师学术身份和工作选择的影响和作用形式提供数据和事实的支撑。同时,我国研究型大学教师供求关系的变化不仅影响着大学教师招聘、晋升、考核与薪酬等政策的制定,也会影响大学教师的学术职业身份与工作的选择。在本章,普通高等学校专任教师规模与结构分析数据来源于中华人民共和国国家统计局的国家数据①，A 大学案例分析的数据来自对 A 大学校史资料和信息公开年报数据的收集和整理。

第一节　我国普通高校教师规模和结构的变化

在这里，普通高等学校规模与结构的变化主要从师生数、教师供求关系，以及教师职称结构、年龄结构和学历结构等方面进行描述。

一、我国普通高校师生数的变化

中华人民共和国成立初期，我国的大学基本上是在对原国统区大学改造的基础上发展起来的，大学主要承担着各行各业高级专业人才培养的职责，一些重点大学还承担着培养技术研究人才和其他大学师资的任务。总体而言，中华人民共和国成立初期我国高等教育规模是在稳定中不断增加的：1949 年我国普通高等学校专任教师 1.6 万人，在校生规模为 11.7 万；此后专任教师数和在校生数同步增加，到 1956 年三大改造完成的时候，专任教师数和在校生数分别为 5.8 万和 40.3 万人；1967 年"文革"开始后，专任教师数和在校生数分别为 13.9 万和 55.4 万；"文革"期间，教师队伍基本稳定，没有太大的变化，但学生数急剧下降，特别是 20 世纪 70 年代下降到了 10 万人以下（1970 年学生数为 4.8 万）；这种情况在"文革"末期有了改变，1974 年以后在校生数都又恢复

①　中华人民共和国国家统计局[EB/OL]. http://data. stats. gov. cn/easyquery. htm? cn＝C01. 2018－8－24.

并超过了"文革"前的水平,教师数也开始稳步增加;1977 年"文革"结束后,教师数为 18.6 万,在校生数为 62.5 万。

恢复高考后,我国高等教育改革在不断调整中稳步推进,1978 年我国普通高校的专任教师数和在校生数分别为 20.6 万和 80.6 万;从 1978 年以后专任教师数以每年近 3 万的速度在增长,在校生数在 1979 年达到了 102 万;在《中共中央关于教育体制改革的决定》颁布的 1985 年,专任教师数和在校生数分别达到了 34.4 万和 170.3 万;1989 年,教师数接近 40 万,在校生数超过了 200 万;此后教师数基本稳定并小幅增长,1999 年教师数为 42.6 万,但是在校生数大幅增长,由 1990 年的 206.3 万增加到 1999 年的 408.59 万。教师增长缓慢导致专任教师的极度匮乏,教师教学负担较重。

1999 年是我国高等教育改革和调整的又一个关键起点,高等教育扩招正式开始,2000 年专任教师数为 46.28 万,在校生数为 556.09 万,此后,为了适应高等教育扩招的需要,专任教师数虽然在大幅增长,但是并没有跟上学生扩招的步伐,这从师生比的变化情况就可以看出来。这种急剧的变化在 2003 年达到了第一次高峰,教师数和在校学生数分别为 72.5 万和 1108.6 万,并且 2000 年以后教师数每年增长也在 10 万左右。2006 年高校扩招的步伐放缓以后,教师数和学生数增长也相对放缓,教师数基本上每年增长在 3 万人左右,在 2015 年普通高校专任教师数为 157.26 万,在校生数为 2625.3 万。具体普通高校专任教师数和在校生数的变化情况见图 3.1.1 和图 3.1.2。

我国普通高校规模扩张的过程中,从专任教师数和在校生数的变化基本上可以看出:专任教师数的增长速度是低于在校生数的增长速度的。为了更加清楚地看出这种变化对学术职业规模变动的情况,本研究通过生师比(在校生数/教师数)更加清晰地反映这种变化的细微趋势。在图 3.1.3 中,1949 年,生师比为

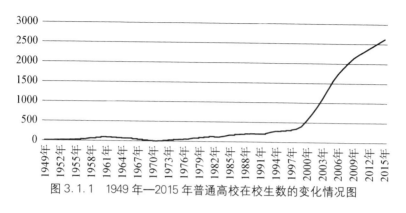

图 3.1.1　1949 年—2015 年普通高校在校生数的变化情况图

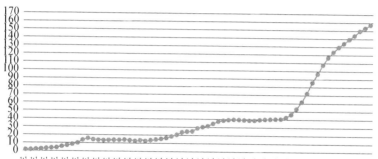

图 3.1.2　1949 年—2015 年我国普通高校专任教师变化情况

7.31,此后虽然有一些波动,但总体上在不断下降。文革开始的
1966 年,生师比下降到了 3.84,1970 年为最低点,生师比仅为
0.37。1970 年以后生师比又开始迅速增加,到"文革"结束的
1976 年,生师比又回到了 3.38,1994 年已经达到了 1949 年初期
的水平,生师比为 7.07。在这里我们可以看出,学生数的增长比
例是低于教师数的增长比例的。

　　随着 1999 年扩招的开始,生师比增长的曲线开始变得非常
陡峭,说明学生数的增长比例远远高于教师补充的速度,1999 年

生师比为 9.59;其后,2000 年达到了 12.02,2003 年达到 15.29,2006 年达到 16.17;2006 年到 2016 年生师比在缓慢地增长,基本保持在了 16 到 17 之间,具体变化情况见图 3.1.3。

图 3.1.3   1949 年—2015 年我国普通高校生师比变化情况

二、我国普通高校教师供给结构的变化

我国普通高校教师供给结构的变化主要是通过本科生和研究生招生数与专任教师增长数的变化方面进行描述的。从供求关系变化的角度看,中华人民共和国成立以后我国大学教师主要来自国内大学的优秀毕业生,在计划经济时代主要由国家根据各个院校的实际情况分配优秀学生留校或到其他学校任教。从教师供给的角度来说,随着大学毕业生人数的不断增加,特别是高级学位(硕士和博士)获得人数的不断增加,院校选择的范围也大大增强。重点大学的优秀毕业生首先被选拔留校任教,其他学生则被其他院校选拔录用,这也造成了我国大学教师近亲繁殖现象比较严重。同时,随着我国本科及以上层级教育规模和质量的不断提高,大学教师的学历水平不断提升。但是,不管怎样,我国大

学教师的供给关系在20世纪90年代发生了根本性的变化,这从研究生招生数的变化就可以看出。下面将对1949年以来我国本专科生和研究生招生数的变化情况做一个简要的回顾,也会对一些重点大学教师学历结构进行分析。

1949年—1999年我国普通高校专任教师增长数的变化波动较大。1950年比1949年只增加了1000人,但是在1950年—1956年的专任教师年增长数都在1万人左右,增速最高的1953年增加了7000人;1957年—1961年专任教师的增长数均超过1万人,增速最高的1960年增加了3.9万人;1962年—1972年这11年专任教师数量的变化整体上趋于稳定,但也有7年专任教师数量在减少。

1973年以后我国普通高校专任教师的年增长数又开始缓慢增长,1973年—1999年我国普通高校中专任教教师数的年增长数大多数年份都在1万人以内,只有个别年份有较大的变动,例如1979年增加了3.1万,1982年增加了3.7万,1985年增加了2.9万,1986年增加了2.8万,具体见图3.1.4。

通过该图我们可以看出,我国普通高校专任教师数的年增长数增加幅度较小,但是波动变化很大,这与我国国内政治环境的不稳定密切相关。同时由于国家政策的调整带来了专任教师数量的变化,例如1982年—1987年教师数急剧增长,这可能与《中共中央关于教育体制改革的决定》的颁布有直接的关系。但是1987年以后,教师数的年增长数又回到了一个较低的水平,特别是1990年—1992年期间专任教师数为负增长。2000年以后我国普通高校专任教师数的增长速度较快,这个增长速度和高校扩招的进程基本保持一致,这将在后面的图表中具体说明。

上面我们只是对1949年—1999年我国普通高校专任教师年增长数的变化情况进行了简要的介绍。如果我们将专任教师数的年增长数看作高校教师的需求数,那么就可以对普通高校教师的供给情况做出初步的判断。中华人民共和国成立初期的国际环境,一直到 21 世纪初,我国高校教师的来源基本上靠国内高校培养的人才予以补充,那么我们就以国内高校研究生和本专科生作为大学教师供给数,通过图 3.1.4 我们可以看出一些基本的趋势和问题。在这里,我们假定招收的研究生都能够按期毕业(虽然有较少的研究生中途辍学或未能如期毕业,但是这一比例比较低,这对整体的数据影响较小),我们将研究生招生数看作三年后的毕业数,那么,研究生三年后的毕业数可以看作高校教师的供给数。因此,下面我们通过研究生毕业人数和专任教师增长数变化曲线的高低和变动情况来判断我国普通高校教师供给的情况。根据两条曲线的高低情况我们将教师供给分为两个阶段,第一个阶段是 1949 年—1986 年的供不应求阶段,第二阶段为 1986 年以后的供大于求阶段。为了研究的需要,在供大于求的第二个阶段我们又引入博士生招生数进一步说明博士学位教师的供给情况,下面将简要进行分析。

(一)供不应求阶段我国普通高校教师供给变化情况

在 1949 年—1986 年,由于中华人民共和国高等教育体系的初步建立,高等学校数量和规模较小,加之中华人民共和国成立以前我国高等教育发展水平整体不高,在经历了中华人民共和国成立初期阶级斗争扩大化的历史影响,许多在中华人民共和国成立以前接受过高等教育的知识分子外流现象非常普遍,大学教师队伍的补充较为缓慢,并且主要从应届大学毕业生中选拔教师。从研究生招生数的变化情况看,1949 年到 1966 年研究生招生数迅速增加,1949 年为 242 人,1950 年 874 人,1951 年为 1273 人,1953 年增加到 2885 人,1965 年及以后的几年又开始下降,1962 年只招收研究生 124 人,这 16 年年平均招收研究生 1376 人,但主要是 1951 年以后招收得相对较多,"文革"期间我国研究生停招,在这个过程中虽然研究生招生数增长较快,但是由于招生基数较小,实际招生的人数仍然较少。

　　如果假定研究生学习年限为三年,则 1949 年招收的研究生
1951 年全部毕业,则可以粗略地推算出 1952 年以后各年份研究
生的毕业人数。因此,我们将研究生招生曲线整体向后移动三个
年份单位,这样就得到了 1952 年及以后各年份研究生毕业人数
的曲线,即高校教师的供给曲线。

　　通过研究生毕业曲线和专任教师人数年增加曲线的对比,我
们可以看出,在 1951 年到 1986 年期间,研究生毕业生数曲线整
体上低于专任教师的增长曲线,而且两条曲线之间的差距较大。
此外,1949 年—1965 年我国专任教师年增长数的平均值为 8066
人,而从 1951 年—1965 年研究生毕业生数的平均值为 1376 人,
这也更进一步说明在这个时段,我国普通高校专任教师的供给严
重不足。这也就意味着就算当年毕业的研究生全部进入高校从
事教学和研究工作,教师队伍的缺口仍然比较大,而事实是有相
当一部分研究生毕业以后被分配进入科研机构和企业从事研究
和生产工作的,大部分高校的教师队伍主要从本校毕业的优秀本
专科生中选拔一些进入高校工作,这与对样本高校教师访谈的结
果也是基本一致的,具体情况见图 3.1.4。

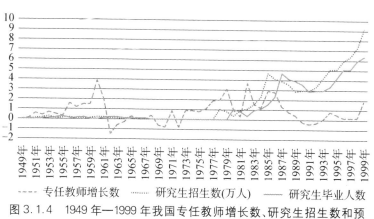

图 3.1.4　1949 年—1999 年我国专任教师增长数、研究生招生数和预
期毕业数的变化情况图

（二）供大于求阶段我国普通高校教师供给变化情况

以上这种普通高校专任教师供给严重不足的问题在 1987 年以后有了较大的改观。从图 3.1.4 我们可以看出，从 1987 年开始我国研究生毕业生数的变化曲线开始高于专任教师年增长数的变化曲线，且远远高于专任教师年增长数的变化曲线，这种变化也初步反映出我国普通高等学校教师供给进入了供大于求的阶段。

1986 年我国专任教师增加数、研究生毕业人数（以 1985 年招生数为基准）分别为 2.8 万和 2.3 万，1987 年分别为 1.34 万和 4.68 万，从 1987 年开始研究生毕业生数远远超过了专任教师增长数。另一方面，1987 年到 2000 年这段时间我国高等教育的规模扩张相对较慢，专任教师的增长幅度也比较小，这 14 年中专任教师年平均增长 0.65 万人，研究生毕业人数也在缓慢地增长，但是年平均毕业研究生 4.45 万人，这一比例也远远高于专任教师年增长数。由于高校教师供给数量的不断增加，我国普通高校中重点大学只有研究生学位的教师才能够进校从事教学和研究工作。研究生毕业人数在增加，但是一部分学生选择攻读博士学位或到其他部门就业。在这一阶段，只有重点大学可以将优秀研究生选拔留校任教，而地方院校也很少能够招到研究生学历的教师，仍以重点大学的本科毕业生为主要的教师来源。这一状况在 2000 年以后才开始有所改观。

为了更加深入地描述专任教师供给的问题，本研究对 2004 年以来博士毕业生数与专任教师年增长数之间的关系进行了分析，博士生就业去向主要是在高校或研究院所从事学术工作。从图 3.1.5 我们可以看出，2004 年到 2010 年，博士毕业生数在稳定增加，从 2004 年的 2.34 万人增加到 2010 年接近 5 万人，但 2010 年以后博士毕业生数增长较慢，五年才增长了三千多人。2004 年—2010 年专任教师年增长数在急剧下降，这是因为专任教师基数较大,年增长率也就相对较小。1998 年—2003 年专任教师数增长幅度较大,每年增加近 10 万教师,2003 年以后专任教师增长数在下降,2011 年开始专任教师年增长数相对稳定在 3 万人左右。因此,博士毕业生数逐年增加,专任教师年增长数下降,这两条曲线在 2010 年交汇,这一年博士毕业生数为 4.90 万,教师增长数位 4.79,其后的几年里博士毕业生数曲线高于专任教师数的年增长数,博士生供给数也开始大于大学教师增长数。

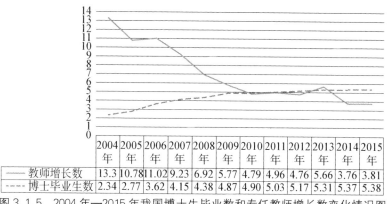

	2004年	2005年	2006年	2007年	2008年	2009年	2010年	2011年	2012年	2013年	2014年	2015年
—— 教师增长数	13.3	10.78	11.02	9.23	6.92	5.77	4.79	4.96	4.76	5.66	3.76	3.81
---- 博士毕业生数	2.34	2.77	3.62	4.15	4.38	4.87	4.90	5.03	5.17	5.31	5.37	5.38

图 3.1.5　2004 年—2015 年我国博士生毕业数和专任教师增长数变化情况图

　　这只是一个相对粗略的比较,因为博士毕业生的就业日趋多元化,其中一部分博士生继续做博士后推迟 2 年—3 年就业,有一部分博士生延迟毕业,还有一少部分博士生去政府或企业等非学术部门就业,也有一些研究型大学要求新入职人员首先需要做 2 年—3 年的师资博士后才可以签订聘用合同。再加上 2010 年以后越来越多的在国外获得学位的博士毕业生通过各种人才计划回国工作,也会增加国内大学教师的供需关系。因此,博士毕业生数和专任教师增长数对我国学术职业人员的供求关系产生了较大影响,这种供需关系虽然还会受到其他因素的影响,但是这种变化关系还是能够反映出我国学术职业供求关系的变化情况。

三、我国普通高校教师职称和学历结构的变化

我国学术职业变革的另一项指标就是学术人员职称、学历及年龄结构的变化情况。由于受到一些历史数据不全的影响，本研究只从国家统计网收集到了 2002 年—2015 年我国普通高校专任教师职称结构的数据。虽然 2004 年和 2005 年的数据有所缺失，但这对分析普通高校专任教师职称结构变化趋势影响不大。下面将对这 14 年我国普通高校教师职称结构的变化情况做一简要回顾。

（一）专任教师职称结构的变化

从整体上讲，我国普通高校专任教师数从 1994 年以来呈现逐年增加的趋势，但前期增加的幅度较小，1999 年以后年增长数急剧增加，其中 1999 年比 1998 年增加了 1.9 万人，2000 年增加了 3.68 万人，2001 年增加了 6.91 万人，从 2002 年开始扩招带来的附加效应更加明显，其中 2002 年—2008 年平均每年增加 10.3 万人，不过 2006 年以后随着高校扩招政策的调整，普通高校专任教师年增长数开始下降，2009 年—2015 年每年平均增长 4.79 万人。

从教师职称的变化方面看，正高职称的教师人数以及占专任教师数的比例均在逐年稳定地提高，平均每年增加 1.04 万人，同时副高职称教师占专任教师的比例也在缓慢地增加，从 2002 年的 9.74％增长到了 2015 年的 12.7％；副高职称的教师人数也在稳定地增长，且平均每年增加 2.13 万人，副高职称教师占专任教师的比例基本稳定在 27％—30％之间；中级教师人数也是稳定增长，年平均增长 3.2 万人，中级职称教师占教师总数的比例也在稳定地增长，从 2002 年的 34.12％增加到 2015 年的 39.91％，最大增幅达到了 7.27％（中级职称教师比例的最大值与最小值的差）；初级职称教师的人数从 2002 年—2006 年逐年增加，但是 2006 年以后初级职称教师的人数开始减少，但初级职称教师占专

任教师的比例在 2002 年—2006 年小幅增加后,从 2006 年以后开始下降,整体减少比例达到了 10.07%(初级职称教师比例的最大值与最小值的差);无职称教师的人数和比例较为稳定,占专任教师的比例基本上保持在 6% 左右。因此,整体而言,我国普通高校教师职称结构的组成中,各级职称教师占专任教师的比例从高到低依次是中级(36.97%)、副高级(28.7%)、初级(17.49%)、正高级(11.01%)和无职称(5.83%);从各级职称教师占专任教师比例的变化情况看,中级职称教师的比例和高级职称教师的比例在增加,并且中级职称教师比例增加最快,增加了近 7%,初级职称教师的比例在逐年下降,并且下降了近 10%,具体见表 3.1.1 和图 3.1.6。这里面专任教师队伍的职称结构基本稳定。

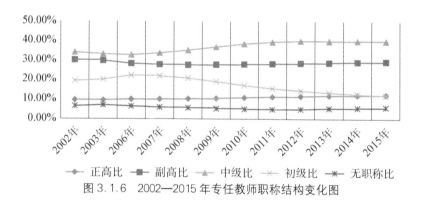

图 3.1.6　2002—2015 年专任教师职称结构变化图

(二) 专任教师学历结构的变化

我国学术职业的结构除了职称结构的变化以外,还表现在教师学历结构的变化情况,根据《全国高校人才引进数据分析报告》的统计结果[1],1997 年—2009 年我国高校教师的学历稳步提高,

---

① 中国教育在线. 全国高校人才引进数据分析报告[EB/OL]. http://teacher. eol. cn/shu_jv_bao_gao_11982/20110913/t20110913_682871_3. shtml, 2011 - 09 - 20.

表 3.1.1　专任教师职称结构和百分比变化情况（万人）

年份	专任教师	正高数	正高比	副高数	副高比	中级数	中级比	初级数	初级比	无职数	无职比
2002 年	61.84	6.02	9.74%	18.63	30.13%	21.1	34.12%	12.02	19.44%	4.07	6.58%
2003 年	72.5	7.01	9.66%	21.62	29.82%	24.06	33.18%	14.61	20.15%	5.18	7.14%
2004 年	—	—	—	—	—	—	—	—	—	—	—
2005 年	—	—	—	—	—	—	—	—	—	—	—
2006 年	107.6	10.89	10.12%	30.48	28.33%	35.22	32.73%	23.95	22.26%	7.06	6.56%
2007 年	116.83	11.97	10.24%	32.63	27.93%	39.44	33.76%	25.7	21.99%	7.09	6.07%
2008 年	123.75	12.9	10.42%	34.27	27.69%	43.56	35.20%	25.83	20.87%	7.18	5.80%
2009 年	129.52	13.82	10.67%	36.07	27.85%	47.75	36.87%	24.8	19.14%	7.09	5.47%
2010 年	134.31	14.86	11.06%	37.72	28.09%	51.69	38.49%	23.11	17.21%	6.93	5.16%
2011 年	139.27	15.97	11.47%	39.47	28.34%	54.99	39.49%	21.84	15.68%	6.99	5.02%
2012 年	144.03	16.94	11.76%	41.27	28.65%	57.6	39.99%	20.98	14.57%	7.24	5.02%
2013 年	149.69	18.15	12.13%	43.24	28.88%	59.7	39.88%	20.37	13.61%	8.23	5.50%
2014 年	153.45	18.91	12.33%	44.86	29.24%	61.37	40.00%	19.58	12.76%	8.73	5.69%
2015 年	157.26	19.6	12.47%	46.28	29.43%	62.76	39.91%	19.18	12.19%	9.43	6.00%

本科学历教师比例虽然在下降,但仍然保持在 50％以上。在普通高校专任教师中,研究生学历的教师占比也在逐步提高,从 1997年的 29％提高到了 2009 年的 47％,其中博士研究生学历的教师比例从不到 4％,增长到了接近 13％。高校教师学历层次的提高,无论是从市场供求还是从教育发展的需求来看,都是必然的现象。随着国内博士研究生培养量迅速增长,高校的选择空间也随之扩大。2009 年以后我国专任教师的学历结构提升更加迅速,2012 年具有博士学位的教师为 25.44 万人,占专任教师的比例达到了 17.66％,具有硕士学位的教师 51.38 万人,占专任教师的35.67％,拥有研究生学位教师的比例达到了专任教师的53.34％,具体见图 3.1.7。

单位:百分比

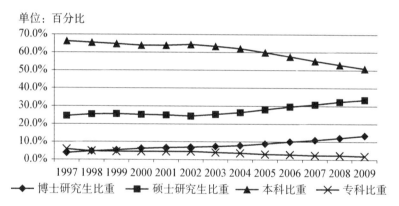

图 3.1.7　1997 年—2009 年全国普通高校专任教师学历比重趋势
注:图表来源于中国教育在线《全国高校人才引进数据分析报告》①

　　虽然普通高校教师学历的整体水平还比较低,但是我国的研究型大学教师学历层次却并不是太低,以 A 大学为例,截至 2017

①　中国教育在线. 全国高校人才引进数据分析报告[EB/OL]. http://teacher.eol. cn/shu_jv_bao_gao_11982/20110913/t20110913_682871_3. shtml, 2011 - 09 - 20。

年 9 月,A 大学拥有全职在编教学科研人员 2921 人,其中具有高级专业技术职务人员 2307 人,占专任教学研究人员的79.2%,获博士学位人员 2487 人,占专任教学研究人员的85.4%,有海外学习经历人员 946 人[①],而专任教师中没有博士学位的教师主要集中在从事大学英语和两课教学工作的教师或专职的实验人员。

四、我国普通高校教师规模与结构变化的基本结论

(一)我国普通高校专任教师规模变化的基本结论

首先,在师生数的变化方面,中华人民共和国成立初期的 17 年,在校生数和专任教师数同步增加;"文革"期间教师队伍基本稳定,但是学生数在急剧下降;1978 年—1989 年专任教师数和在校生数都在增长,但在校生数增长得更快;在 1989 年—1999 年专任教师数在稳定中小幅增长,但在校生数大幅增长;1999 年以后专任教师数大幅增长,但是学生人数增长更快;2006 年以后,教师数和学生数增长也相对放缓。

其次,在生师比的变化方面,中华人民共和国成立之初生师比较低(7.31),此后在不断下降,一直持续到 1970 年;1970 年以后生师比开始稳定增长,一直持续到 1999 年;1999 年以后生师比急剧增加,生师比增长曲线非常陡峭;2006 年开始生师比又趋于平稳,但生师比在缓慢增长。

(二)我国普通高等学校教师供给结构变化的基本结论

首先,在 1951 年到 1986 年期间,研究生毕业生数曲线整体上低于专任教师数的增长曲线,而且两条曲线之间的差距较大,

---

① 复旦大学人事处. 复旦教师[EB/OL]. http://www.hr.fudan.edu.cn/4850/list.htm, 2018 - 3 - 14。

说明在这个时段,我国普通高校专任教师的研究生供给严重不足。

其次,从 1987 年开始,我国研究生毕业生数的变化曲线开始高于专任教师年增长数的变化曲线,且远远高于专任教师年增长数的变化曲线,并且 1987 年到 2000 年这段时间我国高等教育的规模扩张相对较慢,专任教师的增长幅度也比较小,研究生毕业人数也在缓慢地增长,但是年平均毕业研究生数远远高于专任教师年增长数。

第三,2004 年到 2010 年,博士生毕业生数在稳定增加,2010年以后博士毕业生人数增长较慢,2004 年—2010 年专任教师年增长数在急剧下降,两条曲线在 2010 年交汇,其后的几年里博士毕业生数曲线高于专任教师数的年增长数,博士生供给大于大学教师增长数。

(三) 我国普通高校教师职称和学历结构变化的基本结论

首先,在专任教师职称结构变化方面,正高职称的教师人数比例在逐年稳定地提高;副高职称教师占专任教师人数增长缓慢,且比例基本稳定;中级职称教师人数和比例也在稳定地增长;初级职称教师的人数从 2002 年—2006 年逐年增加,但在 2006 年以后人数和比例开始减少;无职称教师的人数和比例较为稳定,占专任教师的比例基本上保持在 6% 左右。

其次,在我国普通高校教师职称结构的组成中,各级职称教师占专任教师的比例从高到低依次是中级(36.97%)、副高级(28.7%)、初级(17.49%)、正高级(11.01%)和无职称(5.83%)。

第三,在专任教师学历结构的变化方面,1997 年—2009 年教师学历稳步提高,本科学历教师比例虽然在下降,但仍然保持在50% 以上。在普通高校专任教师中,研究生学历的教师占比也在逐步提高,其中博士研究生学历增长缓慢。

第二节　A 大学教师规模与结构的变化

　　虽然国内关于研究型大学的概念并没有明确的定义,但是我们一般讲的研究型大学都是以培养高级研究型人才为目的、具有较强教学研究能力、承担国家科技创新和文化繁荣重任的大学。在我国,进入 985 工程建设项目的大学理应属于研究型大学的范畴。不管我国高等学校分类标准如何,本研究中提到的研究型大学主要指 985 工程建设项目的大学。下面将以华东地区的 A 大学为例,通过该大学的统计年鉴、大学志、校庆宣传材料以及学校信息公开网的数据,全面地呈现我国研究型大学学术职业规模和结构的变化情况。

　　中华人民共和国成立以来,A 大学被政府全面接管,教育教学秩序初步确立并得到了及时的恢复,其后 A 大学教师队伍建设主要经历了几个大的历史时期:中华人民共和国成立初期的调整与发展时期(1949 年—1966 年);"文革"期间教职工队伍大扩张时期(1966 年—1976 年);改革开放以来的缓慢发展时期(1977 年—1999 年)和 2000 年以后的良性循环与快速提升时期[1]。A 大学教职工数、专任教师数(包括教师和专职研究人员)的变化情况与全国的变化情况基本一致。本研究中 A 大学的基本数据主要来自两个部分:一是 A 大学志(1905—2005)上下卷[2],二是 A 大学统计年鉴(2006—2014),个别年份大学志和年鉴中缺失的数据也从该大学相关校史资料中补充,但是还是有一些年份的数据

---

　　① 　A 大学百年志编纂委员会. A 大学百年志(1905—2005)[M]. A 大学出版社,2005:1708—1713。

　　② 　A 大学百年志编纂委员会. A 大学百年志(1905—2005)[M]. A 大学出版社,2005:1708—1713。

无法补全,例如 1967 年—1970 年、1975 年—1976 年。虽然在本部分数据分析中,这些年份的数据有缺失,但是这并不影响对其变化趋势的描述。下面对 A 大学在中华人民共和国成立以来学术职业规模与结构发展情况分阶段进行回顾。

一、中华人民共和国成立以来 A 大学专任教师数量的变化

(一)调整发展阶段 A 大学专任教师数的变化情况

中华人民共和国成立之初的前 17 年(1949 年—1966 年)是我国高等教育的恢复与初步发展时期,在这个阶段 A 大学教职工数和专任教师数都在快速增加,教职工队伍处于边调整边发展的阶段。新政府接管时教职工数量较少,因此中华人民共和国成立以后的 17 年教职工数和专任教师数有了大幅度提高,例如 1949 年接管时该校教职工为 617 人,专任教师为 307 人,但是经过 1952 年的院校调整以后,该校教职工数为 723 人,增加 106 人,专任教师为 311 人,增加了 5 人。由于院校调整,仅 1952 年 A 大学支援兄弟院校和社科院的教师就多达 135 人,与此同时,由于新专业建设的需要,60 年代前期补充了大量的青年教师和教学辅助人员。在这一时期教职工数和教师数增加速度较快的是 1956 年、1960 年和 1965 年,其中 1956 年增长速度最快,这一年教职工数为 1424 人,比上一年增加了 461 人,专任教师数为 688 人,比上一年增加了 222 人;1960 年教职工数和专任教师数分别较 1959 年增加了 153 人和 143 人,分别达到了 1887 人和 850 人;1965 年教职工总数较前一年增加了 370 人,专任教师数增加了 114 人。在这 17 年中,教职工数和教师数的年平均增长率分别为 10% 和 10.55%,增长速度较快,同时,教师年平均增长率大于教职工年平均增长率,说明这一时期专任教师的增长速度是高于非教学人员增长速度的,具体见图 3.2.1。

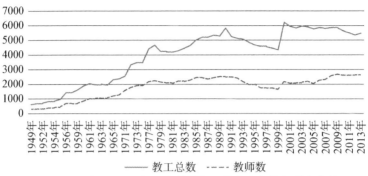

图 3.2.1   1949 年—2013 年 A 大学教职工数和专任教师数变化情况图

另外,专任教师占教职工总数比例的变化情况也可以反映出 A 大学教学研究人员的变化情况,整体上看,1949 年—1966 年的 17 年中专任教师比也在随年份不断增加,虽然有个别年份在下降,院系调整的 1952 年专任教师只占教职工数的 42.78%,但是从 1962 年以后专任教师的比例已经超过了 51%,其中 1964 达到了 55.75%,具体见图 3.2.2。

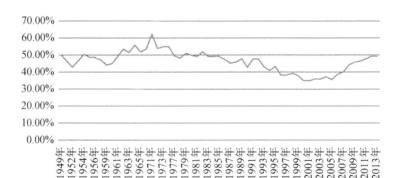

图 3.2.2   1949 年—2013 年 A 大学专任教师占教职工总数比例的变化情况图

(二)快速扩张阶段 A 大学专任教师数的变化

我国普通高校学术职业规模变化较大的第二个时期发生在

1966 年—1976 年,教职工队伍在扩大。自 1971 年起,每年都有较多的工农兵学员毕业留校,加上大批短期培训结业的青年工人分配进校,A 大学教职工数增加较快,1972 年—1979 年这 9 年共计留校工农兵学员 380 人,培训班学员 186 人。在这一阶段,虽然 A 大学 1967 年—1970 年和 1975 年—1976 年的数据缺失,但是从图 3.2.1 和图 3.2.2 我们也能看出 A 大学这 10 年学术职业规模的变化情况,不仅从 1971 年开始教职工数和专任教师数都在不断增加,并且专任教师占教职工总数的比例也较高,其中 1971 年达到了 62.22%。

(三)缓慢发展阶段 A 大学专任教师数的变化

1977 年—1999 年是我国高等教育的恢复、调整和发展的关键时期,在这个阶段,A 大学学术职业规模的变化情况有了一些新的变化,下面将作具体的分析。改革开放以来,学校规模逐步扩大,但是由于国家严格控制教职工编制数,教职工总数增长缓慢,1988 年比 1978 年仅增加 14.6%,达到 5343 人,其中工人减少 1300 人。但是 1989 年后,随着对高等教育的重视,教师队伍建设迎来了发展的机会。但是由于国家严格控制教职工编制,随着中华人民共和国成立初期工作的老教师退休潮的到来,以及青年教师队伍不稳定等因素,教职工总数出现递减趋势。

将这个阶段的截止时间界定在 1999 年主要有三个原因:一是 1977 年恢复高考以来,我国高等教育规模发生了巨大的变化,大学生人数稳步增长,专任教师大面积退休和部分不合格教师的转岗,几乎所有的大学都面临着教学研究人员青黄不接和断层的困难;二是由于 1999 年开始普通高校扩招,许多高校急需在短期内大量引进新教师,这对学术职业规模和结构的变化产生了巨大的影响;三是 1985 年以来中共中央加大力度推进我国教育管理体制改革,陆续提出建设世界一流大学的口号,从 A 大学的角度讲,高等教育管理体制改革以及 211 工程和 985 工程对其发展影响巨大,因为该校从中华人民共和国成立以来就一直被列入国家重点建设大学的行列。因此,将改革开放以来 A 大学学术职业规模与结构的分析以 1999 年作为节点,分为前后两个不同的阶段。

在 1978 年—1999 年的 22 年中,A 大学的教学研究人数和教职工数发生了较大的变化。1977 年—1990 年 A 大学的教职工数在整体上随年份在稳定增加(只有 1978 年有一个较大的起伏,1978 年比 1977 年增加 147 人,1979 年却比 1978 年迅速将少了 421 人),1991 年—1999 年 A 大学教职工数逐年下降。专任教师数的变化与教职工数的变化趋势是一致的,1990 年以前在增加,而 1991 年开始专任教师数在逐年下降,这种下降的趋势在 2000 年以后开始改变,具体见图 3.2.3。虽然教职工数和教师数的变化趋势基本一致,但是专任教师数的增长与非教学人员数的增长速度却相反,这一点可以从专任教师占教职工数的比例的变化情况可以看出。从 1971 年开始专任教师比例就已经开始逐年下降,这种下降的趋势一致持续到 2005 年以后,1971 年专任教师比例是 62.2%,为历史最高,到 1977 年只占教职工数的 49.47%,这之后专任教师的比例在不断地降低,到 1999 年减少到了 38.04%,2000 年仅为 34.98%,具体见图 3.2.3。

从这里可以看出,从 1971 年开始专任教师补充比例严重不足,非教学人员的增长比例却较高,这也正是教学研究人员教学任务繁重的主要原因。为了更加清楚地呈现教职工数和专任教师数的变化情况,我们又对二者的年增长率进行了计算,正如图 3.2.3 所示,1977 年以前,教职工数和专任教师数的年增长率虽然变化幅度比较大,但其整体增长率相对较高,中华人民共和国成立初期的 17 年,二者年增长率的平均值分别为 10% 和 10.55%,但是 1977 年—1999 年这 22 年二者的年增长率却比较低,从 1978 年开始的大多数年份呈现出负增长的情况,具体见图

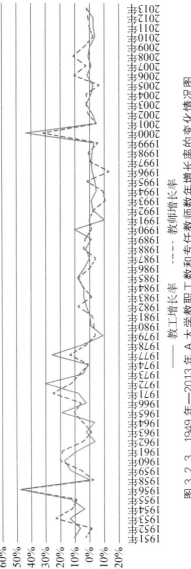

图3.2.3　1949年—2013年A大学教职工数和专任教师数年增长率的变化情况图

3.2.3。通过对 A 大学校史资料的查阅,教职工数和专任教师数减少的原因主要由于教职工退休造成的,大部分中华人民共和国成立以前或中华人民共和国成立初期工作的人员在 20 世纪 80 年代中期都将面临退休的问题,而 1972 年—1976 年期间留校的大量工农兵学员或短期培训留校学员普遍缺乏从事教学和研究工作的基本能力,这些人员在这一阶段进行了内部分流。除此之外,国家毕业生分配、专业技术人员职务聘任与晋升等政策的变动也导致了这些问题的出现。

(四)良性循环与快速提升阶段 A 大学教师专任教师数的变化

A 大学学术职业规模变化的第四个阶段是 2000 年至今的快速发展时期。2000 年教职工数和专任教师数比 2000 年以前有了大幅度的提高,2000 年是一个历史最高点,这一年教职工数和专任教师数分别是 6229 人和 2179 人,比 1999 年分别增加了 1892 人和 529 人,2000 年以后又有一定的下降。2000 年 A 大学历史上有一个重要的事件,这一年 A 大学与另外一所大学合并,合校重组使非教学人员增加比例较大,2000 年 A 大学新增加的 2179 名教职工中教学人员才增加了 529 人。另一个值得重视的变化是,2001 年以后教职工总数变化的整体趋势是缓慢下降的,而专任教师数却在逐年增加,这一点可以看图 3.2.1 和图 3.2.2,特别是专任教师数占教职工数的比例从 2000 年的 34.98% 增加到了 2013 年的 49.14%,2014 年—2017 年这一数字又在不断增加,并且超过了 50%。

从教职工数和专任教师数的年增长率的变化情况看,2000 年以来专任教师数的年增长率的变化幅度较大,且增长率的平均值也高于教职工总数的年增长率,这也验证了 2000 年以后,特别是 2005 年以后 A 大学学术职业规模变化的新情况,专任教师的数量和比例都在不断提高,体现出 A 大学办学中对教学研究人员的重视和尊重。

二、中华人民共和国成立以来 A 大学专任教师结构的变化情况

（一）A 大学专任教师职称结构的变化情况

前面我们对 1949 年—2014 年我国学术职业结构的整体变化情况进行了分析,虽然有一些共同的变化趋势和特点,但是我国普通高校办学水平和地域差异较大,为了能够更加清楚地呈现院校的独特性,我们仍然通过 A 大学的案例研究,呈现这种变化的细微变化。在学术职业的职称结构变化方面,我们从两个方面进行分析:一是各级职称教师数和增长率的变化情况,二是各级职称教师比例的变化情况。

在各级职称教师人数的变化方面,A 大学各级职称教师人数变化情况受到其专任教师和教职工人数变化的影响,具体变化情况见图 3.2.4。教授和副教授人数在中华人民共和国成立初期到 1980 年左右的这一阶段在缓慢地增加,其后教授和副教授人数有一个较快增加的过程,其中 1949 年 A 大学的教授人数为 162 人,占专任教师的 52.77%,其后教授人数不断下降,到 1971 年教授人数只有 65 人,1971 年—1984 年期间有小幅度的增加,但是 1986 年以后教授人数有了较大幅度的增加,1985 年达到 186 人,到 1999 年增加到 410 人,2010 年达到 805 人,2013 年为 942 人。与教授人数的变化不同,副教授的人数变化要比教授早几年,从 1949 年开始,副教授人数的增长较为缓慢,1949 年为 26 人,到 1959 年才增加到 41 人,1978 年为 47 人,1979 年开始副教授人数快速增加,其中 1979 年为 72 人,1981 年达到了 203 人,1981 年以后副教授人数开始了快速增长,这个时间比教授快速增长的时间要早 7 年,2000 年副教授人数为 782 人,2010 年为 893 人,2013 年达到了 940 人。因此,从中华人民共和国成立初期开始,A 大学教授和副教授人数的变化都经历了一个先慢后快的变化过程,

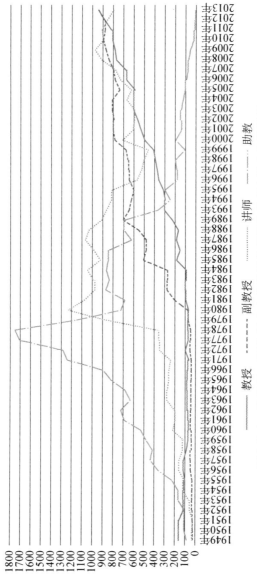

图 3.2.4　1949 年—2013 年 A 大学教师各级职称教师人数变化情况图

并且副教授快速增长的时间比教授快速增长的时间要早 7 年。

讲师和助教的人数都经历了一个倒 U 型的变化过程。与讲师相比,助教人数的变化比讲师要早一些,助教人数从 1953 年开始快速增长,1978 年达到了峰值(由 167 人增加到 1753 人),其后助教人数就开始大幅地下降,虽然 1980 年以后有一定的波动,但整体走势是在快速下降的,到 1999 年助教人数下降到 105 人,2010 年助教只有 22 人,2013 年为 16 人。由于新选拔进校工作的教师普遍是从助教开始晋升职称,因此,讲师人数的变化起伏要比助教开始得晚一点。A 大学讲师人数从中华人民共和国成立初期到 1971 年前后基本保持着相对平稳的增加走势,1949 年为 84 人,1971 年为 242 人,1971 年以后讲师人数开始快速增加,1980 年达到了峰值——1232 人(这一时间比助教峰值时间晚 2 年),此后讲师人数开始较快地下降,1999 年下降到 460 人,但从 2000 年开始讲师人数又开始缓慢地增加,2009 年重新增加到 973 人,2010 年以后人数又有一些小幅的下降,2013 年讲师人数为 794 人。

从图 3.2.4 可以更加清楚地看到,高级职称(教授和副教授)人数快速增加和中初级职称教师人数快速下降的时间点是基本一致的,这出现在 1980 年前后,在这之前高级职称人数基本处于相对稳定且小幅增长的阶段,而这个阶段中初级职称教师人数急剧增加,并在 1980 年前后一两年达到了峰值。1980 年以后高级职称教师人数进入了快速增长的阶段,而中初级职称教师人数开始快速地下降,唯一不同的是 1999 年以后讲师人数下降到 460 人以后又开始了增加,而助教却还在不断地下降。助教人数的持续下降与 1999 年前后研究型大学人才引进政策有关,新人的引进以博士学位为最低要求,这部分人员进入高校见习期满就可以直接聘为讲师,只有像公共外语和政治理论课等一些特殊的学科才有硕士学位教师进入,但近些年这些学科也很少有硕士学位教师进入大学工作。

为了更好地描绘 A 大学 1949 年以来学术人员职称结构的变

化情况,我们用各级职称教师占专任教师数的比例进行更加深入的分析。正如图 3.2.5 所示,1949 年教授比例最高(52.77%),其次是助教(27.36%),接着是讲师(11.4%),最低的是副教授(8.47%)。其后由于大量年轻教师留校任教,教授和副教授的比例在逐渐下降,特别是教授的比例直线下降,这种走势一直持续到 1980 年左右,1980 年教授比例为 3.24%,副教授为 3.58%。由于从 1949 年开始副教授的比例本身就不高,因此副教授比例下降的幅度也就相对较小。从 1980 年以后教授和副教授的比例开始不断增加,其中副教授比例从 1980 年就开始快速地增长。如 1980 年副教授比例为 3.58%,1985 年增加为 20.61%,1999 年增加为 40.91%,虽然此后副教授比例有所下降,但是都保持在 32% 以上。相比而言,教授比例在 1980 年以后只在缓慢增长,但是在 1993 年以后增长速度较快,1993 年重新达到 10% 以上(13.92%),1996 年达到了 20% 以上(20.50%),2010 年达到了 30% 以上(30.81%),2013 年达到了 34.99%。

中初级教师比例的变化走势与前面的人数变化的情况也是基本一致的,但是这两种职称教师比例的变化情况却差异较大。其中讲师的比例在 1951 年以后有一定的增加,在其后讲师的比例基本保持在 20% 左右,但是在 1978 年以后讲师的比例有一个大幅地增长,1978 年讲师的比例为 16.41%,1980 年讲师比例达到了所有年份的最高点 58.75%,1978 年以后讲师的比例也开始不断下降,1999 年讲师为 27.88%,2003 年占 27.62%,2013 年为 29.49%。而助教的比例在中华人民共和国成立以后就开始不断地增加,这种增加的趋势一直保持到了 1978 年(为最高点 78.15%),1978 年以后助教的比例急剧下降,1981 年下降到了 33.27%,三年下降了近 45%,1992 年下降到 12.46%,1999 年下降到了 6.36%,2013 年 A 大学的助教只有 16 人,比例仅为 0.59%。

除此之外,我们从四条变化曲线的焦点可以看出 A 大学教师

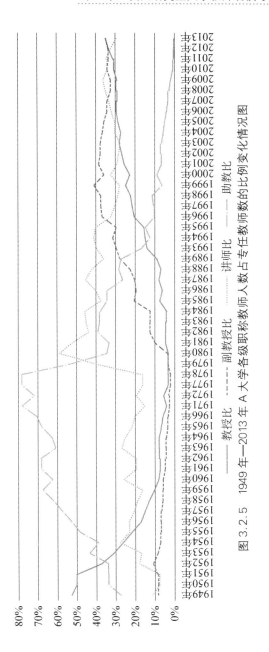

图 3.2.5 1949 年—2013 年 A 大学各级职称教师人数占专任教师数的比例变化情况图

职称结构变化的几个关键年份,也能看到这些年份国家和院校人事政策变化的影子,在 1952 年、1960 年、1978 年、1984 年、1989 年—1991 年、1999 年、2012 年这些年份,A 大学在国家人事政策指导下学校职称人事政策都有了较大的变化,这在后面的章节中会集中论述。

A 大学教师职称结构的变化基本反映了我国研究型大学学术职业结构变化特点。整体而言,中华人民共和国成立初期学术职业变革的主要困难是应对教师人数短缺的不足,大量本科毕业生留校任教,教授和助教的比例比较高。1960 年正式颁布了中华人民共和国成立后的第一个比较系统而完整的高等学校教师职务条例,一部分教师晋升为讲师和副教授,而教授晋升人数较少,并且一部分教授受到阶级斗争的影响而导致教授比例下降较快。1978 年以后我国普通高校教师职称政策不断恢复和完善,1984 年以后四类职称教师的比例不断趋于合理,特别是讲师和助教的比例不断在下降,教授和副教授的比例也在不断提高。作为国内顶尖的研究性大学,受国内和国际学术劳动力市场以及国家政策影响,A 大学高级职称(教授和副教授)教师的比例就已经超过了 65%,到 2013 年高级职称教师的比例已经基本达到了 70%,具体见图 3.2.6。

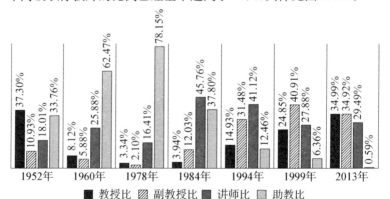

图 3.2.6   1949 年—2013 年 A 大学专任教师职称变化图

（二）A大学专任教师年龄结构的变化情况

由于缺乏1949年—2013年A大学专任教师学历和年龄完整数据，本研究收集到了1949年—2003年A大学专任教师学历和专任教师年龄结构的数据，这些数据来自A大学大学志和部分年报数据，由于年报并不全，只能将收集到的年报数据汇集起来，纵向上描述A大学教师年龄结构和学历的变化情况，以呈现A大学学术职业的专业化水平，但是近几年的数据在后面的问卷调查中也可以反映出来。

在A大学专任教师年龄结构的变化方面，青年教师（35岁以下教师）、中年教师（36岁—50岁教师）和中老年教师（51岁以上教师）的比例基本能够反映专任教师的年龄结构，而专任教师的年龄结构反映着学术梯队的特点，例如学术梯队的完整性、延续性和发展潜力，科学合理的学术梯队应该有一个相对合理的比例结构。

从A大学专任教师年龄结构的变化图我们可以看到，A大学专任教师年龄结构的变化和调整主要经历了这样三个阶段：第一个阶段是从中华人民共和国成立到1966年"文革"前夕，以年轻教师为主体的发展时期；第二个阶段是1978年—1988年，以中年教师为主体的发展时期；第三个阶段1989年—2003年，以50岁以上的中老年教师为主体的发展时期，具体见图3.2.7。

（三）A大学教师学历结构的变化

在A大学专任教师学历结构变化方面，我们主要选取了七个时间节点回顾了A大学专任教师学历变化的基本情况，由于统计数据的原因我们主要比较了研究生学历的教师（硕博士）与本专科及以下教师学历变化的情况。A大学专任教师学历变化的总体趋势是本专科及以下教师人数不断下降，研究生学历教师人数不断增加，但是具体变化幅度却有较大的差异。中华人民共和国成立初期的1952年本专科及以下教师占专任教师的83%，具有

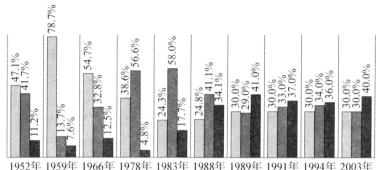

图 3.2.7　1949 年—2003 年 A 大学专任教师年龄结构变化情况图

研究生学历的教师只有较少的 17％,到"文革"前夕的 1966 年研究生学历的教师人数下降到了 14％,并且"文革"期间这一比例仍在下降,"文革"结束以后的 1978 年,研究生学历的教师比例仅为 8％。但是在"文革"结束后,"拨乱反正"和高考制度恢复以后,我国高等教育又一次迎来了真正发展的春天,又有一大批具有研究生学历的教师补充到了 A 大学,研究生学历的教师人数和比例有一定的增长,1988 年 A 大学研究生学历教师人数达到了 32％,此后稳步增加,到 1991 年达到了 36％,1994 年达到了 40％,但是这一阶段研究生学历的教师增长仍然比较缓慢,这与我国整体研究生学历教师的供求关系有着较大的关系,这一问题在前面有关详细的比较。2004 年以后 A 大学研究生学历的教师人数增加迅速,达到了 71％,本专科及以下的教师只占 29％,具体见图 3.2.8。

　　因此,从 A 大学专任教师学历变化我们也可以看出,我国研究型大学专任教师学历水平和层次在中华人民共和国成立初期是比较低的,这种状况一直持续到了"文革"结束,在 1978 年"文革"结束和恢复高考以后专任教师的学历层次在不断提高,特别是在 2004 年以后的十几年，我国研究型大学专任教师准入标准不断提高，至少是拥有博士学位的教师才能够入职，这对专任教师学历结构的变化产生了较大的影响。

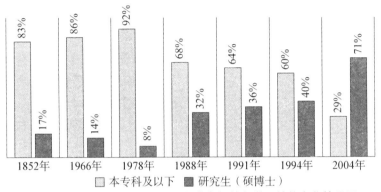

图 3.2.8　1949 年—2004 年 A 大学专任教师学历结构变化情况图

　　为了更加清楚地描述"文革"结束以及改革开放以来 A 大学专任教师学历层次变化的情况，本研究对 1984 年以来 A 大学新选留教师学历情况进行了统计，由于历史的原因 1981 年 A 大学新选留教师人数较少，只有 11 名研究生学历的教师入职，没有选留本科生，但是 1981 年到 1988 年新选留教师人数较多，并且大部分是具有研究生学历的教师，但是仍然有一定数量的本科生，其中在 1982 年新入职的 252 名教师中本科学历的教师 156 人，占61.9％，研究生学历教师 96 人，占 38.1％；1983 年新入职教师100 人，本科学历教师为 82 人，占 82％，研究生学历教师仅占18％；1984 年以后新入职的教师中研究生学历教师人数超过了本科生，1984 年新入职教师中研究生为 51.1％，1985 年达到了65.9％，1988 年达到了 89.5％，本科学历的教师比例较低。受到全国范围内高等教育扩招运动的影响，1999 年和 2000 年 A 大学新进教师中的本科学历教师比例较之前有小幅地增加，1999 年新进教师 70 人,其中本科学历教师 26 人,研究生学历教师 44 人；
2000 年新入职教师 130 人,本科学历教师 34 人,研究生学历教师
96 人。2001 年起新进教师主要以研究生学历为主,只有非常少
的本科学历的新进教师,如在 2001 年的新进教师中本科学历教
师仅为 6 人,研究生学历教师为 122 人,其中博士研究生 81 人。
同时,从 1999 年以来新进的研究生学历的教师中大部分为博士
研究生,如 1999 年新进的 44 名研究生学历教师中博士学位教师
23 人,2000 年新进的 96 名研究生学历教师中博士研究生教师为
67 名,到 2004 年新进的 158 名研究生学历教师中博士研究生为
131 名,占研究生学历新进教师的 82.9％。具体见表 3.2.1 和图
3.2.9。

表 3.2.1　A 大学 1981 年—2004 年新选留教师学历变化情况表

年份	本科毕业	研究生毕业		合计
1981 年	0	11		11
1982 年	156	96		252
1983 年	82	18		100
1984 年	67	70		137
1985 年	57	110		167
1986 年	29	117		146
1987 年	17	105		122
1988 年	12	102		114
1999 年	26	44	23	70
2000 年	34	96	67	130
2001 年	6	122	81	128
2002 年	8	143	102	151
2003 年	1	118	80	119
2004 年	4	158	131	162

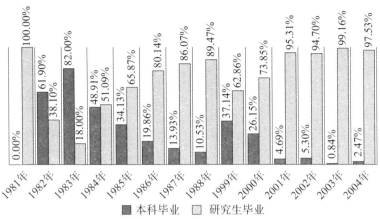

图 3.2.9　A 大学 1981 年—2004 年新选留教师学历变化情况图

三、A 大学学术职业规模与结构变化的基本结论

（一）A 大学专任教师数变化的结论

首先，中华人民共和国成立初期的 17 年，教职工数和专任教师数都在大幅提高，且专任教师的增长速度是高于非教学人员增长速度的；虽然"文革"期间教职工队伍在扩大，大批工农兵学员和短期培训结业青年工人分配进校导致教职工数增加较快；改革开放初期到 2004 年，教职工总数增长缓慢，虽然教职工数和专任教师数的变化趋势基本一致，但专任教师数与非教学人员的增长相反，专任教师补充的比例严重不足；2005 年以后专任教师的数量和比例增长较快。

（二）A 大学教师职称结构变化的结论

首先，教授和副教授人数一直在增加，在 1980 年开始快速增长；讲师和助教的人数都经历了一个先增加后降低的倒 U 型变化过程，1980 年左右讲师和助教增长率达到了峰值，但是助教达到峰值的时间比讲师早 2 年；同时教授和副教授人数的快速增长期与讲师与助教人数快速下降期基本一致。

其次,大学教师职称结构变化的几个关键年份与国家和院校人事政策的调整有着共变关系,这几个年份分别为 1952 年、1960 年、1978 年、1984 年、1989 年—1991 年、1999 年、2012 年。

(三) A 大学专任教师年龄结构和学历变化的结论

首先,研究型大学专任教师年龄结构经历了三个变化阶段:第一阶段是中华人民共和国初期的 17 年以年轻教师为主体的发展期;第二个阶段是 1978 年—1988 年以中年教师为主体的发展期;第三个阶段 1989 年—2003 年以 50 岁以上的中老年教师为主体的发展期。

其次,在研究型大学专任教师学历结构变化方面,总体趋势是研究生学历教师人数不断增加,本专科及以下教师人数不断下降,但具体变化幅度却有较大的差异。中华人民共和国初期到 1978 年本专科及以下教师占专任教师比例较大;1978 年以后,研究生学历的教师人数和比例有了较大的增长,1994 年达到 40%,但是这一阶段研究生学历的教师增长仍然比较缓慢;2004 年以后 A 大学研究生学历的教师人数增长迅速,本专科及以下的教师只占 29%。

第三,1981 年以来新进教师学历方面,1981 年到 1988 年新选留教师人数较多,并且大部分为研究生学历的教师;2001 年起新进教师主要以研究生学历为主,且具有研究生学历的教师中大部分为博士。

第三节   目前我国研究型大学的学术职业制度

通过前面分析我们可以看出,我国普通高校和研究型大学专任教师的规模和结构发生了较大的变化,突出地表现在研究

型大学教师供求关系的变化,供大于求的客观现实带来了研究
型大学教师招聘范围的扩大和招聘标准的不断攀升,一大批接
受完高水平教育和训练的学术人员进入研究型大学工作,既带
来了学术职业专业化水平的提高,也带来了学术职业的多元化
和多样化。这一系列改变正在改变着研究型大学的内部治理结
构、学者身份与期望,以及教师准入、晋升、考核与薪酬等学术职
业发展政策。

一、我国研究型大学的内部治理结构

虽然问责机制侵蚀学术界的专业自主权是一个国际性的话
题,但是中国大学的内部治理基本沿着学者—行政—政党三种路
线在动态变化,三者关系也较为复杂。大学内部治理的核心是如
何有效地处理高校内部主体之间的权力关系。我国高校内部权
力主要包括以学者为核心的学术权力、以管理为核心的行政权
力。以政党为中心的政治权力,同时还包括以学生为中心的学习
权利,在欧洲的大学中还包括宗教的权力以及后来不断介入的市
场权力等,欧美大学的董事会治理结构最能体现这一特点。

纵观中华人民共和国成立以来我国高等教育管理体制的演
变过程,我国高等教育内部管理体制或治理结构明显带有行政主
导下的政党政治色彩,大学内部权力集中地体现在学术、行政和
政党三种权力之间的博弈。21 世纪以来市场权力主体或市场的
潜在影响正在不断地渗透进大学治理结构中,但是它发挥的治理
作用仍十分有限。

关于我国高校内部权力博弈的特点和作用关系,林荣日在其
著作《制度变迁中的权力博弈——以转型期中国高等教育制度为
研究重点》中有过专门的研究,并指出从中华人民共和国成立到
20 世纪 90 年代初,我国高等教育内部的权力博弈模式表现出行

政权力主导模式,其中行政权力隶属于政党权力之中,政党权力居于领导或核心的地位,教授权力相对较弱。[①] 20 世纪 90 年代是中国高等教育的大发展时期,也是我国高等教育治理法制化的真正开始时期,最典型的表现是一系列教育法律和高等教育法律法规的制定和颁布。1998 年 8 月通过的《中华人民共和国高等教育法》中将我国高校内部管理体制描述为"国家举办的高等学校实行中国共产党高等学校基层委员会领导下的校长负责制"[②]。根据高等教育法的规定,校长全面负责本校的教学、科学研究和其他行政管理工作,校长必须在党委领导下开展工作,以保证行政工作符合政党意志或国家教育方针。《中华人民共和国高等教育法》也规定,"高等学校应面向社会办学,依法自主管理,实行民主管理",但是以教授或教职员工为代表的学术权力还是比较有限。随着改革开放和市场经济的不断推进,高校这座象牙塔也开始逐渐向社会开放,特别是在吸纳社会捐赠和人才方面表现得更加明显,像北京大学、清华大学、复旦大学等重点大学纷纷成立了校董会、校友会和基金会处理大学与社会之间的关系。

21 世纪以来的十几年,我国高校内部治理体系逐渐走上了法制化的道路,伴随着大学章程运动的推动,各个类型和层次的公立高校基本都完成了大学章程的审核工作,并逐步建立和完善了校务委员会和学术委员会等治理机构及其运行规程。虽然我国高校目前的校务委员会、学术委员会等治理机构尚未达到欧美大学的水平,但是已经开始走向法制化、规范化,也在一些重大决策和学术事务中发挥着重要作用。

---

① 林荣日. 制度变迁中的权力博弈:以转型期中国高等教育制度为研究重点[M]. 上海:复旦大学出版社,2007:345。

② 中华人民共和国教育部. 中华人民共和国高等教育法[EB/OL]. http://www. moe. edu. cn/publicfiles/business/htmlfiles/moe/moe_619/200407/1311. html. 2016 - 10 - 11。

因此,我国高校内部治理逐渐由最初的政党权力为主导、行政权力为核心的治理结构,向着学术权力、行政与政党权力和外部市场权力之间博弈的多元治理结构转变,教授——特别是一些知名教授在院校内部治理中的作用不断增强,新的外部权力(市场)不断介入高校内部治理,政党和行政权力不断受到法制的规范,受到教职员工的监督,未来这种新型的内部治理结构将会更加规范和完善。

二、我国研究型大学教师的教学和研究期望

在教学和研究的期望方面,研究型大学教师目前主要有三种工作轨道,即教学型或教学为主型、研究型或研究为主型以及教学研究型或研究教学型。在实践中,教学型或教学为主型教师和研究型或研究为主型教师的比例相对较少,大部分教师属于教学研究型教师和研究教学型教师。也有一部分学者被雇佣在研究轨道下,只进行学术研究,教学工作也只是承担研究生教学和指导工作。一部分教师由于工作以前没有受过专门的博士训练,最初只从事教学工作,后来开始普遍强调大学教师的研究能力,这些教师大部分从事两课和大学英语教学工作,在一些大学只要具有硕士学位就可以被招聘来教授这些课程。总的来说,这些学者可以选择进入教学型系列或教学研究型系列,院系可以根据教师选择的岗位性质对其进行相应的考核评价。由于他们缺少博士阶段的教育和训练,往往缺乏高级的研究技能,而选择教学轨道。

对于研究型大学的大多数学者而言,不论是教学型教师,还是教学研究型教师,都有一定的科研任务和考核要求。出版物的数量、国家和省级课题的数量、获得各类资助的经费数以及在国内外会议中做主题报告的数量等都是研究产出的主要指标。几个国内外引文索引报告代表着研究产出的质量,包括科学引文索

引(SCI)、社会科学引文索引(SSCI)、中国社会科学引文索引(CSSCI)等。

从研究型大学教师教学和研究工作的期望和发展轨迹来看，虽然许多高校都对教师的岗位性质有不同的划分，但是主动选择单纯从事教学工作的教师仍然很少，他们缺乏必要的科研能力，但教学水平较高且能够胜任基础课的教学工作。而对于大部分的教学研究型教师而言，教学和研究都是他们必须承担也愿意为之付出的工作，并且教学往往和研究是相互促进的，他们对教学和研究工作都会报以极大的热情。近年来，一些研究型大学普遍实施青年研究员政策，新入职的年轻教师走研究员系列，只根据自己的研究方向开设一些选修课，等完成了规定的研究任务，并积累了一定的教学经验以后，考核合格被正式聘用后再进入岗位从事教学研究工作。

三、我国研究型大学教师招聘、晋升、考核与薪酬政策

我国大学教师的招聘、晋升和薪酬政策在 20 世纪 80 年代前后有着较大的差异。从中华人民共和国成立到 20 世纪 80 年代以前，我国公立高等院校的教师和管理人员一直都是政府的公务人员，大学教师的招聘实行的是单位分配制，大学生毕业分配一般由大学隶属的政府行政部门根据用人单位的需要集中分配，不出意外的话，一经分配将会一直在同一个单位工作，直到退休，这种分配制度一般被称为终身雇佣制。随着 20 世纪 80 年代以来高等教育改革的推进，人事政策已经被慢慢地修改，特别是大学教师的招聘和合同关系。一些院校为了打破终身雇佣合同开始尝试自主招聘教师，学者开始在固定期限合同下工作，通常是三年到五年，院校可以根据大学的需要和教师个人绩效做出续签或终止合同的决定。但是在实践中，新的合同制招聘政策对传统教

师序列中的教师几乎没有什么影响,终身雇佣或多或少仍在继续。近年来,教师招聘条件有了显著的变化,目前大约70%的研究型大学的学者拥有博士学位,但就全国而言,拥有博士学位教师的比例仍然较低。据统计,2014年,我国高校教师拥有博士学位的比例仅达到20.05%,部分欠发达地区的本科院校教师中,拥有博士学位的比例低于平均值,仅为15%左右①。此外,少数精英大学为了吸引海外归来的博士毕业生,利用985项目模仿欧美国家的做法,开始试行非升即走制度,但这一新的聘用政策还只是在一些最顶尖的大学试验或实行。虽然教师招聘政策还在不断尝试,但我国传统的终身制、铁饭碗的招聘任用政策还是目前国内大学人事政策的主体。

在教师晋升轨迹方面,我国研究型大学的教师晋升主要区分为两种方式,即中国传统的职称轨道和最近推出的终身教职。传统轨道由助教、讲师、副教授、教授四级构成。2006年,国家推出了等级和水平结合的教师晋升阶梯,四个等级还是传统的从助教到教授四级,但在每个等级内部又分成了三层或四层的水平,共有13个级别。教师达到特定等级规定的绩效要求,就可以上升到下一个等级。每个等级和层级的教师比例一般是提前设定的,教师只能竞争这些有限的岗位,导致学术领域的竞标赛制越发激烈。近几年也有一些大学模仿美国的终身教职制度和非升即走制度,这进一步分化了教学和研究的功能。

目前中国学术职业的薪酬包括固定的基本工资、补贴和奖金。国家提供了固定的基本工资,目前主要按照4级13个水平的系统确定,在一个固定的等级和水平上教师的工资基本一致。这和大学的排名没有什么关系,但是大学可以根据区域生活成本

①　柯进,刘博智,刘盾.一堂迟到了十一年的课咋补?〔N〕.中国教育报,2016 - 03 - 14(3)。

的差异通过奖金和津贴进行调整,在许多大学这部分收入被称为绩效工资或校内津贴,这部分收入在院校之间、甚至校内的院系之间的差异都会很大。此外,学者们还通过从事咨询、讲学或从事其他的商业活动补充他们的收入。根据学术声誉、创业精神和学术水平以及地区差异,不同院校之间以及同一院校的不同院系之间具有显著的差异。名牌大学支付给教师比非名牌院校更高的薪酬,主要是这些院校有一个多样化的收入来源[①](赖亚曼,2008)。创业或创收也起到了很重要的作用,院校或其院系和部门寻求咨询和研究项目可能产生更多的收入与教师共享。学科差异导致参与创业或创收差异较大,某些学术领域(如工程学、法学和商业)比其他人更容易从事创业活动(如人文社会科学)。此外,由于中国各个地区和城市的经济发展水平差异较大,位于发达地区的院校,如上海和北京的高校提供教师更多的住房补贴。

奖金主要由国家和院校提供,一些国家或省部级研究奖项获得者和全国著名学者将会获得较多的奖金收入,例如获得全国科技进步奖或成为长江学者计划的入选人员。与此同时,一些院校也通过相应的政策激励学者通过高水平的出版物或成果竞争国家或省级研发奖项。根据阿尔特巴赫等人的全球学术职业调查结论,与富裕的北美和西欧等发达国家教师相比,中国教师的平均工资远低于这些国家,位居全球中下水平[②](阿特巴赫,2006)。在过去的十年里,国家不断提高教师的基本工资,以抵制教师从事外部活动的诱惑,也希望能够吸引大批优秀毕业生,但是中国大学教师的工资仍相对较低。在对 A 大学教师收入的调查中我们发现,A 大学教师校内年收入主要集中在 11 万—20 万之间,这

---

① 赖亚曼. 美国高校教师薪酬外部竞争力分析与启示[J]. External Salary Competitivity, 2008(29: 6): 90 - 96.

② 菲力普・G. 阿特巴赫. 变革中的学术职业:比较的视角[M]. 别敦荣等译,青岛:中国海洋大学出版社,2006.

部分教师占被调查教师的 60.3％,同时校内年收入低于 10 万和高于 30 万的教师人数都比较少,没有教师的年收入低于 5 万元。A 大学地处我国居民收入水平相对较高的华东地区,年收入在 10 万—20 万之间的大学教师的收入水平并不高,如果其他地区大学教师的收入水平还低于华东地区的研究型大学的话,那么我国研究型大学教师的收入水平并没有显著高于阿特巴赫调查的那个时代(阿特巴赫是在 1997 年进行的全球学术职业调查的)。因此,在工资性收入水平不高的情况下,为了获得更多的经济收入,大学教师也只能寻求其他方面的收入来源。

　　以上是关于我国研究型大学学术职业内部治理结构、教师职业期望与发展轨迹,以及教师招聘、晋升、考评以及薪酬等方面的基本概况。从大学内部学术职业政策的变化我们可以看到,我国研究型大学特殊的内部治理结构,教师教学与科研的岗位期望,新的教师聘用、考核与薪酬设计制度都会对研究型大学教师学术身份认同与工作选择产生较大的影响。在这些制度设计的背后体现出了制度设计者对教师科研绩效的重视,在政策的形塑作用下,教师普遍重视或者更加认同与研究相关的身份与角色,教学相关身份与工作的重视相对不足。研究型大学学术职业政策的回顾,也为第六章分析四种制度逻辑对研究型大学教师学术职业身份的影响提供客观的事实。

第四章　A 大学教师学术职业身份与行为选择的调查研究

　　在第三章,重点考察了我国普通高等学校以及 A 大学学术职业规模与结构的演变过程。通过前面的分析我们可以看到,我国普通高校学术职业规模在 20 世纪 80 年代后期迎来了一个快速发展的时期,已经形成了一个非常庞大的学术职业群体;另一方面我国学术职业的专业化水平也在快速提升,特别是大批受过高级学位教育的研究人员进入大学从事学术工作,教师学术研究能力不足与学术职业低专业化发展的问题已经有了较大的改观,这在研究型大学中更加明显。通过大学教师职称结构和年龄结构分析我们也可以看到,我国学术职业的结构也日趋完整,20 世纪末期出现的学术人员断层的问题也有了较大改善。虽然在 20 世纪 80 年代以来,我国高校人事制度进行了大量的改革,岗位聘用、绩效工资、择优录用等新的人事制度也在普通高等学校广泛采用,但是长期以来形成的国家分配制度和事业单位终身制的教师招聘、评聘以及薪酬分配的思维惯性和路径依赖仍十分严重。

　　在本章,将会通过对 A 大学教师的问卷调查和个别访谈,深入了解我国研究型大学教师学术职业身份和教学研究工作选择的基本情况,主要包括研究型大学教师对其学术职业身份、学术职业期望、教学与研究工作的选择、学术职业发展等的认识和理解问题进行研究。在微观层面上探讨大学教师学术职业的真实情况,并总结我国研究型大学学术职业活动的基本特点,为第六章分析多种制度逻辑对我国研究型大学教师学术职业身份和工作选择的影响提供实践支撑。本章研究的基本问题如下:

第一,A大学教师学术职业身份和身份认同调查研究,主要回答研究型大学教学研究人员如何理解其学术职业身份? 大学教师首要的身份是教师还是学者? 他们在实际工作中主要履行了哪些身份? 不同的身份认知对其教学与研究工作的投入和时间分配有什么影响?

第二,围绕大学教师学术职业身份问题,我们需要进一步探讨A大学对教学和科研工作的重视程度,是否也会存在"重科研轻教学"的现象? 教师对这一问题是如何理解的? 教师考评等相关政策是否是这一问题产生的直接原因?

第三,A大学教师学术工作选择问题研究,主要回答不同岗位类别的教师职业期望和工作选择是否存在差异? 特别是不同岗位类别的教师如何分配自己从事教学、研究和社会服务工作的时间和精力? 通过时间和精力的分配情况反映教师工作的行动轨迹。

第四,A大学教师学术职业发展选择研究,主要回答A大学教师选择学术职业的原因、选择本大学工作的原因以及将来的离职倾向等问题,以说明学术职业和A大学的职业吸引力。

第一节　研究工具和样本基本情况

本次调查的A大学是一所综合性研究型大学,从中华人民共和国成立之初开始,该大学就一直被列为国家重点建设高校,先后被列入211工程和985项目建设高校,目前也进入了"双一流"

建设中世界一流大学建设名单,教学研究能力和国际影响力在国内高校中位居前列。本次调查主要采用问卷调查法和访谈法两种方法收集数据,下面将研究工具和样本基本情况做一说明。

一、调查问卷和样本基本情况

(一)调查问卷的基本情况

此次调查中使用的问卷是在参考现有文献的基础上,自编了《我国研究型大学教师学术职业现状调查问卷》,该问卷主要包括五个部分:第一部分是调查对象的基本信息,包括被调查者的性别、年龄、职称、岗位类别、获得学位情况、年收入等信息;第二部分是教师学术职业身份的基本情况,包括他们认为大学教师应该承担的工作和具有的身份、实际履行的职责与身份等情况;第三部分,研究型大学教师教学与研究工作的基本情况,包括承担教学任务情况、研究成果情况、目前研究工作开展情况等问题;第四部分,我国研究型大学教师入职途径、薪酬、晋升、考评等的基本情况,也包括大学教师对院校层面相关政策的态度;第五部分,我国研究型大学学术职业环境的基本情况,主要是大学教师对目前学术环境的感知情况和满意度调查,本部分的调查表主要参考了阎光才老师的调查问卷(后面将会做具体的说明)。由于学者对学术职业的理解一般不会存在非此即彼的情况,因此问卷中一些题目是以多项选择题的形式呈现的,为了保证调查的效度要求,被调查者根据自己的实际情况选择最符合自己的3—4项。有关学术职业环境的调查表反映的是被调查者对学术职业环境的主观感受,采用五点量表的计分方式,1表示"非常符合",2表示"比较符合",3表示"基本符合",4表示"不太符合",5表示"非常不符合",要求调查者根据自己的真实感受作答,每一题项上的得分越高表示教师对Ａ大学的学术职业环境越不满意,而学术职业干扰因素的题项采用负向计分的方法。

（二）样本选取和问卷发放方式

为了研究我国研究型大学教师学术职业身份、教师工作选择以及研究型大学学术职业环境的基本现状，本研究采用问卷调查法进行了研究。本次调查采用随机分层抽样的方法，选取 A 大学人文艺术学科、社会科学和理工医学三大学科领域 400 名专任教师进行了调查，问卷采用现场发放的形式发放，共发放问卷 400 份，回收有效问卷 366 份，问卷回收率 91.5%。

在被调查教师性别方面，男性教师 246 人，占 67.2%，女性教师 120 人，占 32.8%；具有博士学位教师 336 人，占 91.8%，硕士及以下学位教师 30 人，占 8.2%；在教师年龄方面，30 岁以下教师 2 名，占 0.5%，30 岁—40 岁之间的教师 136 人，占 37.2%，40 岁—50 岁之间的教师 148 名，占 40.4%，50 岁—60 岁教师 50 名，占 13.7%，60 岁以上教师 30 人，占 8.2%；在教师专业技术职务方面，正高级教师 142 人，占 38.8%，副高级教师 172 人，占 47.0%，中级以及下教师 52 人，占 14.2%；在教师学科归属方面，文史哲等人文艺术学科教师 74 人，占 20.2%，经管法教等社会科学教师 94 人，占 25.7%，理、工、农、医等自然科学教师 188 人，占 51.4%，其他学科教师占 2.7%，样本具体情况见第一章的表 1.1.1。

从样本教师的性别、年龄、最高学历、专业技术职务以及学科类属等情况看，样本教师基本能够反映 A 大学教师群体的基本情况，这与 A 大学 2017 年的信息公开数据所反映的基本情况一致，因此，样本具有较好的代表性

二、个别访谈对象的基本情况

访谈是许多社会科学研究最基本的研究方法之一，本研究采

用分层抽样的方式选取不同学科、年龄和职称的教师 11 人进行了深度访谈,其中自然科学教师 2 名、社会科学教师 7 名、人文艺术学科教师 2 名。教师访谈更加侧重于教师对其学术职业理想、价值、研究工作及习惯等的理解,也包括学术人员对国家和 A 大学科研和人事相关政策的认知、评价和回应等情况。在问卷统计和分析的过程中,结合研究问题的实际情况,本研究也通过电子邮件的方式对一些教师关于 A 大学"代表性成果"评价办法、教师高级职务评审中对论文数量的规定等问题的看法或实际情况进行邮件访谈。教师访谈采用了半结构化访谈的形式,通过熟人介绍的方式选择访谈对象。本研究中重点访谈对象的基本情况见第一章的表 1.1.2。

第二节　A 大学教师学术职业身份认同的基本现状

　　大学教师的角色与身份问题的探究是研究学术职业问题必须探讨的基本问题。每一位以学术为生、以学术为业、以知识的探究与传播为天职的大学教师,都有"我是一个怎样的大学老师?我想成为一个怎样的大学老师?大学老师的基本职责是什么?"诸如此类的疑问,有时也会自觉不自觉地试图为其找到答案,或者找到更加合理的解释。关于这些问题的答案的探寻都会涉及大学教师的职业身份与角色的问题。如果简单地从大学教师与中小学、幼儿园教师相比较的角度去理解,大学教师就是教给学生高深知识的教师,这只是知识难易程度的差别,为了保证知识教授的质量,大学教师还需要对本学科专业知识进行系统的学习与探索。但如果我们从学术职业的角度理解大学教师职业,那么大学教师从事的职业更加强调其学术性,是一种以学术为志业、以学术研究为生存方式、在对知识进行深入探究的基础上将研究成果传播和教授出去的职业。根据博耶学术研究类型的划分理论，大学教师所从事的学术活动理应是一个综合体，因此，大学教师的学术身份也应该是教师、研究者与社会服务者为一体的综合身份系统。但是在现实生活中大学教师对其学术身份的认同有时却存在着教师还是研究者的分野、甚至割裂，表现为重研究及相关身份而轻教师相关身份的现象。大学教师认同的职业身份是教师还是学者？或者是大学教师是以教学为先，还是研究为先？虽然这些问题仍然没有办法给一个明确的答案，但是在不同历史时期，我们对大学教师身份的理解还是会有不同的态度和看法。带着这样的问题和疑问，在本节我们将会通过问卷调查的结果回答，在Ａ大学，大学教师如何理解其学术身份，他们更加看重哪一种（或者几种）教师身份？为什么不同教师会有不同的身份认同？这是本节将要探讨的基本问题。

一、大学教师学术职业身份的界定

"身份"一词一般是与社会地位相联系的，表现为社会分工过程中对具有相似特征的一群人或是特定群体的一种标识，如医生、律师、工人、农民等，这种身份合法性的获得通常与这一群体的社会责任与社会地位相关。而作为一个社会学或心理学概念，身份常常与角色一词较为接近，它是人们对特定社会成员应该具有的道德规范和行为模式的一种期待和要求。但是，当我们将大学教师定义为学术职业的时候，则更多的是从知识的探索、将发现与传承作为工作方式的职业角度界定身份。因此，在本研究中我们对大学教师职业的界定也是从学术职业的角度进行界定和理解的，这是大学教师这一职业的基本内涵。从学术职业与大学关系的角度，我们将学术职业界定为大学内部从事高深知识的探索与发现、知识传播与传承工作的专门职业，大学也就成为了这

一职业的工作边界。基于现代大学教学、研究和社会服务的基本
功能,大学教师的工作职责也就主要表现为承担教学、研究、社会
服务工作的基本职责。从学术职业角度界定大学教师的身份,我
们根据大学教师承担三种职责的情况,将其身份定义为与教学活
动相关的教师身份,与研究活动相关的研究者身份,以及依靠专
业知识服务社会的公共知识的传播者、国家精英等社会服务者身
份,大学教师职业身份与角色谱系见表 4.2.1。

表 4.2.1   我国研究型大学教师身份与角色谱系表

大学功能	教师身份	角色隐喻
教学	教师或教育者	教育者、灵魂工程师、园丁、导师、朋友
研究	学者或研究者	研究者、学者、专业人员、真理的发现者、技术的发明者、知识的权威、知识的创造者、文化的引领者
社会服务	社会服务者或公共知识的传播者	公共知识的传播者、社会的代言者、道德的榜样、社会的良心、社会的批判者

与大学教师职业身份相关的另一个概念就是身份认同,大学
教师身份认同是一个意义建构的过程。不论我们怎样理解作为
学术职业的大学教师,教师对其职业身份的认同都是一个主观意
义获得与内化的过程。大学教师在构建自己身份认同的时候,总
是在自己的人生经历、人际群体和国家或机构政策所赋予的角色
期待中进行协商。[1] 如图 4.2.1 所示,三个部分之所以有交叉和
重叠,是因为教师职业身份总是由教师自我根据外部政策引导和
人际群体的潜在影响重新调整与建构自己的职业身份认同的。
有时,国家和院校层面上的政策引导也会使大学教师在三类

---

[1]   叶菊艳. 叙述在教师身份研究中的运用—方法论上的考量[J]. 北京大学教育
评论,2013(1): 83 -94、191。

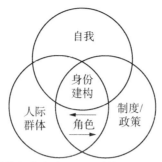

图 4.2.1　大学教师在自我、人际群体以及制度赋予的角色之
间协商构建身份图①

职业身份之间不断地转换。

　　同时,图 4.2.1 中重叠与交叉部分面积的大小和形状也代表
了上述三种力量在大学教师个人职业身份建构中的力量对比关
系。如果我们将三种力量分别看作个人的专业自主追求、共同体
中的学术权威和国家控制的权力,那么我们仍然可以看出不同学
术职业身份变化中学者个人权力、学术共同体权力以及国家权力
之间关系的变化。下面仅从 Ａ 大学教师调查数据分析教师的学
术职业身份认知情况,并尝试分析三种权力中哪一种权力对大学
教师身份认同的影响更大。

二、Ａ 大学教师学术职业身份认同的基本现状

　　大学教师主要有教育者或教师、学者或研究者、以及公共服
务者三类身份,并且三类身份又是由若干角色隐喻构成的。在表
4.2.1 中我们用日常生活中对大学教师身份的隐喻(教师角色)来

_____

　　①　原图见叶菊艳《叙述在教师身份研究中的运用—方法论上的考量》一文,本文
中作了一些修改。

指代其学术身份,由此确定了大学教师的13种角色,具体包括教师或教育者、学者或研究者、学生的导师、学生的朋友、真理的发现者、技术的发明者、知识的创造者、知识的权威、公共知识的传播者、文化的引领者、社会的批判者、道德的榜样、社会的良心。在调查中,我们将这些角色作为大学教师职业身份的选项,由教师根据自己对学术职业的理解,选出他们认为大学教师最应该履行的四种角色,并要求被调查教师根据自己开展学术活动的实际情况,选出自己在实际工作中能够很好履行的四种角色。这样就形成了教师认为大学教师应该履行的角色和实际履行的角色之间的差异。在调查中发现,大部分教师理想的学术身份与实际履行的学术身份都主要集中在教师与教育者和学者与研究者两类身份中,并且他们理想的学术身份和实际履行的学术身份之间还是存在着一定的差异,这也能够在一定程度上反映教师对教学与科研工作之间关系的认知和态度。

(一)Ａ大学教师应该履行的学术职业身份

在对大学教师应该履行角色的方面,通过调查发现,Ａ大学教师认为大学教师最应该履行的角色按教师选择比例的高低,教师选择比例超过50％的有三项,依次为学者或研究者(81.9％)、教师或教育者(79.8％)、学生的导师(67.8％);选择比例接近40％—50％的有五项,依次为知识的创造者(48.6％)、社会的良心(41％)、真理的发现者(39.9％)、文化的引领者(38.3％)、学生的朋友(37.2％);剩余的几项教师选择的比例都比较低,依次为道德的榜样、社会的批判者、技术的发明者、公共知识的传播者和知识的权威,具体见表4.2.2。由此可以看出,Ａ大学教师首先认同的是研究者的身份,其次是教师,而对于社会服务者的角色认同度最低。虽然研究者与教育者的身份认同比例比较接近,但是Ａ大学教师对研究者的身份认同更高,这与教师的研究期望基本保持一致,这也与研究型大学的身份比较匹配。

表 4.2.2　A大学教师应该承担角色与实际履行角色情况比较表

大学教师应该履行的角色			大学教师实际履行的角色		
角色	百分比	排序	角色	百分比	排序
学者或研究者	81.4%	1	教师或教育者	81.4%	1
教师或教育者	79.8%	2	学者或研究者	71.6%	2
学生的导师	67.8%	3	学生的导师	68.9%	3
知识的创造者	48.6%	4	学生的朋友	46.4%	4
社会的良心	41.0%	5	知识的创造者	29.5%	5
真理的发现者	39.9%	6	社会的良心	27.9%	6
文化的引领者	38.3%	7	道德的榜样	22.4%	7
学生的朋友	37.2%	8	技术的发明者	14.2%	8
道德的榜样	31.1%	9	真理的发现者	13.1%	9
社会的批判者	30.1%	10	社会的批判者	8.7%	10
技术的发明者	29.5%	11	文化的引领者	7.1%	11
公共知识的传播者	20.2%	12	知识的权威	6.0%	12
知识的权威	16.4%	13	公共知识的传播者	6.0%	13

（二）A大学教师实际履行的学术职业身份

为了更加清楚地描述大学教师实际履行角色的情况,本研究中对A大学教师自己实际履行的角色情况进行了调查,结果显示大学教师实际履行的角色,根据被调查教师选择比例由高到低排序,选择比例较高的选项主要有四项,依次是教师或教育者(81.4%)、学者和研究者(71.6%)、学生的导师(68.9)和学生的朋友(46.4%),其他的9个选项教师选择比例都比较低,具体见表4.2.2。由此可以看出,A大学教师能够在学术工作中实际履行的角色首先是教师或教育者,这与教师的岗位性质是一致的,因为被调查教师中仅有4.4%的教师是纯研究岗位的教师,其余的教师全部为教学研究岗和教学岗的教师。由于教师承担的主要工作还是以教学为主,因此,A 大学教师在实际工作中首先能够很好履行的角色是教师或教育者的角色。其次,A 大学教师认为自己在实际工作中很好履行的角色排在第二位的是研究者或学者的角色,大学教师在教学之余都会从事相关领域的研究工作。

是否能够将自己的研究成果应用到社会,就涉及大学教师的社会服务工作及身份。在调查中也发现,很好地履行了技术的发明者、真理的发现者、社会的批判者、文化的引领者以及知识的权威和公共知识的传播者等与社会服务相关角色的教师的人数都非常少,这也从一定程度上反映出教师从事社会服务工作方面的不足。

同时,从大学教师认为应该履行的角色与实际履行的角色排序之间的差异,也能够看出大学教师学术职业理想与现实之间的差距。他们认为理想的大学教师首先应该是学者或研究者,这是大学教师的首要身份。在访谈中大部分老师认为研究型大学教师与其他类型高校的教师的最大不同就是其研究性,研究是研究型大学的首要特征,即便是教学,研究型大学的教学也应该是研究性教学,通过教学引导学生的思考和探究。因此,研究型大学教师对研究的理解是一个更加宽泛的概念。但是实际学术工作中教师或教育者的身份是教师较好履行的身份,至少教学工作是他们认为自己完成得较为满意的一项工作,这与 A 大学教师承担教学任务的情况有关。在调查中除了一些专门研究机构的教师认为承担的本科教学任务较少,或者只承担研究生的教学工作,大部分教师都承担本科生教学工作,个别院系的教师反映承担的本科生教学任务相对较重,这占用了他们大部分的工作时间。因此,在实际工作中教师认为他们很好地履行的学术身份是教师或教育者。

但是与社会服务者身份相匹配的角色,例如社会的良心、真理的发现者、文化的引领者、技术的发明者等角色方面,认为自己应该履行这些身份与角色的教师人数较少,或者实际工作中很好履行了这些身份与角色的教师人数也都较少。

因此,Ａ大学教师学术职业身份的认知情况具有一定的代表性,教师身份和学者身份有时的确很难用非此即彼的二分逻辑进行划分,但是这也能从一定程度上反映出教师对教学和研究关系的理解。

三、Ａ大学教师承担校内外职务与身份的情况

大学教师除了从事教学、研究和社会服务工作以外,也有部分教师同时担任校内外行政职务、期刊或项目评议人、专业学会的领导者或发起人等职务与身份。因此,本研究中还对Ａ大学教师担任校内外其他职务与角色情况进行了调查。在调查中有20.8%的教师没有担任其他职务或角色,而有近80%的教师都兼任一些其他职务或角色,例如有63.9%的教师担任学术期刊或项目同行评议人,有24%的教师担任专业学会中的领导人或理事,有21.9%的教师担任全国性或国际性学科委员会成员,这些职务和角色都代表着教师在学术共同体中的地位与角色,他们也都是学科领域的同行评价者,担任这些职务与角色也使他们可以进一步提升其在共同体中的声望与地位,能够更好地为学科发展服务。在调查中也有14.8%的教师担任政府或企业组织的咨询专家或顾问,这与近些年国家对大学智库的高度重视有关。除此之外,被调查教师中在校内担任行政职务的教师比例也比较高,有22.4%的教师担任学校的行政职务,具体见表4.2.3。

表 4.2.3 研究型大学教师担任其他角色情况表

校内教学研究角色外,您还担任哪些角色	人数	百分比
兼任校内行政职务	82	22.4%
学术期刊、研究项目、高等院校的同行评议人	234	63.9%
全国性或国际性学科委员会成员	80	21.9%
学术团体领导人(如专业性学会/协会的理事)	88	24.0%
政府或企业组织的咨询专家或顾问	54	14.8%
没有担任上述角色	76	20.8%

因此,大学教师从事校内教学研究工作以外担任的其他职务与角色主要集中在行政领导、同行评议者、学术共同体成员或领导以及政府政策或其他组织的咨询者等多种职务和角色。相对而言,大部分教师都在担任同行评议者,可见目前在我国大学中同行评价的作用越来越大。但是大学教师在服务政府或企业组织的决策与咨询方面的作用还十分有限,就目前的形势而言,政府和企业特别需要高校作为专门研究机构从学术的角度对他们提供政策和决策的咨询与指导,但是受传统观念和社会公关意识的影响,高校教师自身对这些工作参与的积极性仍十分有限。

四、A 大学教师学术职业身份认同调查的基本结论

通过上述调查与分析我们可以得出以下结论:

首先,大学教师认为他们应该履行的角色依次为研究者、教育者和社会服务者,但在实际工作中他们履行的角色排序依次为教育者、研究者和社会服务者。

其次,大学教师的研究者身份也是大学教师最基础的身份之一,这不仅表现在校内的学术活动中,也表现在他们承担其他校内外职务与角色方面。

第三节　Ａ大学教师学术职业身份的统一性与冲突性

通过前面的问卷调查我们发现，Ａ大学教师理想的学术身份和实际履行的学术身份还是有一定的差异的。由于研究型大学教师学术工作的独特性，很难用简单的问卷调查就可以反映出教师的真实感受。为了更加深入地分析研究型大学教师对其学术身份的认知情况，本研究结合研究型大学教师学术工作的特点，对教师对学术身份认同的理解情况进行了深度访谈，并对被访谈的 11 名教师的访谈资料进行了编码分析，以发现 Ａ大学不同类型教师对其学术职业身份的理解和意义建构过程。

一、访谈资料的来源和分析过程

本部分的质性分析资料来自 Ａ大学不同学科、年龄和职称的 11 名教师的深度访谈，其中自然科学 2 名、社会科学 7 名、人文艺术学科 2 名。教师访谈更加侧重于教师对其学术职业理想、价值、研究工作及习惯等的理解，也包括学术人员对国家和 Ａ大学科研和人事相关政策的认知、评价和回应等情况。笔者在访谈前征得访谈对象的同意对访谈过程进行了全程录音，并将访谈录音转录成了文字。在分析阶段将访谈资料导入 nvivo11，并对访谈转录的文字资料进行了开放编码、主轴编码和选择编码。

参照开放编码的步骤，对 11 名教师的访谈资料进行了逐行阅读，提取了重点语句，以关键信息标记概念节点，通过开放编码共形成了 473 个节点，通过对本质属性性质相同的节点进行了归类，将这些自由节点归类到了八个主轴之中，它们分别包括三类学术工作之间的关系、三种学术身份之间的关系、三类身份中教师更加认同的身份、三类工作之间的冲突、三类工作的投入与选择的倾向性、三类工作投入与选择的原因、院系考核与晋升压力对三类工作选择的影响、院校发展愿景与教师学术身份建构的关系。通过这些主轴编码结果的类型与学者个人的学科归属、年龄和职称以及学术头衔相结合,我们可以更加清楚地看到研究型大学教师学术职业身份认同的统一性与冲突性之间的矛盾。下面对质性分析的结果做一下简要说明。

二、A 大学教师学术职业身份的统一性

(一)三类学术工作的统一性

在对 A 大学教师深度访谈资料的整理中发现,研究型大学教师普遍认同大学教师的教学、研究与社会服务三类学术工作是一个统一的整体,很难将其割裂开来。这种统一性正是研究型大学教师工作的独特性。

首先,大学教师的工作性质与中小学教师具有天然的区别,主要体现在学术性和研究性,即便是教学工作也是要以学术研究为基础的研究性教学。例如一位政治学教师 GY1 就提到:"我觉得大学教师主要是一种知识性的身份,学生到了大学这个地方,主要是激发学生的兴趣,他和高中老师不一样的地方就在于他不是一个知识的传授,主要是让学生对某一个学科或者领域感兴趣,因为学生在本科阶段更多的是一个对自我兴趣的探索,其实老师是去引导他的,去探索自己,比如说他的特长、天分呀,比如他感兴趣的方面是什么。"但是理工科的老师觉得大学教师工作与中学教师工作最大不同点在于研究,因为研究能够给工作带来新鲜感和成就感,例如环境科学教师 HJ1 就指出:"单从做教学这块讲,教学确实不像研究新鲜感那么强,做研究是有新鲜感的,我

个人喜欢每天或者每年的工作都不一样,那么这个教学和研究就明显不一样了呀,研究可以今年做这个研究,明年做那个研究,我明年的课题又会是不一样的东西,这个也是在于它的新鲜感。"因此,不管是出于什么原因,研究型大学教师更加认同大学教师与其他教师的不同点在于研究工作的独特魅力。

也有教师认为真正的大学教学是一种能够启发学生思考的教学,从这个角度讲,有启发、有深度的教学也一定是教学和研究融为一体的教学,正如法学院一位教学成绩显著的教师 F3 所说:"我的理解还是《高等教育法》中讲的,高等学校以培养人才为主,就很难再去说教学和科研哪个更重要,最好是将他们两个综合起来,处理好与他们之间的平衡。很难比较,你科研搞不好,教学也一定搞不上去的,这里的教学是指真正的教学,真正讲清楚并且启发学生思考的教学。我自己是有体会的,我以前的教学主要是一般性地讲,讲一些通说什么的,但我自己真正研究了这个问题以后,我在这个方面发表了一篇文章,我觉得我就能够将这个问题讲得深刻一点(F3 教师曾多次获得 A 大学'本科生心目中的好老师'称号)。"从这一点上讲,研究型大学教师的学术工作最能体现大学教师的工作特点,大学教师的教学不仅是高深知识的教学,更是一种高阶的教学,更准确地讲是一种研究性的教学,不仅需要教师深入研究教学内容和前沿知识,更需要教师研究教学如何能够引发学生的思维和独特的智慧。

其次,研究型大学的本质属性决定了研究型大学教师的教学和社会服务工作也要充分体现学术研究的特点。研究型大学的教师就应该具有一定的研究能力,并且将自己的研究成果延伸到课堂中。在访谈中教育学教师 G1 就提到:"作为研究型大学的教师,第一位的还是学术研究,学术研究作为一个志业来讲的话,我觉得这是我最大的职业认同。其次,人才培养也很重要,但是这个不完全是我可控的(因为学生本身有自己的才能和发展机会),研究来说完全是由我控制的,所以从我自己来讲的话,我的职业认同中研究肯定是第一位的。但是教学也很重要,在很多时候教学会促进我们的研究,特别是对硕士博士的教学中,因为他们的教学直接是和研究相关的,……在上课、带学生和指导学生做研究的时候,也有一些触发我自己研究问题的一些经历和体会。社会服务是我研究的一个延伸,如果我的研究刚好是有应用价值它就会延伸一下,而不是为了服务社会而去做研究,再说我先做一个我觉得非常重要的研究,它有一个服务的价值的话也很好。"

因此,研究型大学的本质属性决定了其教师的学术工作的首要任务是研究(科学研究),在研究的基础上能够将研究与教学、社会服务结合起来,才能够将研究成功延伸到教学和社会服务中,特别是社会服务,它是研究的副产品,是可遇而不可求的。在访谈中大部分教师都提到,他们虽然也羡慕那些通过成果转化和技术转让等形式获得成功的明星教授,但是从研究发现到成果鉴定、再到成果推广需要一个相当漫长的过程,特别是后者。因此,他们一般不会刻意为了追求特定的结果而从事社会服务性的研究工作,更多的是有了一定的研究成果以后才会考虑能否再进一步去解决经济社会发展的实际问题和难题,这样的观点在自然科学领域表现得更加明显。

第三,一些研究主题的获得主要来自教学中的灵感或者学生的启发。比如法学院的 F2 教师就以自己的教学研究经历的情况指出:"我的科研内容很多都转化为教学内容了,我的科研中的一些研究问题又是从教学里面获得的。……有些老师科研中的一些研究问题或议题是从同行中获得的,我的很多有研究价值的问题或议题都是在给学生讲课的过程中突然发现的。同时你的研究中,比如写出论文的初稿,首先的交流对象就是学生,在课堂上给大家讲,讲他的思想,实际上这也是跟学生交流,是这样子的。"

类似的观点在法学院教师 F1、环境科学教师 H1 等教师处都得到了验证，教学相长在研究型大学中体现得更加明显。

上面是大学教师学术工作同一性的具体体现，A 大学教师普遍反映对学术工作同一性的理解，可能出发点会有不同，但是教学、研究和社会服务工作都是以教师的研究成果和研究能力为基础的。因此，研究型大学教师普遍认为其学术工作是教学、研究和社会服务三种工作的统一体，许多工作都有交叉和渗透，有时候的确很难严格地区分，特别是研究和教学。

（二）三种学术身份的统一性

基于前面研究型大学教师关于学术工作统一性的理解，与这种统一性相关，他们对研究型大学教师的学术身份的认知情况又会如何？在访谈中，被访谈教师首先谈到了他们对大学教师学术身份的认识，特别是教师、研究者与社会服务者三种身份之间关系的理解。通过访谈发现，虽然教师普遍将三种身份理解为一个统一的学术身份。但是教师对他们之间关系的理解也会有学科、职称等方面的差异，但是一些具有高级职称或者有学术头衔的教师的理解就会与年轻教师有很大的不同。

首先，大学教师的教师身份和科研身份是一种在科研基础上以教促研、以研带教的过程。这里的相互促进则是由一流大学建设的学校发展使命决定的。法学院的青年教师 F2 的回答更具代表性："这三种身份之间关系的处理，就我个人感受而言，教学的身份和科研的身份，实际上是一个以教促研、以研带教的过程，一流大学没有很好的研究是不会有很好的教学的，……对于一流大学的这样一批高素质的学生，没有强大的科研支持，其实教学是行不远的。因此，这两个应该是很好的促进。……这样就会形成教学和科研相互支持、相互促进的关系。"

其次，大学教师的三种身份是以教书育人为核心的统一体。虽然不同的教师会因为个人经历的差异对三种身份的理解有一定的差异,但是教师或者教育者的身份会统领其他两种身份。在访谈中法学院的 F1 教授就认为:"大学教师的教师、学者以及社会服务者的三种身份是紧密相关的,核心应该是教师身份,因为首先应该是教师嘛,但是这个大学教师和中小学教师是不同的,他是一个学术型的教师,他教学的这个过程中,它是一个不断学习、终身学习和终身要进步的不断探索、不断研究的角色,对所有大学教师的定位是教书育人应该是首要的。那么如果没有学术支撑的话,你这个教书和育人都做不好,这是我的理解。那么社会服务的话,除了我说的通过研究促进教学以外,另外一个我觉得就是服务国家、服务社会,特别是我是搞法学的,我们肯定是以自己专业的角度为国家法治建设做出一定的贡献吧,提供一种类似于智库的支持,提供一种决策咨询的作用。我一直以为这三者是紧密联系的。"法学院的 F2 教师也提到,比起其他的身份,他更加看重教师的身份:"因为没有教学的教师是不完整的教师,如果不看重学术研究的受众(学生)的感受,我在职业选择的时候就去社科院去工作了,那里的待遇并不比高校低"。因此,虽然他们更加看重教师身份,但是也在强调教师、学者和社会服务者都是大学教师应该具有的身份,三者是密切相关且统一的身份系统,不能将三者割裂的。

第三,教学、研究和社会服务是一种整体的学术探究过程,这种探究的过程又是以一个人的社会担当(社会服务)为基础的三种身份的万象共生的生态系统,不能割裂。大学教师的学术身份是一个集合的社会身份,这种职业身份始于教师个人社会生活的紧密联系过程。因为教学、研究和社会服务同样与个人的感情生活、审美需要休戚相关。社会学的 S1 老师是访谈中唯一一位长江学者,他从他擅长的社会学研究的角度谈了自己对大学教师学术身份的理解,他认为:

"每个人做事情的时候一定带有感情的,他是有偏向性的,这个不能不承认,你的文化、经历,你想做的事情,你希望的东西,都会在后面发生作用。所以我们在选择职业,做研究、教书,还有做社会服务的时候,这几个东西也要作为一个东西得承认,他还有一个个人修养的问题,个人的情感问题,要和前面的这三种东西(教学、研究和社会服务)捆绑起来……从我个人讲呢,我觉得应该把他们三者放到一起,他是一个整体的过程,研究、教书育人,还有社会服务,可能会有一个天然的矛盾,我认为应该把他们平衡统一起来,他们是互相促进,缺一不可的。因为社会服务是有担当的,没有对社会的担当、对他人的担当、对自己担当,科学研究和教书育人都做不好,它有一个辩证关系。学问是和别人一道做的,不是给自己做的,所以一定有一个担当,社会的工作、社会的担当、通过与别人的交往互动,能够提高你的研究水平,提高你的教学能力。通过你的教学和研究,其实也是在与他人交往和互动,你和学生也在交往互动,在交往互动中,你把学生作为对象,同时你把自己也作为对象,你又自觉了,你跟学生互动了就有自觉,你感觉自己是另外一个自己,你是在不断地反思自觉。所以,我认为这三个东西应该是一个互构的关系,互相构造的关系、互为环境的关系、互为条件的关系,是一个生态关系,就是我们说的万象共生的关系。"

因此,从教师访谈资料的梳理中我们可以看到,Ａ大学教师虽然对大学教师的三种身份的认同具有较大的差异性,但是都会更加认同三种身份的统一。正如教育学的 G1 老师提到的,我们强调大学教师三种身份的割裂可能只是一种学术上的假象,其实从现实上来讲,三种身份就像我们在社会生活的所有身份一样,天然地具有一致性和情境性,可能只是在特定活动中选择和排序罢了。当然,法学专业的 F3 教师也指出,可能由于不同教师的职业利益诉求的差别,可能在工作选择的时候会更加看重某一种身份,但是三种身份的确是一种综合的身份,即统称为"学术身份"

更加准确，也更加符合实际情况。

三、A 大学教师三类学术职业身份之间的冲突

　　虽然被访谈教师都在强调大学教师学术职业身份是三种学术身份的统一体，但是他们都提到了在实际工作中三种工作的选择常常会面临一些冲突和困境。这些冲突最突出的表现就是工作时间的冲突，并且这种冲突在不同学科、年龄或职称的教师之间差异更加明显。虽然在访谈中几乎每个教师都认为三种身份或者工作之间是不存在本质上的冲突的，但是他们都在强调一个人的工作时间是非常有限的，为了完成必要的工作任务，必须根据工作的轻重缓急进行取舍，但是他们大都提到可以牺牲的时间只能是用来完成教学任务的备课时间，或者一般会优先选择从事研究工作。

　　首先，三种工作都是学术工作的重要组成部分，一般会根据事情的轻重缓急进行合理平衡。持这种观点的学者一般是教学任务相对较轻的研究重心或科研机构中研究为主型的教师，他们主要从事科研工作，当然也会从事少量研究生教学工作。这样的教师声称他们的教学和研究之间不会有冲突，他们的学术身份也不会出现纠结和困惑。例如，一位研究机构的教师 G1 就说到："我觉得身份的冲突是一种在理念上刻意这么说的，作为一个现实的人来讲，你人生当中本来就有许多组成部分，你不能说这些部分就是冲突的，比如说你要吃饭、睡觉、休闲、工作，这些事是否有冲突呢，其实他们都是你生活中重要的组成部分，至少我刚才说的这些方面你自己协调好，他不会有太大的冲突，可能这段时间精力有限，你只能集中在某一个方面吧……我觉得总的来说这是一个平衡，关键你觉得这些部分都是要的，重要的，你不会放弃的。"

另外一名研究中心的教师 GY1 虽然也提出了类似的观点，但是他的观点可能更加符合研究中心教师的工作状态，他提到："在现实的工作中，可能由于个人的兴趣爱好，或者所服务的机构的性质，会将某一种学术身份的功能放大，或者强调某一种工作的重要性，个人就会选择相应的时间分配。就我个人的情况而言，如果按照时间的分配去算的话，我主要承担的是教学和研究两块工作，这个时间的分配主要是二八分吧，教学 2，科研 8，因为我只承担少量与专业相关的本科生课程和研究生课程的教学工作，并且教学工作都是我主动要承担的，基本没有教学的压力，教学中包括备课、上课、批改作业等工作，加到一起也就是二八分，科研时间是大头吧。"通过访谈也了解到，研究中心或机构的教师职称系列是研究院的系列，一般对教学的要求是极低的，甚至不做具体的要求，这主要是指本科生的教学。

其次，本科生教学任务较重的院系或机构的教师，教学工作负担较重，他们教学和研究工作的时间冲突较多，并且化解冲突的策略大都是压缩教学中备课的时间。由于本科教学任务较重，并且需要承担本科学生管理工作，时间冲突表现得更加明显。在访谈中，法学院的三位老师都提到了教学任务沉重的问题。例如法学院的一位教授、博导教师 F1 提到："如果将我的工作时间看成是 10 分，我花在教学上面的时间大概是要占到一半，就这样我现在教学时间还是在逐渐减少的，以前我教学花费的时间会更多，上学期平均每周有 11 节课，上上学期是 12 节课，并且每周还要面对四个不同的对象授课，就这样工作时间也还是比较紧张的，还有研究、行政、政府那边的一些临时任务等等，还是比较辛苦的。"因为这名教师已经是教授和博导，她基本上没有职称晋升的压力，因此，研究工作的硬性任务还比较少。如果是年轻教师，这种事件的挤压就更加明显。

同样是法学院的一位教师，年轻教师 F2（一位面临非升即走困境的讲师)就提到:"矛盾的情况是有的,它主要的矛盾体现在时间的分配方面,一个人的精力都是非常有限的。我现在仍然每学期承担三到四门课程的教学任务,每周大概在 12 节—18 节课之间,教学需要大量的时间去准备、上课等等,所以,教学时间基本占用了大部分的工作时间,教学时间对科研时间的挤压是非常严重的,因此课程教学任务非常繁重。同时,一天 24 小时对于每个人都是公平的,不会由于你的双重身份或者三重身份,上天赐予你一天 48 小时或者 72 小时,不可能的,是吧,所以在时间的分配上需要你很好的协调,尤其是在高速运转的社会,高速运转的学术机构的话,它是一个讲究效能的问题的。对我而言,我会减压社会服务的时间了,这是很显然的,这是肯定的。教学和科研时间的分配方面,教学工作你可以在备课时间上有所调整,可以适当地减少,因为上课时间是没有办法压缩的。

现在的双一流大学建设是以绩效为杠杆带动相关的指标和要素的提升以及在国际上等级的提升,那么在这种情况下呢,教师更加需要一个高效的教学和科研,或者是一个有效的教学或者科研,这样就会面临一个取舍的问题。这种选择主要体现在科研的研究方向上,就使得现在教师的研究比较专、比较精细,这样就可以在最短的时间里出最多的成果。当然了,我觉得很多的研究者,他们有一个长远的打算,这也是一个权宜之计了,先选择一个小的研究方向,待自己相对稳定以后,职称晋升完成以后,比如达到了教授、博导的这些人,如果还有学术研究热情的情况下,还可以迈向二级学科领域以外的其他领域开展基础或者说整合的研究。因此,时间的挤压是这个群体中所有人面临的最大问题,即便是功成名就的学者也会面临时间挤压和时间碎片化的问题。

当然也会存在着教师年龄、资历、地位等的差异,特别是一些大牛学者,如长江学者、院士等,学校引进这些人才也会将他们作为非常重要的研究资源,他们一般不会担任教学任务,只是驻扎在一些研究中心,专门从事学术研究工作和博士研究生的培养,因此,他们一般不存在教学时间和研究时间之间的挤压,但是仍然存在研究方向和研究领域挤压的问题。"

因此,根据访谈结果的分析,我们可以更加清楚地看到,在教学任务相对比较繁重的院系,教师的教学、研究与社会服务三种学术工作和身份之间,教师的取舍是非常痛苦和纠结的,特别是处于晋升序列中的教师更加难以抉择,唯一可以选择的解决策略只剩下了压缩相对不太重要的工作的时间,例如他们提到的备课时间。双一流建设的背景下,教师的科研压力较之前已经有了较大幅度的增加,这一问题我们将在后面的部分重点介绍。

第三,不同类型教师的三种工作时间的冲突和表现差别巨大,并且应对冲突的方式也有不同。

首先是年龄相对较大、没有晋升压力的教师,教学、研究和社会服务工作的时间冲突较少,且矛盾相对容易化解,学术身份也开始转向了社会活动家或者课题申报专家。例如本次访谈的唯一一位长江学者 S1 就提到:"在三种工作中的时间分配方面,我的时间分配比较均匀,目前看呢,科研的时间和社会服务的时间要占大头,教学时间少,原因是我们没有本科生,我们这个专业只有硕士和博士,相对呢,课就少一点,那两个工作(科研和社会服务)的时间就多一点。所谓社会服务呢,就是外面兼职,比如在一些西部院校和内蒙古的一些大学。"另一位教授身份的教师的情况也比较有代表性,他是一个学院的副院长,他就提到:"时间肯定有冲突的,因为我们时间都很有限,我这个礼拜是非常忙非常忙的,乱七八糟的事情非常多。如果我说出这些事情的话,你会觉得都是一些非常皮毛的事情,但是堆积到一起又都是我必须要做的事情。比如,最近有一批福建的中学生要来 A 大学参观游学,做一个体验营的活动。怎么解决冲突,怎么说呢,也只能说自己多做一点,将效率提高一点,还有就是在选择做什么事情的时候,一般就是哪个事情更加紧迫就先做哪一个。因此,我们已经不是按照哪个重要先做哪个了,而是哪个更急迫就先做哪个了。所以这样的事还是蛮多的,干扰到我正常的教学和研究工作这样的事情还是蛮多的。"因此,担任行政职务的教师,常常需要从事更多的行政事务性工作,这些老师的学术工作时间的挤压又会非常严重,即便他是一个副院长。这位老师也提到:"比起院长,我更加看重教师和教授的身份,因为它代表了我的学术成就,或者别人更加尊重我这个教授,而不是院长。"

除了行政事务对学术时间的挤压,这位环境科学领域的教授也提到:"我这学期有两门课是从头上到尾的,都是研究生课程,本科生的课程我这学期只有一门,这门课程我只负责整个课程的设计和联络,只是承担绪论的讲授,这是这学期的课程情况。上学期呢,我也只有一门本科生的课程,也是只负责一部分内容的讲授。以前我上一门本科生的学院课,那是一门实验课,可能年轻老师时间和精力上更加充沛一些,像我们年纪大的老师带实验课就越来越吃力,所以我把那门课就交给了年轻教师来上了。另外,我目前研究的话,已经不可能去做实验了,我以前是副教授的时候自己还要穿上工作服去实验室做实验,我现在研究工作的实现都主要是通过学生完成的,我可能负责写项目,拿到项目以后通过学生去实现它,现在据我的观察,副教授亲自做科研或者去实验室做实验都是已经很少的了。我现在自从评上教授以后很少自己动手去做实验了,这个方面你交给学生去做没有问题。"这可能越来越成为了一种趋势,理工科的教师评上教授以后,或者带研究生的老师其教学时间也会越来越少,更多的教学任务由年轻教师去承担,并且他们也不会具体操作实验,这样就可以节省大部分教学和实验时间去做申请项目或者社会活动方面的学术工作了。

四、晋升和职业利益与A大学教师学术职业身份和行为选择

通过教师访谈资料整理发现,研究型大学教师学术身份选择或者认同与教师的价值观念、职业利益以及国家的政策导向都有关系。这里的价值观就是对教学、研究和社会服务工作的价值观念,职业利益主要是个人通过学术工作的实现而获得最大利益。如果从理性决策的角度讲,正如法学院的F3教授所总结的:

"我觉得一个人对这几种关系的认识呀,不仅与他的价值观念有关系,也与他的职业利益有关系,也与国家的政策导向有关系。

首先,不仅仅是与他的价值观念有关系,有时候从价值观念上讲,他对教师的教育事业是怎么去认识的,他认为大学里面的教师是以发现真理作为重要使命,那么他就会主要从事科学研究。在科学研究的基础之上,他就想我再把我的研究结果传播给更多的人,对吧,再去把研究结果告诉政府怎么去做,然后他就会把科研放在第一位。如果他是这样认识教师的,教师是国家的教育工作者,那他就会把他的教学和研究都服务于国家这个事业了。如果他认为教师就是传统的那种角色了,授业传道和解惑,那么他这样理解教师职业,那他就会把教学工作放在第一位了。

其次,如果从职业利益的角度来看,把什么工作放到第一位,是和什么工作能够最大限度地实现他的职业利益有关系,职业利益嘛就是职称更高、待遇更好、名气更大,那么对不对,你们这些方面综合来看,什么工作或活动能够促进自己综合利益的最大化,他就会把什么工作放在第一位,对不对。那么同时呢,在职业利益方面,有些人更加注重名,也有人更加注重利,那么职业利益他有不同的导向,就会有不同的取向。这样呢如果更加看重名

呢,我就会更加地服务于国家的事业,为国家提供一些政策建议,国家给我一些什么好处或头衔等,那么他就会这样去做。一个人的价值观念和职业利益往往是不同的,它的价值观念上认同的是教师,那他就应该是把传道授业解惑作为其最高的职业职责,但是如果职业利益驱使他不去这样做,他虽然价值观念上认同高校教师主要以教学为主,但是实际上他并不以教学为主,他的职业利益与他的价值观念出现了偏差。

第三个影响因素呢,我觉着是国家的政策导向,这也是一个非常重要的因素。你比如说,我们国家以前有一个高教60条,它里面就规定了,高等学校以教学为主,在这个政策导向下,大家的工作就以教学为主;后来呢《高等教育法》又强调高等学校以培养人才为主,以培养人才为主,这个含义就广了,这既与教学有关,也与研究有关,这样的表述相比以前有了很大的变化,以前以教学为主,教学与生产劳动相结合,这个关系中我们怎么去处理,以教学为主,在当时的社会条件来讲是一种先进的观念。现在你老是讲教育与生产劳动相结合,培养劳动者,服务社会,这是不行的。现在讲以培养人才为主,以培养人才、服务社会这个概念下去理解,教师就不是服务社会了,你是以培养人才为主了,培养人才就包括了以前的教学,包括了科研。现在又开始强调高等教育要为经济社会发展服务,那么这样的导向又会有很大的不同了,又开始强调培养人才和服务社会,教学研究与社会服务都会有不同的导向。

具体到不同的大学,比如研究型大学、应用型大学等,你看资源的投入与使用情况,这个资源更多地投入在教学上面,那么教学就变成了一种有利可图的事情,那么大家就会不约而同地去做教学相关的事情;如果资源更多地投入在了科研项目上面,那么大家都会去搞科研项目。你比如说评职称,评职称就是一种政策导向呀,Ａ大学变成了主要是科研,教学可有可无,教学变成了一个最低要求，谁都可以满足的，那么谁还会在意教学工作呢。

不同年龄的教师，在当时当地政策导向的影响之下，他会有自己的价值观念，有自己的认识，成为那个时代的主流人士、主流的身份认同，这样的身份认同可以实现他在当时条件下的职业利益的最大化。"

这位教授的总结比较宏观，但是为我们更好地总结了研究型大学教师学术职业身份和行为选择的基本原因。然而一些正处于职称晋升阶段的青年教师的感受就更加直接，他们是从院校政策的导向方面谈到了一些更加具体的原因。同样是法学院的青年讲师 F2，他已经度过非升即走的第一个窗口期，他的感受可能更能够代表青年教师的整体情况，他讲到：

"在目前一流大学建设的绩效为杠杆的评价模式下，大学教师的工作也已经形成了一种科研绩效杠杆为核心导向的一个生存模式了。以我们学院为例，我们学院的高级职称评价标准基本上是在双一流的背景下升级版的一个规则体系，这个标准在双一流之前和之后是不一样的，我觉得双一流之后的标准是提高了，是在对比学校的标准、国家的标准以及兄弟院校的标准的基础上新修订的升级版，这个标准更加严苛了，要求更加高了，对我的科研压力也就相应地增加了。在目前双一流建设的新的绩效为导向的评价办法下，我会减压社会服务的时间了，这是很显然的，教学和科研时间的分配方面，教学工作你可以在备课时间上有所调整，可以适当地减少。"

而另一位研究院的教师 GY1 也表达了类似的观点，

"如果你要问我的学术身份认同或者工作选择是什么？我会毫不犹豫地告诉你，那肯定是科研，因为目前的科研生产体系里，科研是考核你最重要的指标和内容。你要评职称，你要升职，最主要的还是通过你的科研，跟教学其实没有很大的关系，教学对晋升职称的影响基本上是零。所以我目前的工作重心或者说更倾向于做科研或者保持研究者的身份，因为在目前的评价体系下，个人的选择是被体制给建构的。"

关于这个问题，其他一些已经晋升为教授的教师也提到，现在的年轻教师面临着更大的考核与晋升的压力，这些压力很大程度上来自科研方面的压力，政策的导向作用十分明显，毕竟年轻教师首先解决的问题就是生存的问题，在此基础上才能谈更加高远的学术理想和信念。

通过对 A 大学教师学术职业工作身份认知与工作选择的质性分析，我们可以得出以下结论：首先，研究型大学教师学术工作与学术身份具有统一性的特点，其中学术工作的统一性充分体现在以研究工作为中心的相互促进关系里，学术职业身份则体现为教师、研究者与社会服务者为一体的学术身份集合体。其次，三种工作为一体的学术身份的冲突集中表现在工作时间的冲突上，且不同学科、年龄或职称的教师之间的冲突形式和应对冲突的方式具有较大的差异。第三，研究型大学教师学术身份与行为选择的影响因素主要有教师的价值观念、职业利益以及国家和院校的政策导向，其中最重要的是教师的职业利益，其次是院校的晋升政策。

第四节　A 大学教师教学和研究工作的选择

教师还是学者，这是研究型大学教师身份的核心体现。从理论上讲，这是一个相辅相成的身份综合体，但是，在实践中研究型大学教师是教师还是学者却常常割裂为两种非此即彼的过程。虽然一些学者提出"重教学轻科研"是一个伪命题，但是大学教师工作的核心是高深知识的探究、发现和传播，教学是知识传播的主要途径,这些知识是学科发展过程中沉淀下来的基本知识技能以及学科的思维方式,需要教师结合自己的研究通过课程教学和研究项目的形式系统教授给学生,进行学科专业人才的培养或训练。因此,教学和研究有一种内在的必然联系,教学与研究在大学教师学术工作中可以实现有机地融合。

自从厄内斯特·博耶提出了"教学学术"的概念以后,全世界掀起了一场关于教学学术运动的改革,教学学术开始受到重视,并且与探究的学术、整合的学术、应用的学术并列,形成了一个完整的学术知识体系①。教学学术的价值和作用与其他三种学术同等重要。教学学术思想的提出与当下流行的"不出版就淘汰"的学术评价机制有着直接关系。虽然大家普遍认同,教学与研究的作用同等重要,但是在学术实践活动中,过分强调科研生产力和科研绩效的科研发展模式必然导致教学研究人员对科研的重视而忽视教学工作的实际成效。科学研究成果更容易通过量化的指标评价,而教学工作的目标具有较大的模糊性和滞后性,不便于通过可量化的指标评价。诸如此类的原因就导致大学更加重视科学研究的过程与结果,虽然许多高校都将教学工作视为学校发展的重中之重,但是却很难将教学工作和研究工作的成效放在一个标准下进行比较,就会很容易形成一种"重科研轻教学"的错觉。

通过对 Ａ 大学教师职业身份的调查我们已经看到,大学教师对教师和学者两种身份的认同在学术职业理想和实践中的排序是不一样的,并且在实践中将教师角色排到了第一位,这里面很重要的一个原因就是大学教师将研究工作作为教学之外的一项基本工作。因此,大学教师对教学与科研工作的重视程度是否会

---

① 侯定凯.博耶报告 20 年:教学学术的制度化进程[J].复旦教育论坛,2010,8(6):31—37。

导致"重科研轻教学"现象的发生？大学教师教学与科研工作的时间和精力的投入程度可以作为衡量大学教师对教学与科研工作重视程度的一个变量，特别是教师在可支配的时间里对教学和研究工作的时间分配。基于这样的一种认识，本节中将会继续讨论大学教师教学工作与研究工作之间的关系，所不同的是本节中将会以 A 大学"重科研轻教学"问题的描述开始，通过对教师在可自由支配的时间里教学与研究工作中时间和精力分配情况的调查，探究 A 大学教师对教学与科研工作关系的感知情况。

一、A 大学"重科研轻教学"现象的基本描述

关于对 A 大学"重科研轻教学"现象的描述，本研究将从教师对 A 大学在教学和研究工作方面重视程度的直观感觉和 A 大学教师评价政策两个维度进行描述。分析数据和资料包括问卷调查数据和教师访谈资料两个方面。下面对这一问题的研究结果进行呈现。

（一）A 大学对教学和科研工作的重视程度

关于 A 大学对教学和研究工作重视程度问题的研究，调查仍然是一种很老套、但比较有效的形式。在本研究中，我们的问题依旧是"您觉得下列哪一项最符合本校教学与科研关系的实际状况？"这一笼统的问题其实蕴含着学校整体和教师自身两个层面上的主观感受，虽然我们不知道教师是从大学层面上还是个人层面上回答，但是至少能够反映出教师对这一问题的态度。关于这个问题的回答，被调查的 366 名教师中有 56.8% 的教师认为"本校重科研而轻教学"，有 38.3% 的教师认为"本校教学与科研都重视"，但仅有 3.3% 的教师认为"重教学而轻科研"，只有 1.6% 的教师认为"教学与科研都不重视"，具体见表 4.4.1。从调查结果可以看到，一半以上的教师认为本校存在着"重科研而轻教学"现

象,但是也有近四成的教师认为"在本校教学和研究是一样受到重视的"。虽然我们可以看到 Ａ 大学"重科研轻教学"现象依然存在,但是并没有我们想象得那么严重。如果我们将认为"教学和研究都不重要"的教师剔除掉,再加上认为"重教学轻科研"的教师人数,我们可以看到近 40％ 的教师认为在 Ａ 大学教学和研究工作是一样被重视的,说明 Ａ 大学至少在院校层面上是将教学工作和研究工作同等重视的。通过访谈也了解到,"随着 Ａ 大学通识教育课程改革的深入推进,Ａ 大学领导和老师对教学工作的重视程度在逐渐提高,Ａ 大学对教学工作的重视程度在国内顶尖研究型大学中也是比较高的(教师 W2)。"

表 4.4.1　Ａ大学教学和科研的重视程度表

教学和科研的重视程度	人数	百分比
教学、科研同等重视	140	38.3％
重科研,轻教学	208	56.8％
重教学,轻科研	12	3.3％
教学、科研都不受重视	6	1.6％
合计	366	100％

(二)院校政策对教师教学与科研工作重视程度的影响

基于已有的文献综述,大部分研究表明院校的教师考评政策会促成教师对研究的重视和对教学的轻视。那么 Ａ 大学近年来对教学工作的重视,或者说 Ａ 大学一直就有对本科教学工作重视的文化传统,在这个过程中是否也有院校政策的影响? 基于这样的思考,本研究通过问卷调查和教师访谈资料对这个问题进行回答。

首先是 Ａ 大学近年来教师评价办法的变化。2012 年 Ａ 大学颁布了新修订的《Ａ 大学高级职务聘任实施办法》,提出"建立科学合理的学术评价体系,采用'代表性成果'评价机制,充分考虑教书育人、成果应用与转化、社会服务等多方面业绩制定综合的评价标准"[①]。代表性成果的实行可以在一定程度上使教师和同行评价者更加看重学术研究的质量和影响力,而减少教师对成果数量的追求。在一些学院,二级学院制定的高级职称教师评审学术标准中也开始将学术成果的数量减少,但对教师教学工作的评价标准更加具体化和细化了,例如管理学院就在副教授评审中要求:"每学年不低于两门课的教学工作量;主讲过 2 门以上课程,其中至少有 1 门为本科生基础课或专业基础课;最近 3 年所讲授课程的平均教学评估成绩在讲师职称教师评估成绩的 50 分位数及以上;至少协助培养过硕士生一名,取得硕士学位。[②]"从这些政策文件中我们至少可以看到大学和院系层面上教师评聘政策的改变。

结合 A 大学教师评聘政策的实际情况,为了更加清楚地反映 A 大学教师考评政策的变化,本研究中首先对 A 大学教师考评过程被越来越重视的项目情况进行了调查。通过调查发现,有 72.7% 教师认为代表性成果被越来越重视了,有 57.4% 教师认为主持完成科研项目被更加重视了,47.5% 教师认为是出版或发表的数量被更加重视了,46.4% 的教师认为获得奖励的情况被更加重视了,只有 16.9% 的教师认为教学数量和学生评教结果在教师考评中的作用被越来越重视了,具体见表 4.4.2。由此可以看出,虽然对教学的要求在评聘中越来越具体细化了,但教学也只是教师评聘的一个基础条件,要求相对较低,因此只有极少数的教师认为与教学相关的考察项目被越来越重视了。而教师评聘中还

---

① 《A 大学高级职务聘任实施办法》[EB/OL]. http://xxgk. A. edu. cn/bd/2d/c5169a48429/page. htm。

② 《A 大学管理学院高级职务评审学术评价标准》[EB/OL]. http://www. doc88. com/p-3136799485067. html。

是在强调科研产出的指标,教师科研考核中"代表作制度"被给予了更多的关注和重视,同时教师科研评价也愈发多元,除了传统的学术论文与著作外,对主持研究项目和获得各类奖励的要求也越来越高。因此,代表性成果受到教师的普遍认可,但对数量的重视依然比较严重,只是从以前对著作和论文的要求转向了对研究项目和科研奖励的级别、数量的要求。

表 4.4.2　Ａ大学教师考评中越来越被重视的项目表

项目	教学工作数量	学生评教结果	出版或发表数量	代表性成果	获得各种奖励或荣誉	主持完成研究项目	其他
人数	62	62	154	266	170	210	10
百分比	16.9%	16.9%	47.5%	72.7%	46.4%	57.4%	2.7%

目前,国内一些顶尖大学都在实行"非升即走"等更加严苛的教师聘用制度,这些高校的教师普遍反映科研压力较为繁重。在如此高压的学术环境中,教师会将更多时间和精力转向科研活动,只是将少部分时间和精力投入教学,这也会加重"重科研轻教学"现象的发生。在 Ａ 大学是不是也有这样的一些政策或压力呢? 对此我们通过教师访谈资料来回答这些问题。本次访谈的几名教师都从院校政策的角度谈到了 Ａ 大学的学术环境,他们都指出,本校的教师考核压力并不是很大,对教师考核数量和质量的要求比较适度,学术环境相对比较宽松,而这种相对宽松的学术环境并没有导致 Ａ 大学学术水平和产出数量的减少。

例如一位外文学院从事公共外语教学的教师 W1 就提到:"整个学校的情况我不太清楚,但是外文学院对质量的要求不是太高,但你必须有产出,三年写一篇论文总该可以吧。数量还是要的,但是弱化了数量的要求,质量的要求在提高……数量上并不做死板的规定。"

　　W1 是一位参加工作 7 年的青年教师,为了验证他所描述的现象的代表性,我们又访谈了一位化学系从事先进材料研究工作 16 年的中年教师 H1,这位老师讲到:"关于绩效考核,对于 A 大学的话,考核办法与前面的办法已经有所不同了,就是说,考核主要是根据绩效确定奖励的多少,就是绩效奖励制度,⋯⋯我自己觉得对我来说压力是比较轻的,你做出的工作成绩多的话,你的奖励就会多一些,不大会影响你的基本收入。前几年的话,教学不够的话还要扣,这两年是扣了,科研也一样。所以相对来讲的话,考核的压力是降低了,它是一个奖励,是一个增加值。⋯⋯目前是一种奖励性的绩效制度,而不是一种惩罚式的办法。"

　　H1 教师是一位教授,38 岁的时候评上了教授,并且学缘关系较为简单,从 A 大学读完了本科、硕士、博士,之后留校任教,也没有在国外做博士后,他的成长能够代表大多数理工科教师的看法,他谈到:"理工科的学科特点决定了他们大都具有明确的学术目标和研究方向,主要坚持做研究就会有相应的成果,评职称或绩效考核也就变成水到渠成的事情了,⋯⋯理工科有一个相对国际化的学术认可标准,只要你的研究具有一定的创新性,就会被同行认可,不需要过分关注学术以外的因素。"

　　为了能够将变化的时间拉得更加长一点,能够更加直观地看到教师考核的变化情况,笔者还访谈到了一位已经退休的老教师 W2,(老师 1954 年出生,2016 年退休后现被返聘,退休前副教授),他也是一位文科教师,他提到:"我的感觉呢,现在年轻人的压力还是挺大的,时间比较短(考核周期),我们那个时候时间比较长嘛,你(考核时间)达标了,晋升也就差不多啦。⋯⋯刚开始教学的时候我也还是一个孩子,对教学非常感兴趣,特别是看到学生的变化以后,起初并没有感受到什么压力。后来,开始有点压力啦,学术的压力,升职称。⋯⋯不过我们那个时候时间比较长(评职称或考核的时间周期),我们现在招进来的博士,不管你是海归还是非海归,签个合同六年,你不升就走,六年里头必须升到副教授,合同上明文写好的,光这个压力就比较大了。按照外文学院升副教授的条件,专著1本、核心刊物5—6篇,那就是平均每年就得至少发一篇,而且是核心刊物,一般刊物是不记上去的,这个压力还是蛮大的。我们那时候还好一点,时间可以比较长一点。比如我自己,讲师35岁那年才评上,因为我们做了好几年助教,等到快十年以后才升到了副教授,……那时候也不像现在这样,要求专著、国家级刊物上发表多少文章呀之类的……那个时候相对宽松的考核环境也是少有的,仅从教学和研究琐事干扰的角度讲,那是一个相对自由的时期。"

W2老师讲得比较轻松,但也能看到我国研究型大学学术职业变化的一些特点。从上述访谈资料中我们也可以看到,几位老师在谈到自己的工作时,都在谈论研究工作的变化,而对教师考核都只提到科研的变化,很少讲到教学工作在教师考核中的明确规定,即便是W2所指的"那个学术考核环境相对宽松的时期",研究也是教师考评的重点工作。

因此,无论从定量的统计还是定性的描述,我们都可以看出我国研究型大学对科研和教学重视的部分原因。虽然近年来院校的教师晋升与评价政策有所转变,已经在弱化科研中论文数量的要求,但是与教学相关的指标仍然没有受到足够的重视,或者涉及较少。同时,A大学的学术制度环境相对比较宽松,并没有严格的"非升即走"或者惩罚式的绩效考核办法,但是这些指标仍然表现在科研领域,对教学的重视程度完全处于教师的偏好及"良心"方面。院校政策在教师对教学和研究的重视程度方面仍然具有较大的形塑作用。

二、A 大学教师教学和研究工作的兴趣与时间分配情况

学术职业身份、角色的认知与教师的工作兴趣有着直接的关系,同时也是教师身份的直接体现。在对 A 大学教学与研究工作的重视程度的调查与分析中,笔者可以清楚地看到"重科研轻教学"现象在 A 大学还是存在的,只是相对于其他高校的严重程度较低而已。为了从更加微观的视角研究这一问题,本研究对 A 大学教师对教学和研究工作的兴趣、教师可以自由支配的时间里教学与研究工作时间的分配情况进行了调查研究

（一）A 大学教师教学和研究工作兴趣的基本情况

大学教师关于教学和研究以及社会服务性工作的偏好也会影响大学教师的学术职业行为的选择。在对 A 大学教师教学与研究工作兴趣的调查中,由于工作职责所在,单纯对教学感兴趣或是对研究感兴趣的教师人数都非常少,分别只占样本总数的 3.8％和 11.5％,而 84.7％教师对教学和研究都感兴趣,在这些教师中,有的人更加偏向于教学,也有的教师更加偏向于研究。调查中,有 59％的教师对教学和研究都感兴趣,但对研究更感兴趣;而 25.7％的教师对教学和研究都感兴趣,但对教学更感兴趣。虽然教学和研究都有吸引他们的成分,但是显然研究对他们的吸引力更大,这种吸引力可能是他们真的喜欢探究学问,也可能是研究能够带来更多的副产品,这会吸引教师的关注。无论作何解释,可以直观地看到,对教学感兴趣的教师合起来也只有 29.5％,而剩下的 70.5％的教师对研究相对更感兴趣,具体情况见表 4.4.3。

根据 A 大学教师岗位聘用办法的规定,教学研究人员岗位性质划分为教学为主型、研究为主型、研究型三种,教师岗位聘用中教师根据自身的特点和工作性质选择岗位类别。在调查的教师中,教学为主型教师 82 人,占 22.4％,研究为主型教师 268 人,占

73.2%,单纯研究型教师 16 人,占 4.4%。不同岗位类别在教师
评聘中有不同的教学和研究标准、条件。但是在调查中我们也发
现,相同岗位类别的教师,其工作的兴趣也会有一定的差异,例如
教学为主型的 82 名教师中也有 17.1%的教师对研究工作更感兴
趣;在研究为主型的 268 位教师中也还是有 14.1%的教师对教学
更感兴趣,具体情况见表 4.4.3。

表 4.4.3　不同岗位类别的教师工作兴趣情况表

项目	主要兴趣为教学		教学与研究都有兴趣,但对教学更感兴趣		主要兴趣为研究		教学与研究都有兴趣,但对研究更感兴趣		合计	
教学为主型	6	12.2%	58	70.7%	0	0.0%	14	17.1%	82	100.0%
研究为主型	2	0.7%	36	13.4%	32	11.9%	198	73.9%	268	100.0%
研究型	2	12.5%	0	0.0%	10	62.5%	4	25.0%	16	100.0%
合计	14	3.8%	94	25.7%	42	11.5%	216	59.0%	366	100.0%

　　综合上述调查与分析的情况,我们可以看出,从研究型大学
教学研究工作兴趣出发,教师普遍的兴趣还是集中在研究领域,
只有极少数的教师单纯对教学感兴趣,或者对教学研究都感兴趣
的同时更加对教学感兴趣。在区别了不同岗位性质的教师以后,
教学为主型教师中也有部分教师的兴趣仍然为研究。因此,从教
师情感的角度来讲,教师个人也还是倾向于选择研究工作。可能
原因是多样的,但是事实已经很清楚了,研究型大学教师还是认
同和倾向于研究者的身份和角色。

（二）A 大学教师教学和研究工作时间的分配情况

　　研究型大学教师教学、研究与社会服务工作时间和可以自由
支配的时间两个指标是衡量教师工作任务分配的现状,也能从另

一个角度反映大学教师对教学、研究和社会服务三种工作的重视程度。第一个指标中教师工作时间分配具有更多的强制性,也是教师绩效考核中规定的最低标准,例如教学工作中各级岗位都有承担本科生教学的最低工作量,科研必须达到的指标要求等。教师只有完成了岗位需要的工作量才可以保障正常聘用,这一指标也反映了教师工作的实际状态。教师在可以自由支配的时间里,工作的选择则是根据自己的兴趣偏好选择工作,这样的工作相对具有自主性。因此,本研究通过对教师在强制和自由两种状态下教学、研究及其他工作差异的比较,更加清楚地反映研究型大学教师学术行为选择问题。

1. 实际工作中,Ａ大学教师教学和研究时间占工作时间的比例情况

在对教师工作中教学时间所占比例的调查中,Ａ大学教师中有21.9%的教师在教学中花费的时间占全部工作时间的20%及以下,有45.4%的教师在教学中花费的时间占工作时间的20%—40%之间,有22.1%的教师在教学中花费的时间占工作时间的40%—60%,没有教师的教学时间占工作时间的比例超过60%,具体见表4.4.4。整体而言,有67.3%的教师教学时间占工作时间的40%以下,说明在Ａ大学大部分教师的工作时间中,教学时间更接近于20%—40%的比例区间。仅从时间分配情况看,教师的教学时间只占全部工作时间的40%以下,教师的教学负担相对减轻。

在对教师工作中科研时间所占比例的调查中,Ａ大学教师中7.1%的教师研究时间占工作时间的20%以下,有32.3%的教师科研时间占工作时间的20%—40%之间,有34.4%的教师科研工作花费时间占全部工作时间的比例为41%—60%,仍然没有教师的科研时间超过工作时间的60%以上,具体见表4.4.4。说明教师科研时间占工作时间的比例主要集中在20%—40%与

41％—60％两个区间,并且教师花费在科研上的时间占工作时间的比例在 40％—60％之间的比例明显地超过教学时间在这个区间人数比例。

在对教师工作中社会服务工作时间所占比例的调查中,教师参与此类工作的时间极为有限,结果显示有 62.3％的教师只有 20％以下的时间用于此项工作。除了个人的偏好和学科差异之外,由于教学和研究时间已经占用了 80％左右的工作时间(具体见表 4.4.4),因此,社会服务性工作花费的时间就较少了。

因此,我们从教师必须分配给教学、研究和社会服务型工作的时间情况的调查中可以初步看到,Ａ大学教师科研时间仍然是教师工作时间的主要部分;其次是教学时间,教学时间只占教师工作的 40％及以下的时间;社会服务工作与教学工作和科研工作有时都有重叠,它是教师利用自己的专业知识和技能为政府、企业或社会提供一些必要的支持或帮助以及决策咨询与服务性质的活动,有些学科提供政策咨询服务,有些学科提供课程培训与辅导,有些学科则提供技术和产品服务等。

2. 自主支配时间里,Ａ大学教师教学、研究和社会服务工作时间分配情况

为了更好地反映研究型大学教师教学、科研与社会服务性工作的行为偏好和选择情况,本研究在教师可以自主支配和使用的时间里,对教师教学、研究和社会服务工作时间的分配情况进行了调查。调查发现所反映情况与教师在目前工作中实际花费的时间比例大致相同。

首先,在教师自由支配的时间里,将时间分配给教学工作的教师主要集中在 20％以下和 20％—40％两个区间,这两个区间的人数比例一样,都是 39.2％,共计 78.4％,这说明教师倾向于将可以自主支配的时间分配给教学的教师仍然集中在 40％以下,具体见表 4.4.4。

表 4.3.4　Ａ大学教师目前工作时间和可以自由支配的时间中工作时间分配表

目前工作时间分配	20%以下		20—40%		41—60%		61—80%		81—100%		总计	
	人数	百分比	人数	百分比	人数	百分比	人数	百分比	人数	百分比	人数	百分比
教学时间	80	21.9	166	45.4	82	22.4	34	9.3	4	1.1	366	100
研究时间	26	7.1	108	32.2	126	34.4	68	18.6	28	7.7	366	100
社会服务时间	228	62.3	110	30.1	14	3.8	14	3.8	0	0	366	100

可自由支配时间分配	20%以下		20%—40%		41%—60%		61%—80%		81%—100%		总计	
	人数	百分比	人数	百分比	人数	百分比	人数	百分比	人数	百分比	人数	百分比
教学时间	144	39.3	144	39.3	60	16.4	12	3.3	6	1.6	366	100
研究时间	18	4.9	90	24.6	136	37.2	86	23.5	36	9.8	366	100
社会服务时间	240	65.6	104	28.4	22	6.0	0	0	0	0	366	100

其次,在自由支配的时间中,有 37.2% 的教师倾向于将 41%—60% 的时间给研究工作,有 24.6% 教师分配 20%—40% 的时间给研究工作,有 23.5% 的教师分配 61%—80% 的时间给研究工作。因此,教师将可以自主支配的时间更多地分配给了科研工作,且这一比例接近一半。同样,只有很少的教师将时间分配给社会服务性工作,具体见表 4.4.4。

通过上述调查我们可以看到,不论是教师实际工作中花费的时间,还是教师可以支配的时间,A 大学教师实际花费的时间和可以支配时间的分配都会向研究工作倾斜,且在花费时间和分配时间比例较高的区间内,选择用于研究工作的人数比例也高于其他两项工作。

（三）A 大学不同岗位类别的教师教学和研究时间分配情况比较

研究型大学教师的学术职业期望和行动的轨迹之间是否存在差异? 如果存在,那么原因主要有哪些? 我们初步假定职业期望和行为轨迹之间有着密切的联系。在本次调查的教师中,教学为主型教师为 41 位,占被调查教师的 22.4%,研究型教师只有 8 人,占 4.4%,而 73.2% 的教师都属于研究为主型教师。在这里 A 大学教师岗位类别是基于教师从事工作的性质和工作偏好由教师自主选择的,但是教师只能选择一种岗位身份。因此,职业期望可以用岗位类别指代,行动轨迹则可以通过可以自由支配的时间测量。我们将进一步去验证,教学型教师或教学为主型教师是否更加倾向于将自己自主支配的时间分配给教学工作? 研究型教师或研究为主型教师会将自主支配的时间更多地分配给研究工作吗?

1. 不同岗位教师在实际工作时间中,教学和研究工作时间分配情况

在对不同岗位类别的教师用于教学和研究工作中的时间分

配情况比较中,可以看出:教学为主型教师实际工作中,用于教学工作的时间分布相对比较分散,有36.3％的教师教学时间占全部工作时间的41％—60％,有29.3％的教师为61％—80％;而他们用于科研时间的比例主要集中在20％—40％的区间,并且有93.3％的教师用于研究的时间占全部时间的60％以下,具体见表4.4.5。

研究为主型教师在实际工作中,他们用于教学的时间主要集中在60％以下,并且有52.2％的教师用于教学的时间占全部工作时间的比例介于20％—40％之间;而他们用于研究工作的时间也比较分散,有39.6％的研究为主型教师用于研究的时间位于41％—60％之间,具体见表4.4.5、图4.4.1和图4.4.2。

从上述比较中我们可以看出,教学为主型教师用于教学的时间和研究为主型教师用于研究的时间都比较分散,说明不同岗位类别教师的工作时间分配与岗位性质具有较强的相关性。但在各个岗位类别内部,教师用于教学或研究的时间具有较大的自主性。同时,教学为主型教师用于教学的时间明显高于研究为主型教师用于教学的时间;而在研究时间方面,研究为主型教师用于研究的时间明显高于教学为主型教师用于研究的时间。

表 4.4.5　不同岗位教师工作时间分配情况表

时间分配情况		20％以下	20％—40％	41％—60％	61％—80％	81％—100％	总计
目前工作用于教学时间	教学为主型	4.9％	24.4％	36.6％	29.3％	4.9％	100.0％
	科研为主型	25.4％	52.2％	18.7％	3.7％	0.0％	100.0％
目前工作用于研究时间	教学为主型	19.5％	58.5％	17.1％	0.0％	4.9％	100.0％
	科研为主型	3.7％	24.6％	39.6％	25.4％	6.7％	100.0％

续　表

时间分配情况		20%以下	20%—40%	41%—60%	61%—80%	81%—100%	总计
自由支配时间用于教学时间	教学为主型	19.5%	39.0%	24.4%	9.8%	7.3%	100.0%
	科研为主型	44.0%	40.3%	14.2%	1.5%	0.0%	100.0%
自由支配时间用于研究时间	教学为主型	12.2%	41.5%	41.5%	2.4%	2.4%	100.0%
	科研为主型	3.0%	20.1%	37.3%	29.1%	10.4%	100.0%

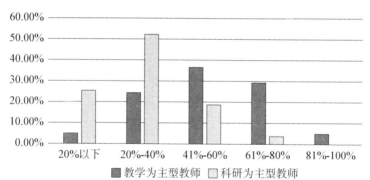

图4.4.1　不同岗位教师在目前工作中用于教学时间情况比较图

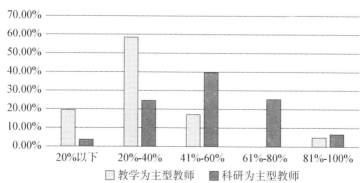

图4.4.2　不同岗位教师在目前工作中用于研究的时间情况比较图

2. 在不同岗位教师的自主支配时间中,在教学和研究工作中的时间分配情况

在对研究型大学不同岗位类别的教师在自由支配的时间里,用于教学和研究工作中的时间分配情况的比较中,教师用于教学工作的时间都比较少,其中教学为主型教师主要集中在 60% 以下三个区间里,并且更多的教师集中在 20%—40% 的区间内;但是研究为主型教师的教学时间主要集中在 40% 以下两个区间里,占研究为主型教师的 84.3%。

在可以自由支配的时间里,两类教师用于科学研究的时间如下:教学为主型教师主要集中在 60% 以下,而研究为主型教师主要集中在 20%—80% 之间,并且更加集中在 40%—80% 之间。

同时,教学为主型教师在可以自由支配的时间里,用于教学和研究的时间也具有明显的差异,在可以自由支配的时间中,教师分配给用于教学和研究的时间都集中在 20%—60% 的区间,但是在可以自由选择与支配的时间里,有更多的教师选择将时间分配于研究工作中,例如在自由支配的时间中,有 63.3% 的教师用于教学的时间为 20%—60% 之间,但却有 83% 的教师选择将时间分配于研究工作,这一比例比分配于教学时间集中于 20%—60% 区间的教师的比例高出了近 20%。

而科研为主型教师在自由支配的时间里有大部分教师将 20%—60% 的时间分配于教学工作,但是科研时间的分配却比较分散,但是相对更多的教师将分配 40%—60% 的时间给研究时间。具体见表 4.4.5、图 4.4.3 和图 4.4.4。

三、A 大学教师教学和研究工作选择情况调查的基本结论

(一) A 大学"重科研轻教学"现象调查的结论

首先,虽然在 A 大学"重科研轻教学"的现象依然存在,但这

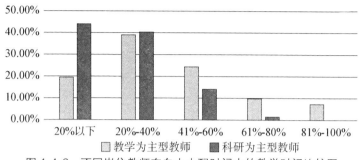

图4.4.3　不同岗位教师在自由支配时间中的教学时间比较图

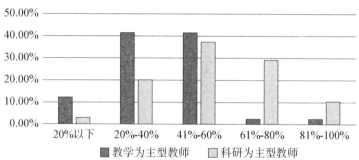

图4.4.4　不同岗位教师自由支配时间中的研究时间比较图

种现象并不严重；

其次，Ａ大学学术环境相对比较宽松，但在教师对教学和研究工作的重视方面，院校政策仍然具有较大的形塑作用。

（二）Ａ大学教师教学和研究工作兴趣与时间分配情况的结论

1. 虽然教学工作和研究工作对教师都有吸引力，但是研究对教师的吸引力更大，在区别了岗位类别后，教学为主型教师仍然对研究工作更感兴趣。

2. 教师教学和研究工作的时间分配：首先，在Ａ大学教师的实际工作时间分配中，大部分教师用于教学工作的时间主要集中在 40％以下的两个区间里,用于研究工作的时间却主要集中在 40％以上的几个区间,用于社会服务工作的时间非常少。因此, 教师实际工作中用于科研工作的时间更多。其次,在 A 大学教师 可以自主支配的时间里,大部分教师分配给教学工作的时间主要 集中在 40％以下的两个区间,分配给研究工作的时间主要集中在 41％—60％区间。因此,教师将可以自主支配的时间更多地分配 给了科研工作,其次才是教学工作,教师分配给社会服务性工作 的时间更少。

3. A 大学不同岗位类别的教师在教学和研究工作时间分配 方面,首先,不同岗位类别的教师在实际工作中,用于教学和研究 工作的时间与岗位性质基本一致,教学为主型教师用于教学的时 间高于研究为主型教师,研究为主型教师用于研究的时间高于教 学为主型教师。其次,在不同岗位类型教师自主支配的时间中, 研究为主型教师用于教学工作的时间要低于教学为主型教师用 于教学工作的时间。在可以自由支配的时间里,教师用于科研工 作的时间方面,研究为主型教师用于科研工作的时间整体上要高 于教学为主型教师。

第五节　A 大学教师学术职业选择情况

通过前面的调查和分析我们已经明确研究型大学教师学 术工作的基本现状,大学教师的工作兴趣、实际工作的时间和 精力投入以及教师可以自由选择的时间中工作选择的倾向性 的特点,科研工作俨然已经成为大学教师工作的中心和焦点, 而教学工作更多地只是为了完成绩效考核的要求。虽然从国 家层面和院校层面上都在强调本科教学的重要性,教师也比较 认同本科教学的基础性地位和重要性,但是以研究为核心的价值信仰已经深深扎根于教师的心中。即便是研究型大学不断提出教师管理的分类管理策略,设置了教学型岗位,但是教学型教师的比例也是非常低的。在调查中,教学为主型教师为41位,只占被调查教师的22.4％,研究型教师只有8人,占4.4％,而73.2％的教师都属于研究为主型教师,具体情况见表4.5.1。在这里,Ａ大学教师岗位类属是基于教师从事工作的性质和工作偏好,是教师自主选择的岗位类别,并只能选择一种岗位身份,因此,教师岗位类别从一定程度上反映出教师对未来从事教学与研究工作的一种基本的预期和设想,即学术职业期望。

表 4.5.1　样本教师岗位分布情况表

岗位类别	人数	百分比
教学为主型	82	22.4
研究为主性	168	73.2
研究型	16	4.4
合计	366	100.0

　　职业期望是从业人员对自己想要从事什么样的职业,以及通过这一职业实现某种目标或达到什么样的生活状态的一种预期,也就是对自己想要过一种什么样的生活的一种预期和设想。职业期望首先是从自己选择职业的原因以及什么样的工作单位和组织开始的。因此,在对研究型大学教师学术职业选择问题的研究中,首先对大学教师选择学术职业的原因和教师选择目前工作单位的原因两个方面,来说明研究型大学教师学术职业选择以及学术职业期望的独特性。

一、Ａ大学教师选择从事学术职业的原因

在对研究型大学教师选择学术职业的原因的调查中,当问到"您为什么选择学术职业或大学教师职业"的时候,样本教师的回答根据每个选项人数和百分比进行了排序,教师的回答排在前三位的依次为工作独立自主(75.4％)、能够探究自己喜欢的学问(72.1％)、喜欢大学教师的生活方式(66.7％),并且选择这三个原因的教师人数都超过了66％以上,说明大学教师选择学术职业的原因主要集中在教师比较喜欢大学相对宽松和自主的工作和生活方式。除此之外,其他五个原因的人数相对都比较少,都低于30％,例如工作能够影响他人或社会,工作稳定、收入高,社会地位高等,具体见表4.5.2。

因此,如果我们将研究型大学教师看作知识型员工或者高级知识分子,他们的职业选择更加关注的是学术职业的学术性和工作的独立自主性,并且更加看重大学教师的生活方式。从学术职业物质性与学术性之双重属性角度看,研究型大学教师更加关注其学术性的特质,并不一定在乎其物质性,这可能与我国研究型大学普遍具有较好的工作环境和物质待遇有关,研究型大学教师并不太担心物质和生存的困境。

教师选择大学职业的原因可能会受到教师年龄的影响,由于此题为多选题,因此通过对八种主要的原因进行了年龄阶段的排序,并对每个题项分年龄进行了对比分析,由于30岁以下样本教师只有一名,因此,我们也把他划入30岁—40岁年龄组,统称为40岁及以下年龄组。通过比较我们可以看出:

在选择学术职业时,认为大学教师职业工作稳定,收入有保障的原因方面,51岁—60岁年龄组的教师比例最高,达到了40％,其次是41岁—50岁年龄组,为39.2％,接下来是40岁以下组和60岁以上组。

4.5.2　Ａ大学教师选择学术职业原因排序表

项目	工作独立自主	能够探究自己喜欢的学问	喜欢大学教师的生活方式	能够影响他人或改变社会	工作稳定，收入有保障	社会地位高	与其他职业相比更了解大学	受到重要他人的影响	其他
人数	276	274	244	108	108	90	70	10	14
百分比	75.4%	72.1%	66.7%	29.0%	29.0%	24.6%	19.1%	2.7%	3.8%

　　在选择学术职业时,认为大学教师职业社会地位高的题项上,51 岁—60 岁组的教师比例最高,为 28%,其次是 40 岁以下组,为 25%。

　　在选择学术职业时,认为大学教师社会地位高的教师的总体比例都比较低,差别并不明显。

　　在选择学术职业时,认为大学教师工作独立自主而选择大学教师职业的题项上,40 岁以下组的教师的比例最高,为 82.4%,其次是 51 岁—60 岁年龄组,接着是 41 岁—50 岁组,60 岁年龄组的教师比例最低,也达到了 53.3%。

　　在选择学术职业时,认为大学教师职业能够影响他人或社会的选项上,教师回答的比例也不太高,但是比例最高的是 61 岁以上年龄组,为 40%,其次是 30 岁—40 岁年龄组,剩下的两个年龄组的比例较低。

　　在选择学术职业时,喜欢大学教师的生活方式的选项上,61 岁以上组的比例最高,为 73.3%,其次是 40 岁以下年龄组,为 69.1%,接着是 51 岁—60 岁年龄组和 41 岁—50 岁年龄组。

　　在选择学术职业时,能够探究自己喜欢的学问的选项上,教师的回答比例都比较高,且比例最高的是 61 岁以上年龄组,为 86.7%,其次是 40 岁以下年龄组,为 73.5%,接着是 51 岁—60 岁年龄组和 41 岁—50 岁年龄组。

　　在选择学术职业时,与其他职业相比更了解大学因此选择从事学术职业的题项上,教师的回答的比例都比较低,但是相对而言 41 岁—50 岁年龄组的教师的比例最高,为 27%,其次是 61 岁以上组的教师,接着是 30 岁—40 岁年龄组和 51 岁—60 岁年龄组的教师。

　　在选择学术职业时,受到重要他人影响的题项上,只有 30 岁—40 岁组和 41 岁--50 岁组的教师有选择,其他组的教师都没有选择。

从以上比较可以看出,40 岁以下年龄组的教师与其他年龄组的教师相比,更加倾向于大学教师职业工作独立自主、喜欢大学教师的工作方式以及能够探究自己喜欢的学问和受到重要他人的影响;41 岁—50 岁年龄组的教师与其他年龄组的教师相比,更加倾向于工作有稳定收入、有保障,与其他职业相比更加了解大学;51 岁—60 岁年龄组的教师相对而言更加倾向于工作稳定、收入有保障,社会地位高和工作独立自主;61 岁以上年龄组相对更加倾向于大学教师职业能够影响他人和改变社会、喜欢大学教师的生活方式、能够探究自己喜欢的学问以及与其他职业相比更加了解大学,具体情况见表 4.5.3。

表 4.5.3　不同年龄阶段教师选择学术职业各原因的排序情况表

选择学术职业的原因	40 岁及以下组	41 岁—50 岁	51 岁—60 岁	61 岁以上
工作稳定,收入有保障	17.6%	39.2%	40.0%	13.3%
社会地位高	25.0%	23.0%	28.0%	20.0%
工作独立自主	82.4%	74.3%	76.0%	53.3%
能够影响他人或改变社会	30.9%	23.0%	32.0%	40.0%
喜欢大学教师的生活方式	69.1%	63.5%	68.0%	73.3%
能够探究自己喜欢的学问	73.5%	67.6%	72.0%	86.7%
与其他职业相比,更了解大学	13.2%	27.0%	12.0%	20.0%
受到重要他人的影响	4.4%	2.7%	0.0%	0.0%
其他	4.4%	5.4%	0.0%	0.0%

注:30 岁以下组只有 2 位教师,因此合并到了 30—40 岁年龄组,统称为 40 岁以下组。

因此,相对来讲,40 岁以下的青年教师更多关注的是从事学术职业能够实现自己的学术理想和学问追求,41 岁—60 岁组的中年教师相对于 60 岁以上的教师则比较关注探究学问、比较喜欢大学的生活方式以及能够影响和改变社会。这样的差异一方面表现了在特定历史阶段大学教师选择从事学术职业的原因的时代特点,但是从另一方面我们也可以看出,伴随着从事学术工作的经历和体验的增加,教师对大学教师这一学术职业工作的价值和看法也在转变。

二、A 大学教师选择目前工作单位的原因

大学教师的学术职业选择问题方面,除了研究 A 大学教师学术职业选择的原因以外,还涉及教师选择目前工作单位的原因。由于 A 大学国家影响力近年来持续稳定提升,在几大世界一流大学排名、学术水平排名以及学科排名中也都有不错的表现,A 大学在国内和国际高等教育市场中享有良好的声誉。在前面的调查中教师普遍反映 A 大学学术环境相对比较宽松,有利于教师的职业发展。同时,该大学地处中国华东地区,所在城市的经济文化水平处于全国前列,能够为教师提供较好的人居环境。那么,教师选择 A 大学工作的原因是不是因为以上这些原因呢? 或者教师更加看重 A 大学哪些因素? 因此,在本研究中笔者又对 A 大学教师选择 A 大学工作的主要原因进行了调查,我们设计了大学的声誉、大学所在的城市、大学学术环境、所在学科的影响力、大学与学科的发展潜力、大学的薪酬待遇、有过该大学学习的经历、有熟人引荐八个可能的原因供教师选择,通过教师选择原因的排序对 A 大学教师选择该大学的主要原因进行了总结。

通过调查发现,有 72.1％的教师认为选择该大学工作是因

为该大学的学术声誉,有 59.6% 的教师是因为大学所在的城市,48.6% 的教师更加看重该大学的学术环境,也有 45.9% 的教师是比较看重所在学科的影响力,有 41% 的教师选择该大学是因为有过在该大学学习的经历,26.9% 的教师更加看重大学和学科的发展潜力,只有 1.6% 的教师比较看重该大学的薪酬待遇,具体见表 4.5.4。由此可见,教师选择 A 大学的原因首先是因为该大学的学术声誉和大学所在城市的人居环境,选择这两个原因的人数排在所有原因的前两位;教师选择该大学工作也比较重视该大学的学术环境、所在学科的影响力以及在该大学学习的经历等;而该大学的薪酬待遇在所有原因中排最后,并很少被教师看重,可能的原因有两个,一是该大学的薪酬待遇本身就不高,二是大学教师的职业发展更加强调内在的职业发展空间和机会。

　　除此之外,调查中我们也可以看到,教师选择 A 大学工作的原因中,有 41% 的教师是因为有在该大学学习的经历,由于他们更加了解该大学的基本情况,如果进入该大学工作可以尽快适应那里的工作生活方式和人际关系。学缘关系指教师在取得学士、硕士、博士学位以及做博士后的过程中,在现工作大学学习或研究的次数。在对 A 大学教师学缘关系的调查中,调查发现在被调查教师中,除了 38.8% 的教师学习经历与 A 大学没有关系,其余 61.2% 的教师都有过在 A 大学学习的经历,这一比例非常高,并且有 48.6% 的教师在 A 大学学习过 1—2 次,12.6% 的教师在 A 大学学习过 3 次及以上,具体表 4.5.5。由于 A 大学教师大部分有在这里学习的经历,因此,在他们选择工作单位时有 41% 的教师首选这里,当他们选择在这里工作时,也能得到熟人的引荐(13.7%)。

表 4.5.4 A 大学教师选择目前工作单位的原因情况表

原因	大学的声誉	大学所在城市	大学的学术环境	所在学科的影响力	有过该大学学习的经历	大学与学科的发展潜力	有熟人引荐	大学的薪酬待遇	其他
人数	264	218	178	168	150	98	50	6	8
百分比	72.1%	59.6%	48.6%	45.9%	41.0%	26.8%	13.7%	1.6%	2.2%

表 4.5.5　A大学教师学缘关系情况表

学缘关系	没有	1 次	2 次	3 次	4 次	合计
人数	142	90	88	42	4	366
百分比	38.8%	24.6%	24.0%	11.5%	1.1%	100.0%

三、A大学教师的离职倾向

离职倾向基本能够反映学术职业吸引力以及目前机构与组织的吸引力。在调查中，当被问到"如果有再次选择的机会，您将会怎样选择自己的职业"时，教师的回答是这样的：有 65.6% 的教师选择再次留在本校，从事本岗位的教学研究工作；有离职倾向的教师共计 34.4%，其中 18.6% 的教师将会继续选择从事大学教师职业，但是会选择去其他学校任教从而离开本校，也有 15.8% 的教师将会考虑离开大学去其他机构工作，具体见表 4.5.6。由此说明，大部分教师没有离职倾向，选择继续在本校工作，A大学仍然具有较强的学术吸引力；另外，学术职业的吸引力依然较强，只有 15.8% 的教师有离开大学去其他机构工作的想法。

表 4.5.6　A大学教师离职倾向调查表

离职倾向	继续选择留在本校本岗	继续选择大学教师，但去其他学校任教	将会选择去大学以外的机构工作	合计
人数	240	68	58	366
百分比	65.6%	18.6%	15.8%	100.0%

离职倾向只是大学教师学术职业选择的一种直观表现，为什么有些教师选择继续留在本校工作，有的教师则会选择离开这里，甚至离开大学去其他机构工作？对于这个问题的继续探讨，本研究将会在下一章中通过 A大学学术职业环境的调查，回答这

一问题。

四、A 大学教师学术职业选择情况的基本结论

通过本节的调查我们发现,研究型大学教师选择学术职业的原因主要是大学工作的独立自主性、喜欢探究自己喜欢的学问、大学教师的生活方式以及对他们有重要影响的他人,而对物质方面的追求并不是太强烈。在选择工作单位时他们会更加看重大学的声誉、大学的学术环境与学科的影响力,当然也会更加看重大学所在的城市。由此,我们也可以更加清楚地看到,作为高级学者的研究型大学教师,他们在学术职业选择时更加看重专业的自主性、学术机构的影响力以及良好的学术环境。

第五章　A大学教师学术职业环境感知的实证研究

　　我国研究型大学教师关于教学与科研之间关系的认识和理解情况,我们从学术职业身份这一基本问题开始。研究型大学认为研究者和教师都是大学教师主要承担和履行的基本身份,但是他们更加认同作为研究者或学者的身份。基于职业身份认同的差异,在具体学术职业工作中,时间和精力的分配自然也就在科研方面投入更多。那么,接下来我们需要进一步探讨,研究型大学教师学术职业的工作环境怎样?他们的学术职业身份与工作态度与其所处的学术环境之间有什么内在的关系?A大学的学术职业环境能够在多大程度上为教师学术职业身份和工作选择提供机会和空间。通过这些问题的研究对研究型大学教师学术职业环境的特征进行描述,并尝试分析其中的原因。

第一节　调查问卷的结构

　　学术职业是一种专门职业,从事这一专门的学术性工作需要从业人员必须具有某一方面或领域的高深知识。从业者是否具有这样的知识或知识水平到什么程度,一般都有学术共同体内部成员认可的一套价值信仰或制度,因此,学术职业的本质属性在于学术性、在于对学术的专业自主和自由,学术职业是与学问有关的一种职业。虽然大学教师天然的具有学术职业的一些特征,也逐渐成为学术职业的主体,但是相对于学术职业的学者身份,"大学教师身份是由机构(大学)赋予的,但是,与学问有关的研究活动则是由机构外部的专业组织或共同体认可的"。① 学术职业环境虽然是一种客观实在,但是不同教师或者处于特定机构的教师感受到的环境却存在着较大的差异;另一方面,作为个体的教师由于参与大学教学、研究以及学校管理活动的程度不同,其对相关职业环境的主观感受也不同。与教师学术工作相关的学术环境主要包括大学和机构的学术氛围、教师对学术职业的主观感受、院校内部政策与管理制度、国家层面的政策条件、教学与研究工作的支持条件、工作与生活的压力、经济收入水平、大学所在城市的文化经济条件等等。一系列与大学教师职业相关的环境条件大都与大学教师的工作生活有着密切的联系。

为了更加有效地测度我国研究型大学学术环境的现状,本研究参考了阎光才老师 2011 年编制的问卷,他的问卷中学术职业环境主要包括五个维度:第一,学术职业的自我感受;第二,研究及教学的工作条件;第三,经济和生活保障条件;第四,组织内部制度环境;第五,外部支持性制度环境。② 本研究在参照阎光才老师调查问卷的基础上,对其中的一些题目进行修改,而学术职业环境仍然包括上述五个维度。由于试测阶段一些教师反映 7 点

① 阎光才.我国学术职业环境的现状与问题分析[J].高等教育研究,2011(11):1—9。
② 阎光才.我国学术职业环境的现状与问题分析[J].高等教育研究,2011(11):1—9。

量表很难区分主观感受的程度,在正式调查中将7点量表修改为5点量表,1代表非常符合,5代表非常不符合,在每一个调查题项上,得分越高表示教师对这个项目越不满意,问卷共有37个题项,具体五个维度与题项情况见表5.1.1。

表5.1.1　我国研究型大学学术职业环境各维度与题项列表

维度(因子)	题项
对学术职业的自我感受	我喜欢目前的学术工作
	我很清楚自己的学术目标
	我会根据自己的兴趣自由选择研究方向
	我能够在工作中获得较高的成就感和精神回报
	工作是谋生的手段
	将来可能离开本校
	将来可能移居海外
教学研究工作的支持性条件	我比较喜欢学校的研究氛围
	学校有清晰的发展战略和目标
	学校最高领导者能够胜任学校的领导工作
	学校行政管理专业化水平逐步提高
	我经常参与学校或院系内部决策
	教学和辅助人员提供了良好的服务
	我与同事的交流与合作比较频繁
	我的工作能够持续获得导师的指导
	在这里工作有更多的国际交流机会
	学校及学科具有较好的学术地位和研究平台
组织内部制度环境	我对工资津贴和福利待遇比较满意
	我的收入足以维持体面的生活需要
	校内学术晋升制度公平合理
	校内岗位流动自由
	校内教师考评制度公平合理
	校内收入分配制度公平合理

维度(因子)	题项
外部支持性 制度环境	国家研究资助制度公平合理
	政府学术奖励制度公平合理
	各类人才计划项目设置合理
	重大项目获得者名实相符
	学术奖励名实相符
	政府重大资助项目价值大
职业困扰因素	无关学术杂务多
	备受各种考评之累
	学术奖励项目过滥
	生活压力很大
	工作压力很大
	学生评价压力很大
	考核与晋升压力很大
	行政职务有一定的吸引力

　　我国研究型大学学术职业环境问卷包括学术职业的自我感受、学术工作的支持性条件、组织内部职业环境、外部支持性制度环境和职业困扰因素五个维度,设计了 37 个题目。为了更好地区分各因子之间的差异,本研究对学术职业环境因子进行了主成分因子分析,在因子分析的基础上剔除一些区分度较低的题目,并将相关性较高的题目归入一个因子中,这样就可以更加科学地根据因子之间的内在关系重新确定学术职业环境的各个因子。

　　在对学术职业环境的 37 个题项进行主成分因子分析的时候,在完成第一次主成分因子分析后,KMO 值＝0.847＞0.8,$p<0.05$,表明该数据非常适合做主成分因子分析,通过公共因子的碎石图可以看出前 9 个因子的特征值皆大于 1,并且累计解释总方差为 69.148%,但是最大拐点处在第 4 个因子。通过因子旋转后的因子载荷矩阵我们看到,调查问卷中的第 23 题在两个公

共因子(因子1和因子3)上的因子载荷接近(0.464,0.414);第16
题在两个公共因子(因子4和因子5)上的因子载荷接近(0.433,
0.421),根据主成分因子分析的意义,删除了这两个题目进行了
第二次主成分因子分析,因子旋转后的因子载荷矩阵显示,第13
题在因子1和因子4上的载荷接近,因此删除了第13题进行了第
三次因子分析,通过因子旋转后第34题在因子2和因子8上的公
共因子载荷接近,因此删除了题目34后进行了第四次主成分因
子分析,通过因子旋转后第21题在因子2和因子4上的公共因子
载荷接近,因此删除了题目21题后进行了第五次主成分因子分
析,此时特征值大于1的公共因子简化为7个,并且旋转后的因
子载荷基本符合主成分因子分析的意义,并且更加符合研究型大
学学术职业环境各因子的实际意义。因此,在删除了5道因子载
荷接近的题目后,确定了包括7个因子、32道题目的研究型大学
学术职业环境调查问卷。

　　具体学术职业环境主成分因子分析结果如下:

　　(1)在完成第五次主成分因子分析后,KMO 值=0.832>
0.8,p<0.05,表明该数据非常适合做主成分因子分析,具体见
下表:

表5.1.2　KMO 和 Bartlett 球形检验的结果的检验表

取样足够度的 Kaiser-Meyer-Olkin 度量		0.832
Bartlett 的球形度检验	近似卡方	6814.480
	dA	496
	Sig.	0.000

　　(2)通过公共因子的解释总方差我们可以看出,特征值皆大
于1的公共因子有7个,累计解释总方差为65.426%,应该提取7
个公共因子。根据公共因子碎石图我们可以看出,前7个因子的

特征值皆大于 1,且最大拐点处在第 8 个因子处,根据 cattell 倡导的碎石图检验法,应该提取 7 个因子。因此,综合考虑,本研究最后确定提取 7 个公共因子,具体见表 5.1.3。

表 5.1.3　总方差的解释表

成分	初始特征值			提取平方和载入			旋转平方和载入		
	合计	方差百分比	累积百分比	合计	方差百分比	累积百分比	合计	方差百分比	累积百分比
1	8.653	27.042	27.042	8.653	27.042	27.042	4.762	14.883	14.883
2	3.564	11.139	38.181	3.564	11.139	38.181	3.649	11.402	26.285
3	2.837	8.866	47.047	2.837	8.866	47.047	3.631	11.346	37.631
4	1.744	5.451	52.498	1.744	5.451	52.498	2.942	9.195	46.826
5	1.540	4.812	57.310	1.540	4.812	57.310	2.340	7.312	54.138
6	1.462	4.568	61.878	1.462	4.568	61.878	1.852	5.786	59.924
7	1.135	3.548	65.426	1.135	3.548	65.426	1.761	5.502	65.426
8	0.949	2.966	68.392						
9	0.917	2.866	71.258						
10	0.888	2.776	74.034						
11	0.846	2.645	76.679						
12	0.743	2.321	79.000						
13	0.687	2.146	81.146						
14	0.644	2.011	83.157						
15	0.568	1.774	84.931						
16	0.528	1.650	86.581						
17	0.463	1.446	88.027						
18	0.434	1.357	89.385						
19	0.417	1.303	90.687						

成分	初始特征值			提取平方和载入			旋转平方和载入		
	合计	方差 百分比	累积 百分比	合计	方差 百分比	累积 百分比	合计	方差 百分比	累积 百分比
20	0.400	1.249	91.937						
21	0.334	1.043	92.979						
22	0.309	0.966	93.945						
23	0.280	0.874	94.819						
24	0.263	0.821	95.640						
25	0.230	0.720	96.359						
26	0.225	0.703	97.063						
27	0.218	0.681	97.744						
28	0.175	0.548	98.292						
29	0.156	0.488	98.779						
30	0.148	0.463	99.242						
31	0.133	0.417	99.659						
32	0.109	0.341	100.000						
提取方法：主成分分析。									

（3）采用"方差极大旋转法"对研究型大学学术职业环境调查问卷的37道题目做了主成分因子分析，在删除了因子载荷接近的15道题目后，旋转后的因子载荷矩阵如表5.1.4所示，共计7个因子。在本研究中将其重新命名，分别为制度环境（校内和校外）、工作的支持性条件、工作和生活压力、学术职业的自我感受、职业干扰因素、学术交流环境和离职倾向，这七个因子能够反映出学术职业环境各因子对整体学术职业环境总得分的贡献情况，排在前面的因子主要是学术体制与政策环境、学校管理服务与支持以及组织内部的经济收入与福利待遇等。

表 5.1.4　旋转成分矩阵ª

	成分						
	1	2	3	4	5	6	7
D4225	0.825						
D4226	0.762						
D4217	0.721						
D4224	0.694						
D4218	0.675						
D4219	0.613						
D4220	0.598						
D426		0.783					
D425		0.722					
D429		0.644					
D428		0.641					
D427		0.594					
D4222		0.517					
D4231			0.820				
D4230			0.800				
D4233			0.712				
D4211			−.631				
D4212			−.619				
D4232			0.598				
D4210			−.397				
D422				0.871			
D421				0.815			
D424				0.765			
D423				0.764			
D4228					0.817		

	成分						
	1	2	3	4	5	6	7
D4227					0.791		
D4229					0.636		
D4235							
D4214						0.680	
D4215						0.539	
D4237							0.859
D4236							0.844
提取方法：主成分。							
旋转法：具有 Kaiser 标准化的正交旋转法。							
a. 旋转在 6 次迭代后收敛。							

　　因子分析结果与前面研究型大学教师学术职业环境现状调查问卷的维度基本一致，只是因子分析中经过旋转后将国家和校内制度环境因素合并，其余各项因子聚类基本一致，七大因子和34个题项情况见表5.1.5。

表 5.1.5　我国研究型大学学术职业环境各维度与题项列表

维度（因子）	题项
制度环境	校内教师考评制度公平合理(25)
	校内收入分配制度公平合理(26)
	国家研究资助制度公平合理(17)
	校内岗位流动自由(24)
	政府学术奖励制度公平合理(18)
	各类人才计划项目设置合理(19)
	重大项目获得者名实相符(20)
	学术奖励名实相符(21)

续　表

维度(因子)	题项
工作的支持性条件	学校最高领导者能够胜任学校的领导工作(6)
	学校有清晰的发展战略和目标(5)
	学校行政管理专业化水平逐渐提高(9)
	教学和辅助人员提供了良好的服务(8)
	学校及学科具有较好的学术地位和研究平台(7)
	政府重大资助项目价值大(22)
工作和生活压力	工作压力很大(31)
	生活压力很大(30)
	考核与晋升压力很大(33)
	我对工资津贴和福利待遇比较满意(11)
	我的收入足以维持体面的生活需要(12)
	学生评价压力很大(32)
	我经常参与学校或院系内部决策(10)
学术职业的自我感受	我很清楚自己的学术目标(2)
	我喜欢目前的学术工作(1)
	我能够在工作中获得较高的成就感和精神回报(4)
	我会根据自己的兴趣自由选择研究方向(3)
职业干扰因素	备受各种考评之累(28)
	无关学术杂务多(27)
	学术奖励项目过滥(29)
	行政职务有一定的吸引力(35)
学术交流环境	我与同事的交流与合作比较频繁(14)
	我的工作能够持续获得导师的指导(15)
	在这里工作有更多的国际交流机会(16)
离职倾向	将来可能离开本校(36)
	将来可能移居海外(37)

第二节　A大学学术职业环境的基本现状

一、A大学学术职业环境的基本情况

根据主成分因子分析结果，我国研究型大学教师对学术职业环境感知主要包括制度环境、工作的支持性条件、工作和生活的压力、学术职业的自我感受、职业干扰因素、学术交流环境和离职倾向七个因子。下面对学术职业环境的整体情况和不同教师对学术职业环境感知的差异情况进行分析和说明。

在对我国研究型大学学术职业环境基本情况的分析中，本研究将代表学术职业环境的34个题项以及七大因子的具体题项进行了标准化处理，并计算了各自的总分和均值，由于各个因子包含的题项数目不同，因此，在具体分析中只对其均值进行了比较和分析。本问卷的每一个题项都通过五点量表计分方式："非常符合"计为1，"非常不符合"计为5，"基本符合"计为3。因此，各个题项的得分越高说明在这一题项描述的情景越不符合，学术职业环境越差，学术职业的干扰因素和工作生活压力等选项进行了负向计分的方法。

（一）A大学学术职业环境整体得分情况

通过对学术职业环境总分和均值以及各个因子的总分和均值比较我们可以看出，在学术职业环境整体得分方面，A大学教师学术职业环境的均值为14.13，低于7个因子的中间值21，并且学术职业环境的均值的平均值为2.02，基本接近于"比较符合"的选项，这就说明A大学教师对学术职业环境的整体满意度也比较好，具体见表5.2.1。例如在"我比较喜欢目前的学术工作"的题项上有42.6％的教师认为非常符合，38.8％的教师认为比较符

合,两项合并则有 81.4％的教师表示比较符合自己的情况。在与教师教学研究工作关系密切的"教学和辅助人员提供了良好的服务"的调查项目上,有 12％的教师表示非常符合,33.3％的教师表示比较符合,35％的教师表示基本符合。因此,A 大学目前的学术职业环境的整体情况良好,这与教师访谈结果基本一致。在对几位教师的访谈中他们都提到一个问题,A 大学目前的学术政策相对国内同类高校还是比较宽松的,这也是教师对 A 大学学术职业环境整体评价比较高的原因之一。

例如在教师访谈中,一位教师就提到:"与其他国内同水平的大学相比,A 大学对教师科研产出的考核要求相对较为宽松,并且 A 大学教师绩效考核实行的是一种奖励性绩效制度,只要你有产出就会有相应的奖励,如果没有产出一般不会倒扣,特别是一些研究周期较长的学科或领域,比方说文科的历史、哲学,理工科的基础学科或新型材料等领域……""另外,A 大学也不会像浙江大学,教授或副教授每 2 年—3 年就必须出国研修一次,否则就不能评聘新的岗位或晋升职称。"

(二) A 大学学术职业环境各因子上的得分情况

虽然 A 大学教师对该校学术职业环境的评价整体得分较高,但在学术职业环境的 7 个因子上的得分却有着较大的差异。通过学术职业环境各因子均值的排序我们可以看出:

(1) A 大学学术职业环境得分比较高的因子,或者教师比较认可和满意的因子,依次是学术职业的自我感受(均值为 1.84)、离职倾向(均值为 2.04)、学术交流环境(均值为 2.77)和工作的支持性条件(均值为 2.75),这四个因子的均值都小于中间值 3,说明 A 大学教师对学术职业环境上述四个因子的满意度均处于基本满意水平以上,具体见表 5.2.1。

表 5.2.1　Ａ大学学术职业环境整体和各因子均分的基本情况表

项目	N	最小值	最大值	均值	标准差
学术职业环境	366	6.57	20.14	14.1272	2.41257
学术职业自我感受	366	1	4	1.8402	0.70424
离职倾向	366	1	5	2.0355	0.96093
工作的支持性条件	366	1.17	4.67	2.7495	0.74513
学术交流环境	366	1	4.67	2.7741	0.74922
制度环境	366	1	5	3.2015	0.75633
职业干扰因素	366	1	5	3.2309	0.78534
工作和生活压力	366	1	5	3.4434	0.79212

　　为了能够更清楚地看到Ａ大学教师为什么会在这些因子上得分比较高，或者较为认同这些方面，笔者在这里列举部分题目上教师的回答结果。

　　例如，在学术职业的自我感受方面，有81.6％的教师比较认同"我比较喜欢目前的学术工作"，有72.7％的教师比较认同"我能够在工作中获得比较高的成就感和精神回报"，可以看出非常多的教师对目前的工作非常喜欢，因为通过从事学术工作他们可以获得较高的成就感和精神回报。在离职倾向方面，只有13.3％的教师表示将来可能会离开本校去其他单位工作，只有8.2％的教师表示将来可能移居海外工作或生活。因为喜欢目前大学的学术工作，只有较少数的教师表示可能会离开本校、或者到海外工作和生活。由于Ａ大学拥有较好的学术地位和研究平台，教师在这里可以获得更多的学术交流机会，因此在学术交流环境的调查中，有61.2％的教师比较认同"在这里工作有更多的国际交流机会"，有65.6％的教师认为"学校及学科具有较好的学术地位和研究平台"。教师在这里工作的前提是大学能够提供给教师教学和研究必要的支持和服务,因此,在教学和研究工作的支持性条件调查方面,有 62.3%的教师表示"我比较喜欢学校的研究氛围",45.3%的教师也认为"教学和辅助人员提供了良好的服务",41.5%的教师比较认可"学校有清晰的发展战略和目标",44.8%的教师比较认可"学校最高领导者能够胜任学校的领导工作",38.3%的教师比较认可"学校行政管理专业化水平在逐渐提高"。由此我们可以看到,学校能够为教师的学术研究和职业发展提供较好的软硬件条件,教师才会在这些方面比较认可。

通过上面的描述我可以看出,较大部分教师比较喜欢目前的学术职业工作并能够获得更多的精神回报,大部分教师愿意选择继续在该大学从事学术职业,该大学和学科具有较好的学术平台并能够获得较多的学术交流机会,虽然教师只是基本上认同该大学的发展规划和目标以及学校最高领导的领导工作,但是该大学还是能够较好地提供教学、研究工作的支持性条件。

(2) A 大学学术职业环境得分比较低的因子,或者教师不太认可和满意的因子,依次为:工作和生活的压力(均值为 3.44)、职业干扰因素(均值为 3.23)和制度环境(均值为 3.20)。这三个因子的均值都大于 3,说明 A 大学教师对其学术职业环境的这三个因子的满意水平都处于不太满意和基本满意之间。这些因子的得分情况会直接拉低 A 大学学术职业环境总的得分情况。具体情况如下:

首先,在工作和生活压力方面,在下面这些调查项目上教师的回答是达到了比较符合及以上的程度,有 42.1%的教师认为"生活压力很大"比较符合或者非常符合自己的情况,53.6%的教师认为"工作压力很大"也比较符合或者非常符合自己的情况,也有 53.5%的教师认为"考核与晋升压力很大"是比较符合或者非常符合自己情况的。相对来讲,学生评价的压力相对比较小。由此可以看出,虽然大部分教师比较认同目前的工作环境,但是工作、生活的压力仍然较大。

其次，在职业干扰因素方面，大学教师都表示无关学术的事务较多、备受考评之累、行政职务吸引力大是干扰学术研究的最重要的因素。在调查中有53.5％的教师比较认可"无关学术的事务多"，53.6％的教师比较认可"备受各种考评之累"，也有41.1％的教师基本认可"行政职务有一定的吸引力"。

第三，在校内外制度环境方面，虽然大部分教师在校内外制度环境方面得分处于"基本符合"的程度，但是在"比较符合"和"非常符合"上的教师人数还是比较少的。例如在对校内有关制度的认可方面，只有25.3％的教师比较认可"校内教师考评制度公平合理"，16.9％的教师比较认可"校内收入分配制度公平合理"，31.2％的教师比较认可"校内学术晋升制度公平合理"。在国家学术职业制度认可方面，只有29.5％的教师比较认可"国家研究资助制度公平合理"，20.8％的教师比较认可"政府学术奖励制度公平合理"，20.4％的教师比较认可"重大项目获得者名实相符"21.8％的教师比较认可"学术奖励名实相符"。通过以上描述我们可以看出，教师对校内相关考核、收入分配、学术晋升等制度和国家相关学术奖励、研究资助等制度的认可程度都不高，表现在"比较符合"和"非常符合"程度上的教师人数仍然较少，大部分教师处于"基本符合"的程度。

通过上面学术职业环境得分的描述可以看出，A大学学术职业环境的整体得分比较高，得分较高的因子都与教师个人对学术职业的态度与自身专业发展的内容相关，而得分较低的因子都与校内外制度、工作生活压力和学术无关事务的干扰有关。

二、A大学教师学术职业环境满意度影响因素的回归分析

通过对A大学教师学术职业环境感知情况的调查研究我们

可以看出,教师对学术职业环境的满意度比较高,但是并没有达到非常满意的程度。学术职业环境是影响教学研究人员对目前从事的学术职业工作整体满意度最主要的因素,在"您对目前从事的教学研究工作的整体评价如何"的调查中,均值为2.38(1为非常满意,5为非常不满意),说明教师的工作满意度处于基本满意和比较满意之间,这与教师关于学术职业环境的认可情况基本一致。为了考察不同类型和身份特征的教师之间对学术职业满意度的差异,我们通过分差分析发现,不同年龄、职称、收入以及所属学科与入职途径的教师之间存在显著性差异($p < 0.05$),其中年龄在40岁—50岁之间、中级职称、年收入在11万—20万之间教师的满意度最低,这些教师都是Ａ大学中间层的教师,并且职称和收入都属于偏低的阶层,同时理工农医学科教师和通过公开竞聘进入该大学工作的教师的工作满意度也相对较低。那么,为什么具有这样身份的教师对学术职业的满意度更低呢?我们仅从学术职业环境的满意度对教师学术职业工作整体满意度的影响的角度,对上述问题寻找答案。

为了更好地从学术职业环境的角度解释教师对学术职业工作满意度的影响因素,我们将前面提取出来的学术职业环境的7个因子作为自变量,将教师的学术职业满意度作为因变量进行了回归分析,各个因子组成的因变量我们采用"剔除法"进入方法,分析学术职业环境的哪些因子在影响教师对学术职业的满意度。

回归分析结果显示,学术职业自我感受($\beta = 0.378$)、制度环境($\beta = 0.232$)、工作和生活压力($\beta = 0.186$)以及工作的支持性条件($\beta = -0.135$)四个因子对学术职业满意度具有显著的影响($p < 0.05$),其他三个因子的影响不显著($p > 0.05$),具体见表5.2.2)。这也就意味着学术职业自我感受是影响学术职业满意度的首要因素,其次是学术制度环境、工作与生活压力,这也就是为什么职称和收入处于中间偏下阶层教师的学术职业满意度最低的一个原因了;同时,现有以年龄、职称身份标识为主的学术等级和认可制度,对于以研究产出为硬指标的理工农医学科教师或竞聘上岗的教师是非常不认可的。

表5.2.2　各主要因子与学术职业满意度之间的回归系数

Model	非标准系数		标准回归系数	t	Sig.
	B	Std. Error	Beta		
Constant	0.937	0.214		4.382	0.000
工作的支持性条件	−0.134	0.063	−0.135	−2.133	0.034
学术职业自我感受	0.396	0.051	0.378	7.787	0.000
学术交流环境	−0.071	0.055	−0.072	−1.300	0.195
工作和生活压力	0.174	0.051	0.186	3.413	0.001
职业干扰因素	−0.056	0.047	−0.060	−1.191	0.234
离职倾向	0.070	0.037	0.091	1.893	0.059
制度环境	0.226	0.068	0.232	3.311	0.001
R Square	0.249				
Adjusted R Square	0.234				

三、不同身份特征的教师学术职业环境满意度差异比较

本研究中学术职业环境的测量就是由教师对反映学术职业环境水平题项的认可程度进行五点打分而计算出来的综合得分情况,因此,学术职业环境水平也就是教师对学术职业与环境的一种满意度。虽然前面的分析我们可以看出我国研究型大学学术职业环境的整体水平比较高,并且影响学术职业环境的主要因素是教师对学术职业的自我感受、制度环境、工作与生活的压力等,但是不同身份特征的教师对学术职业环境的满意度(整体满

意度和各因子)却存在一定的差异,不能一概而论。因此,为了区别不同身份教师对学术职业环境满意度的差异,下面将从性别、年龄、职称、学科属性、工作类别、收入等方面进行学术职业满意度的差异比较,以深入分析 A 大学教师学术职业的满意度情况。

(一)男女教师学术职业环境满意度差异比较

首先对 A 大学不同性别教师学术职业满意度的差异进行独立样本 T 检验。通过统计分析发现,在学术职业环境整体满意度方面,男女教师之间存在着显著差异($t = 2.742$, $p = 0.006$),并且男性教师的满意度高于女性教师(男性教师的满意度均值小于女性)。为了进一步分析为什么男性教师的整体满意度高于女性教师,我们对学术职业环境的七个因子进行了差异比较,通过比较发现男女教师在学术职业环境的制度环境和职业干扰因素两个因子上差异不显著($p > 0.05$),但是在其他五个因子上差异显著($p < 0.05$),并且在工作的支持性条件、学术职业自我感受、学术交流环境、工作与生活压力这四个因子上女性教师的均值都高于男性教师,但是在离职倾向上男性教师高于女性教师,具体见表5.2.3。说明男性教师对学术职业环境的整体满意度高于女性教师,虽然男女教师在工作性质、所属学科以及职称等方面并不存在统计学意义上的显著差异,但是男性教师比女性教师更加认可学术职业的内在价值,并且更加关注教学和研究工作本身。在对"我经常参与学校的内部决策"的题项上性别为分组变量进行了独立样本 t 检验,通过比较发现男女教师差异显著,并且女性教师的均值高于男性教师($p < 0.05$),可以看出男性教师比女性教师更多地参与学校或院系的内部决策,他们更有机会了解学术工作制度和规范,因此对学术职业工作相关的条件更加满意。但是,男性教师的离职倾向要高于女性教师。

表 5.2.3　男女教师的学术职业环境满意度上的差异比较表

学术职业环境维度	男	女	t	p
学术职业环境	13.91	14.57	−2.742	0.006
制度环境	3.17	3.26	−1.142	0.254
工作的支持性条件	2.69	2.87	−2.161	0.031
学术职业自我感受	1.75	2.03	−3.729	0.000
学术交流环境	2.72	2.89	−2.156	0.032
工作和生活压力	3.36	3.62	−2.953	0.003
职业干扰因素	3.24	3.21	0.312	0.755
离职倾向	2.12	1.86	2.666	0.008

（二）不同年龄阶段教师学术职业环境满意度差异比较

通过对 Ａ 大学不同年龄阶段教师学术职业环境满意度的单因素方差分析后发现,不同年龄阶段教师学术职业环境整体满意度仍然存在显著差异($F=4.681$, $p=0.001$),整体上随着年龄的增加,学术职业满意度的得分在不断增加,说明教师对学术职业环境的满意度整体上在下降,其中 40 岁—50 岁之间的教师学术职业环境满意度得分最高,满意度最低,其次是 60 岁以上教师,30 岁以下教师满意度得分最低,满意度最高。在具体七个因子的比较方面,除了职业干扰因素和学术职业感受因子外,其他五个因子上均表现出了统计学意义上的显著差异,具体见表 5.2.4 和图 5.2.1。具体而言,在学术职业环境的制度环境、工作的支持性条件和职业的干扰性因素三个因子上,教师的满意度随着年龄的增加在下降,说明随着教师年龄的增加,他们对学术职业的相关制度、支持性条件的要求也在增加,他们希望学校在这些方面能够提供更多的支持,在学校学术职业制度并未发生太大变革的情况下,对其满意度自然就会下降。但是,在工作和生活的压力、离职倾向两个因子上,教师的满意度却随着年龄的增加在提高,年龄越大离职倾向越低,感觉到的工作和生活的压力越小,这也符

合学术职业的自然规律。在学术职业的自我感受方面,不同年龄
教师之间的差异不显著,只要决定选择从事学术职业的那天开
始,基本上所有的教师都对学术职业充满敬畏。

表 5.2.4　学术职业环境在年龄上的差异比较表

学术职业 环境维度	30 岁 以下	30 岁— 40 岁	41 岁— 50 岁	51 岁— 60 岁	60 岁 以上	F	p
学术职业环境	12.00	13.97	14.66	13.08	14.10	4.861	0.001
制度环境	2.13	3.07	3.37	2.94	3.49	6.811	0.000
工作的支持性 条件	1.67	2.64	2.90	2.42	3.11	8.174	0.000
学术职业自我 感受	2.00	1.81	1.92	1.66	1.87	1.432	0.223
学术交流环境	3.33	2.60	2.90	2.77	2.91	3.564	0.007
工作和生活 压力	3.57	3.53	3.58	3.18	2.83	7.979	0.000
职业干扰因素	2.25	3.28	3.19	3.23	3.28	1.087	0.363
离职倾向	2.50	2.28	2.03	1.70	1.50	6.537	0.000

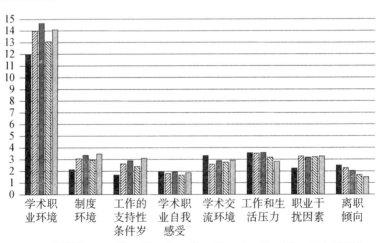

图 5.2.1　学术职业环境在年龄上的均值比较图

（三）不同学科类型的教师学术职业环境满意度差异比较

关于不同学科教师对学术职业环境的感受和满意度方面,单因素方差分析结果表明,Ａ大学不同学科教师对学术职业环境总体的认知方面差异显著($p=0.026<0.05$),在七个因子上,只在工作和生活压力因子上差异显著($p=0.000<0.01$),在其他因子上差异不显著。具体在学术职业环境整体上,去除掉学科属性为"其他"的教师,理工农医类教师对学术职业环境的认知水平得分最高,说明他们的满意度最低,而社会科学类教师的满意度最高。在工作和生活压力因子上,除去"其他"学科的教师,仍然是理工农医类的教师满意度最低,其次是人文艺术学科的教师,相对而言社会科学类教师的学术职业满意度最高,具体见表5.2.5。例如,在对教师生活压力的调查方面,在"生活压力很大"的调查中,有86.4%的人文艺术学科的教师表示基本符合及以上水平,且43.2%的教师认为比较符合和非常符合;有81.8%的理工农医类教师表示基本符合及以上水平,且46.8%的教师认为比较符合和非常符合;社会科学类教师有61.6%的教师表示基本符合及以上水平,且29.7%的教师认为比较符合和非常符合,说明人文艺术学科和理工农医类教师感到的生活压力要远远高于社会科学领域的教师。在工作压力方面,在"工作压力很大"的调查中,人文艺术学科的教师中有91.8%的教师认为基本符合及以上水平,且有54%的教师认为比较符合和非常符合;理工农医类学科的教师中有83%的教师认为基本符合及以上水平,且有58.5%的教师认为比较符合和非常符合;社会科学类学科的教师中有74.4%的教师认为基本符合及以上水平,且有40.4%的教师认为比较符合和非常符合,说明在工作压力方面,人文艺术学科和理工农医类学科的教师的工作压力也远远高于社会科学教师。

表 5.2.5　学术职业环境在学科属性上的差异比较表

学术职业环境维度	所属学科				F	P
	人文艺术科学	社会科学	理工农医	其他		
学术职业环境	14.24	13.54	14.31	15.29	3.126	0.026
制度环境	3.13	3.17	3.22	3.63	1.375	0.250
工作的支持性条件	2.79	2.61	2.79	2.97	1.595	0.190
学术职业自我感受	1.84	1.76	1.87	2.00	0.681	0.564
学术交流环境	2.87	2.70	2.77	2.87	0.839	0.473
工作和生活压力	3.52	3.07	3.59	3.63	10.247	0.000
职业干扰因素	3.32	3.27	3.17	3.30	0.750	0.523
离职倾向	1.99	2.02	2.04	2.50	0.849	0.468

为了进一步验证不同学科教师工作和生活压力的差异,我们对不同学科教师收入区间的均值进行了比较,均值越大,收入越高(1 表示收入在 5 万以下,2 表示收入在 5 万—10 万,3 表示收入在 11 万—15 万,4 表示收入在 16 万—20 万,5 表示收入在 21 万—25 万,6 表示收入在 26 万—30 万,7 表示收入在 30 万以上)。通过均值比较我们看到,人文艺术学科教师收入的均值为 3.35,标准差为 1.22;理工农医类学科教师收入的均值为 3.82,标准差为 1.30;而社会科学学科教师收入的均值为 4.81,标准差为 1.68。通过比较我们可以看出,社会科学学科教师的收入水平要远高于人文艺术学科和理工农医学科的教师,并且人文艺术学科和理工农医学科教师的收入在 11 万—15 万之间,其中人文艺术学科教师收入更加接近 11 万,理工农医学科教师更加接近 15 万,两类教师内部的收入差距相对较小,而社会科学学科教师的收入在 16 万—20 万的区间,且更加接近于 20 万,社会科学类内部教师之间的收入差距较大。通过收入的差异我们似乎可以部分地解释为什么在学术职业环境的工作与生活压力因子上社会

科学学科教师比其他两类教师的满意度或认可程度更高的原因了。

（四）不同岗位性质教师的学术职业环境满意度差异比较

关于不同岗位性质教师对学术职业环境的感受和满意度方面,单因素方差分析结果表明,A大学不同岗位性质教师对学术职业环境总体的认知方面差异显著($p=0.001<0.05$),其中不同岗位性质的教师在制度环境、工作支持性条件、学术职业自我感受、学术交流环境、职业干扰因素五个因子上差异显著($p<0.01$),在其他因子上差异不显著,而在工作与生活压力和离职倾向两个因子上差异不显著。在学术职业环境整体上,教学为主型教师的学术职业环境满意度最低,研究型教师满意度最高。在具体岗位性质上,教学为主型教师只有在职业干扰因素因子上满意度最高,其他四个有差异的因子上的满意度均低于研究为主型和研究型教师,研究型教师在工作支持性条件、学术职业自我感受、学术交流环境三个因子上的满意度均最高,研究为主型教师在职业干扰因素上满意度最低,在其他四个因子上满意度均处于中间水平,具体见表5.2.6。目前高校教师岗位性质的分类更多地还是以教师科学研究产出的绩效作为主要的标准,并非教师对教学和研究的偏好,另一方面,在研究型大学中教学为主型教师数量也较少,在被调查的366名教师中教学为主型教师有82人,占22.4%,研究型教师16人,占4.4%,其中教学为主型教师中有41.5%的教师为初级职称,36.6%的教师为中级职称,副高级职称的教师为19.5%,教授为2.2%,可以看出教学为主型教师大部分职称为初级、中级和副高。研究型教师往往处于不利的地位,因此他们对学术职业环境的整体满意度相对较低,但几乎在其他每一个因子上的满意度均不高,研究型教师独特的身份标识以及目前的科研评价机制对他们更加有利,他们对学术职业环境的满意度也较高。

表 5.2.6　学术职业环境在岗位性质上的差异比较表

学术职业环境维度	岗位性质			F	P
	教学为主型	研究为主型	研究型		
学术职业环境	14.56	14.11	12.13	7.067	0.001
制度环境	3.35	3.20	2.53	8.122	0.000
工作的支持性条件	2.96	2.70	2.48	5.131	0.006
学术职业自我感受	2.04	1.79	1.75	4.202	0.016
学术交流环境	3.02	2.73	2.33	7.882	0.000
工作和生活压力	3.36	3.49	3.13	2.204	0.112
职业干扰因素	3.21	3.28	2.44	9.182	0.000
离职倾向	1.90	2.07	2.06	1.015	0.364

（五）不同职称教师学术职业环境满意度差异比较

关于不同职称教师对学术职业环境的感受和满意度方面,单因素方差分析结果表明,A大学不同岗位性质的教师对学术职业环境总体的认知方面差异并不显著($p=0.051>0.05$),但接近于0.05的水平,其中不同职称教师在制度环境、工作支持性条件两个因子上差异不显著($p>0.05$),但在学术职业的自我感受、学术交流环境、工作与生活压力、职业干扰因素和离职倾向五个因子上差异显著($p<0.05$)。在学术职业环境整体上初级职称的教师满意度最低,在有差异的五个因子上,初级职称的教师在学术职业的自我感受、学术交流环境和离职倾向三个因子上的满意度均为最低,而在工作和生活压力与职业干扰因素两个因子上的满意度最高。正高级职称教师在学术职业环境、学术职业自我感受、学术交流环境和离职倾向四个因子上的满意度最高。初级和正高级职称的教师对学术职业环境以及各个因子的认知正好处于最满意和最不满意两个极端。在工作与生活压力、职业干扰因素两个因子上中级职称教师的认可与满意度最低。副高级职称的

教师在学术职业环境和各个因子上的得分和满意度均处于中间水平,具体见表5.2.7。从职称变化的角度看,整体上随着职称的升高,教师对学术职业环境的认知和满意度逐渐升高;从具体因子上看,学术职业的自我感受、学术交流环境的满意度都随着教师职称的升高在提高,离职倾向降低,但工作与生活的压力、职业干扰因素的认可和满意度却随着职称的升高在降低。

表5.2.7　学术职业环境在教师职称上的差异比较表

学术职业环境维度	专业技术职务				F	P
	正高级	副高级	中级	初级		
学术职业环境	13.75	14.39	14.19	16.71	2.621	0.051
制度环境	3.20	3.25	2.99	4.00	2.352	0.072
工作的支持性条件	2.79	2.77	2.53	3.83	3.120	0.026
学术职业自我感受	1.68	1.89	2.03	4.00	11.111	0.000
学术交流环境	2.70	2.87	2.59	4.00	4.336	0.005
工作和生活压力	3.13	3.62	3.74	2.86	14.404	0.000
职业干扰因素	3.31	3.14	3.35	2.00	3.333	0.020
离职倾向	1.97	1.97	2.42	3.00	3.949	0.009

第三节　Ａ大学学术职业环境的研究结论

通过以上的调查研究与分析,我们可以得出以下结论:

第一,Ａ大学学术职业环境整体处于比较好的水平,但在各因子上差异较大。

在Ａ大学学术职业环境的整体描述方面,Ａ大学教师对学术职业环境的整体满意度处于比较高的水平。在学术职业环境的七个因子上,Ａ大学教师的学术职业自我感受、离职倾向、学术交流环境和工作的支持性条件四个因子上均处于基本满意以上水平;但教师对学术职业环境不太认可的因子依次为工作和生活的压力、职业干扰因素、制度环境三个因子。

第二,学术职业自我感受等四个因子是影响学术职业环境的重要因素。

在 A 大学教师学术职业环境满意度影响因素的回归分析方面,学术职业自我感受、制度环境、工作和生活压力、工作的支持性条件四个因子对学术职业满意度具有显著的影响,其他三个因子的影响不显著。这也就意味着学术职业自我感受、制度环境、工作和生活压力以及工作的支持性条件是影响研究型大学教师学术职业环境满意度的重要因素,并且其影响作用大小依次为学术职业自我感受、学术制度环境、工作与生活压力、工作的支持性条件。

第三,A 大学不同身份特征的教师学术职业环境满意度差异显著。

在 A 大学不同身份特征的教师对学术职业环境满意度及各因子的差异比较得出的基本结论如下:

(1)男女教师的学术职业环境整体满意度及五个因子上存在着显著差异,整体上的满意度女性教师显著低于男性教师,在工作的支持性条件、学术职业自我感受、学术交流环境和工作、生活压力这四个因子上女性教师的满意度都低于男性教师,但是在离职倾向上女性教师显著低于男性教师。

(2)不同年龄阶段教师学术职业环境整体满意度仍然存在显著差异,随着年龄的增加,教师对学术职业环境的满意度整体却在下降。在具体七个因子的比较方面,在学术职业环境的制度环境、工作的支持性条件和职业的干扰性因素三个因子上,教师的满意度随着年龄的增加在下降,在工作和生活的压力上,教师的满意度却在随着年龄的增加在提高,离职倾向降低。

（3）不同学科教师对学术职业环境总体的满意度差异显著，理工农医类教师对学术职业环境的满意度最低，而社会科学类教师的满意度最高。在七个因子上，只在工作和生活压力因子上差异显著，并且在工作和生活压力这个因子上，理工农医类的教师满意度最低，其次是人文艺术学科类教师，社会科学类教师的职业满意度最高。

（4）不同岗位性质教师对学术职业环境的整体满意度差异显著，教学为主型教师的学术职业环境整体满意度最低，研究型教师整体满意度最高。不同岗位性质的教师在制度环境、工作支持性条件、学术职业自我感受、学术交流环境、职业干扰因素五个因子上差异显著：教学为主型教师只有在职业干扰因素因子上满意度最高，其他四个有差异的因子上的满意度均低于研究为主型和研究型教师；研究型教师在工作支持性条件、学术职业自我感受、学术交流环境三个因子上的满意度均最高，研究为主型教师在职业干扰因素上满意度最低，在其他四个因子上满意度均处于中间水平。

（5）不同职称教师对学术职业环境整体满意度差异并不显著，但不同职称教师在学术职业的自我感受、学术交流环境、工作与生活压力、职业干扰因素和离职倾向五个因子上差异显著，且学术职业的自我感受、学术交流环境的满意度都随着教师职称的升高在提高，离职倾向降低，但是工作与生活的压力、职业干扰因素的满意度却随着职称的升高在降低。

第六章　四种制度逻辑对教师学术职业身份和工作选择的影响与作用形式

托尼·比彻和保罗·特罗勒尔将后工业时代高等教育变化的特点描述为全球化与大众化、高等教育—国家—工业之间的新型关系、市场化、大学中的管理主义以及实质性的学科发展几个方面①。这些特点提供了我们分析和探讨在大学中从事教学与研究工作的教师的工作模式的基本环境。全球化为教学和研究提供了更高的国际认可标准和交流平台,大众化改变了传统意义上的大学使命和角色,形成了新的高等教育结构系统体系。在传统的国家—高等教育关系发展的同时,工业界正在以更加强势的力量介入到国家—高等教育的关系中,改变着科学研究的范式。工业界的强行进入将市场经济"丛林法则"、价格竞争等机制带入高等教育,知识资本化生产方式不断显现。进入 21 世纪以后,高等教育受上述影响的程度更大。

---

① 托尼·比彻,保罗·特罗勒尔.学术部落及其领地:知识探索与学科文化[M].唐跃勤,蒲茂华等译,北京:北京大学出版社,2008:2。

　　不可否认的事实是,我国研究型大学同样面对着类似的制度环境,这个环境是一个集合了国家、市场、公司(大学公司化的管理)以及学术专业几种逻辑的混合体。处于高等教育场域中的大学,总是试图获得国家、市场、大学组织以及专业共同体的认可与支持,获得合法性,并将这些合法性转变为一种制度规范和价值信仰,并以此影响教师对工作价值与环境的感知。因此,在本章中,将会结合前几章中关于 A 大学教师学术职业身份、行动轨迹、工作行为选择以及学术职业环境感知情况的调查结论,结合制度逻辑理论框架,分析国家、市场、公司和专业逻辑对我国研究型大学教师学术职业身份与工作选择的影响和作用方式,总结四种制度逻辑对我国研究型大学教师学术职业身份与工作选择影响的特点。

第一节　影响教师学术职业身份与工作选择的制度逻辑

　　为了更好地回答本章提出的问题,本研究主要参照 Tornton、Ocasio 和 Lounsbury 在 2012 年提出的制度逻辑理想类型的框架(具体见第二章第二节的表 2.2.1),并结合我国学术职业的特点,归纳和提炼出了影响我国研究型大学学术职业身份与工作选择的四种基本制度逻辑,并对每一种制度逻辑对学术工作的象征本质、合法性来源、工作过程、学术绩效评价、学者身份等都做了具体的分析(具体见 6.1.1,该表与第二章第二节的表 2.2.1 相同),并将此作为分析每一种制度逻辑对我国研究型教师学术职业身份与工作选择影响的分析框架。

表 6.1.1 四种制度逻辑对教师学术职业身份和工作选择影响的象征系统和实践活动

	国家	市场	专业/专业化	大学公司
知识控制	学术知识被部分限制	学术知识被消费者利用	学者依靠高深知识完成工作；学术知识被专家严格控制	学术知识是作为大学公司的专有财产
工作过程支配	任务被国家条例和程序规定；工作过程被部分管制	市场决定学术工作将如何开展	学者根据被专业共享的标准控制他们自己的工作过程	任务被商业规则、程序和路径限定
工作范围	任务的内容和边界由国家决定	任务的内容和边界由消费者设定	任务的内容和边界反映学术共同体的追求	任务的内容和边界由管理决策确定
招聘与身份	学者被纳入官僚体系招聘	学术人员自主地被招聘	学术人员通过学术共同体招聘	学术人员被大学公司招聘
绩效标准	被非学术人员的国家官员评价	消费者评价学术工作；市场决定成功	学者和学术协会评价工作是否达到绩效标准	被可能非学术的管理者和作为消费者的学生评价
工作目标	集体的工作是为了增加公共福利	个人工作是为了增加研究和知识的经济利益	学者工作是为了提高个人声望	个人工作是为了维持雇佣身份，高层管理者的工作是为了提高大学的规模和声望
权力来源	自己在隶属的利益集团中的行政等级地位	在市场中的地位	学术专业中的地位	在大学公司中的地位
身份来源	身份由行政等级相同的社会经济地位决定	没有身份，匿名	身份被学术工作的类型和质量决定，由个人的专业声望决定	身份被大学公司的官僚规则决定，与大学公司整体身份有关

续　表

	国家	市场	专业/专业化	大学公司
正式控制机制	由法律和规定管制	没有正式的控制机制	专业社会化和共享的规则规范	大学公司的官僚控制系统
非正式控制机制	通过幕后政治活动保护和提高利益集团的权利	学者遵循市场的信号,有更大市场价值的人对他人的影响也较大	学术声望高的人对他人的影响更大	学者遵循所属团体的缄默性规则、信仰和组织文化
薪酬控制	由国家根据国家制定官员等级标准决定	市场决定;有较高市场价值的学者的收入越高	根据学术等级和学术专业地位决定薪酬	根据企业等级制度由企业大学决定薪酬
雇佣控制	谁被聘用和工作的起点都由国家决定	工作有较高市场价值的人更有可能被聘用,工作的起点没有预设	工作有较高质量的人更有可能被雇用,学术起点从最低的学术等级开始	工作对大学企业有较高价值的学者更有可能被雇用,工作起点没有预设
流动控制	人员的流动被国家控制,限定在国内;流动在行政等级上有预设的路径	市场需求控制流动;工作具有较好市场价值的学者更有可能在大学内外或国际上流动,没有预设的流动路径	学术工作的质量决定流动;学术工作质量较高的学者在大学内外或国际上具有更大的流动可能性;流动的路径依据学术等级	流动由公司需要决定;对大学具有较大价值的学者有更多的流动机会;大学之间的流动对原来的大学不利;流动的路径依据企业等级
发展机会	机会由所服务的国家提供	机会由市场需要决定	机会由专业协会根据的个人工作质量提供	机会由公司大学根据大学利益提供

　　四种制度逻辑都蕴含着一整套关于知识来源与研究目的、工作过程与教师控制、教师聘用与雇佣关系、薪酬与绩效考核、学者流动性与发展机会等方面的象征系统和价值实践活动。这些象征系统与价值实践活动常常改变着大学教师的学术职业感知与价值信仰，进而影响大学教师的学术职业活动和职业发展进程。这四种制度逻辑所蕴含的象征系统与价值实践活动的具体内容如下：

　　第一，在国家逻辑中，学术工作是为了提高社会福祉；学术研究的内容和边界由国家设定的参数和标准决定，学术研究合法性来自于规制的力量；学术人员具有国家公务人员的身份，薪酬和雇佣关系参照国家行政人员的等级标准确定；学术人员的流动仅限于国内，纵向流动在行政等级上有预设的路径，职业发展有规则限定，职业发展轨迹相对缓慢。

　　第二，在市场逻辑中，学术知识的来源和价值由市场决定，学术研究是为了实现知识的交换价值和经济利益；学术研究的内容和边界由市场价值决定，学术研究的合法性来源于的模仿力量；学术劳动力市场决定教师招聘、薪酬以及雇佣关系。学者在学术劳动力市场中自由流动，职业发展相对自由，没有太多的预设和限制。

　　第三，在公司逻辑中，学术知识为大学公司的专有财产，学者工作是为了维持公司的雇员身份；学术工作的内容和边界主要由大学决策者决定，通常与大学战略目标一致，官僚控制系统中正式规则的影响较大，学术研究的合法性通过规制和规范的作用实现；学者身份、薪酬和雇佣关系由大学公司决定，与学者工作绩效有关；大学会尽量阻止学术人员流失，内部流动根据大学预设的岗位等级标准和实际需求纵向流动，学者沿着预设路径规划职业发展，发展轨迹相对缓慢。

　　第四，在专业逻辑中，学术知识属于学术共同体，通常被专家严格控制，学者工作的目的是提高在共同体内的声望；学术研究工作的内容和边界由学术共同体的追求和需要决定，学术声望高的学者影响力较大,研究工作的合法性来自文化—认知系统的力量;由共同体中的权威学者决定教师的招聘、薪酬和雇佣关系,一般由学者的学术能力和研究成果决定;学者横向流动自由,纵向流动从最低的学术等级开始走向更高的等级,纵向流动较为缓慢,学术职业发展机会由学术研究质量和学术声望决定。

　　总之,每一种制度逻辑都有一套关于知识来源与研究目的、工作过程与教师控制、教师聘用与雇佣关系、薪酬与绩效考核、学者流动性与发展机会五个方面的象征系统和价值实践活动。在我国研究型大学学术职业发展与变革的过程中,这四种制度逻辑都会以更加独特的方式影响教师的学术职业身份、行动轨迹、工作行为选择以及学术职业环境满意度。在有些方面可能是一种制度逻辑主导着学术活动,而有时却是多种制度逻辑同时在发挥作用。四种制度逻辑是如何影响我国研究型大学教师学术职业感知改变的,下面将做具体的分析。

第二节　国家逻辑对教师学术职业身份和工作选择的影响

　　20 世纪 80 年代以来中国社会经历了巨大变革,中国经济社会发展模式被西方国家称为中国模式,张维为就曾指出"与西方发展模式相比,中国政府经常表现出更加强烈的国家意志,并且可以说是'世界上最有效的组织力量'"。[1] 这种"最有效的组织力量"在推进中国大学快速迈向世界一流大学的作用更加明显,211工程、985 项目、2011 协同创新计划、"双一流"建设等一系列重大工程的实施,使得我国一批高水平大学正在跻身世界一流大学的

---

　　① 查强,史静寰,王晓阳.是否存在另一个大学模式? [J].复旦教育论坛,2017(2):5—12。

行列,在国际高等教育舞台上崭露头角。

　　代表国家利益的政府和政党总是通过政策法规形塑着国家与大学之间的关系,也通过有效的政治手段加强对学术研究活动的控制,以实现国家政治经济文化协调发展的目标。国家逻辑也有一套影响学术研究活动的象征系统和实践活动,学术研究的内容和边界有时由国家设定的参数和标准决定,学术人员具有国家公务人员的身份,薪酬和雇佣关系参照国家行政人员的等级标准确定,学者的职业发展轨迹相对缓慢。因此,本研究将结合国家逻辑的基本特点分析国家逻辑对我国研究型大学学术职业感知与发展的影响作用与基本途径。

一、国家逻辑中国家对学术活动影响的基本手段

　　国家对高等教育的影响主要是通过制定和实施高等教育相关政策法规实现的。这些政策法规主要有两类:一类是基本法律、法规、规章、条例和办法等政策,这是规范高等学校办学行为的基本法律制度和规范;另一类主要是与高等教育相关的教育改革与发展计划、规划或指导纲要等,它们虽然不带有直接的强制性,但常常形成一种号召、鼓励或宣传的力量,政府通过它们对高等学校的办学行为和内部综合改革进行引导。"良好的政策目标必须选择适当的政策工具"①,为了保证国家政策的实施效果,政府选择什么类型的政策工具就会产生什么样的政策效果,且对高校的影响和作用机制也会不同。美国学者豪利特与拉米什将政策工具分为自愿型、强制型和混合型三种政策工具。国家选用的政策制定、行政命令、允许与禁止、奖励与惩罚、审查与评估等手段正是

---

　　① 朱春奎,舒皋甫,曲洁.城镇医疗体制改革的政策工具研究[J].公共行政评论,2011(02):116—132。

强制型政策工具,它们对规范大学办学行为方面主要发挥着管控的作用,其作用更加直接,影响也较大。而在教育发展规划和指导纲要等政策文件中使用的政策宣传、号召、告诫等手段则属于混合型政策工具,他们所起的作用主要是宏观调控,通过政策引导,由高校自愿自主地推进高校内部综合改革。

(一)国家通过强制型政策工具对大学进行直接管控

为了对高校进行直接管理,中央政府和教育行政部门通过制定高等教育相关的法律、法规、规章、条例和办法,以规范大学教育教学和研究活动。基本上与大学办学相关的活动都有相关的制度和规定,例如高等学校设置、学校领导任免、学校财务使用、教师职称评聘、教师编制制定、教育教学管理、学科专业设置、学生学位申请等等,这些相关的法律法规对其都有详细的规定,使大学办学者能够有规可依、依法办学。

中华人民共和国成立以来,中央政府和全国人大先后制定和通过了《中华人民共和国教师法》(1993年)、《中华人民共和国教育法》(1995年)、《中华人民共和国高等教育法》(1998年制定,2015年修订)等基本法律规范,教育部(原国家教委)也独自或者联合其他部委制定了更加细致的规章、条例与办法进一步细化国家法律的每一项条文,使得高等法律法规体系更加完备,乃至事无巨细。在林荣日教授的著作中,对1978年—2004年中央政府和教育部(原国家教委)制定的有关高等教育的重要法律、法规文件目录做了汇编[①],经过对这些法规数量的统计发现,仅1978年—2004年中央政府出台的高等教育相关政策就多达155条之多,这还不算一些地方政府制定和颁布的规章、条例和办法。

因此,国家政府以高等教育政策法规为依据,一般会采用政

---

① 林荣日.制度变迁中的权力博弈:以转型期中国高等教育制度为研究重点[M].上海:复旦大学出版社,2007:367—434.

策制定、行政命令、审查与评估、允许与禁止、奖励与惩罚等政策工具对高等学校进行直接管理，通过这些手段规范大学的办学行为。

（二）国家通过混合型政策工具对大学进行宏观调控

除了政策工具对大学的直接管理，国家和政府也会积极利用教育改革规划与发展规划或者指导纲要的政策宣传和鼓励号召，引导高校在国家基本法律允许的范围内积极开展高校内部改革。1985 年颁布的《中共中央关于教育体制改革的决定》对中国教育改革的影响巨大，文件中提出政府职能转变的主要工作是简政放权问题，以此为改革方向，中央政府将会赋予地方政府和高校更多的办学自主权，在其后的几次重大教育改革与规划文本中都在延续这种精神。在这之后，基本上每隔五年左右，教育部都会发布一份教育改革与发展规划或指导纲要，如《中国教育改革和发展纲要》（1993 年）、《面向 21 世纪教育振兴行动计划》（1998 年）、《2003—2007 年教育振兴行动计划》（2004 年）、《国家中长期教育改革和发展规划纲要（2010—2020 年）》（2010 年）、《统筹推进世界一流大学和一流学科建设实施办法（暂行）》（2017 年）等，这些综合性的规划与纲要一般带有纲领性和发展性，通过这些政策文件指导高等学校的内部改革。

教育改革与发展规划或指导纲要主要利用信息与倡导、舆论宣传、鼓励号召、呼吁、劝诫等政策工具，鼓励高校积极探索内部改革，并宣传政府对高校改革的基本方向，这会产生一种更加持久和长期的影响。

在高等教育实践活动中，国家力量对大学和教师的影响会更加具体且深入，国家通过发布政令、实施政策、经费拨付、奖励与惩罚等强制性政策工具直接控制着大学教育教学、人才培养和科学研究等活动，也决定着教师招聘与晋升、待遇与薪酬、流动与发展以及奖励与惩罚等事务。

二、国家逻辑中国家与大学之间的委托—代理关系

在国家逻辑中,国家与大学之间是一种委托人和代理人的关系。在我国,各类高等学校都有明确的行政隶属关系或者监管部门,这在公立高校中更加明显。根据高校的行政隶属关系,中央直属高校的管辖权隶属于教育部或相关部委,并接受隶属行政部门的直接领导,包括学校党政领导的任免、经费预算、学校重大决策的审核等都受隶属部委的直接管控。地方高校受地方政府的直接领导,管理的内容与直属高校基本相似。由于政府力量在大学招生与毕业、学费收支、经费划拨与使用、人员编制与审核、学科专业申报审批等方面都有明确的法律、法规、条例和办法的规定,高校在国家宏观政策法规允许的范围内进行自主管理。

在我国,高等教育的主体是公立大学,公立大学是国家高层次人才培养和国家技术创新的主体,大学各级行政组织和个人受国家的委托承担一定的教学和研究任务,国家与大学组织、个人就形成了一种天然的委托—代理关系。我国普通高校内部管理实行党委领导下的校长负责制,作为代理人的党委和行政领导必须接受委托者政府的直接领导。即使对一些国家政策有不同的看法或者执行中面临政策执行的困难,通常都会将国家意志和命令执行作为工作的基本准则来开展教育教学和研究工作。

近年来,大学开始越来越多地接受企业资助和社会捐赠,学生和家庭缴纳了大量的学费,与大学相关的利益相关者不断增加,大学除了执行国家政策和上级政府的行政指令外,还要对大学出资者的学生与家庭、企业界和捐赠对象负责。因此我国一些大学也开始模仿西方国家成立了大学董事会,董事会成员包括杰出校友、基金捐赠者、学生家长以及大学领导等人员,董事会的主要职责依旧是资金筹措、建言献策和信息通报、听证等。中国大

学董事会一般不会像西方大学董事会一样对大学的决策产生重大影响,其中一个主要的原因就是中国大学与政府之间的这种独特的委托—代理关系。

三、国家逻辑中政府控制大学学术活动的形式

基于前面关于四种制度逻辑所蕴含的象征系统和实践活动,在国家逻辑中,学术研究的内容和边界一定程度上由国家设定的参数和标准决定。下面仅从国家对研究项目和研究经费的影响两个方面分析国家对教师以及教师学术活动影响的基本形式。

(一)国家通过科研项目或平台影响大学的科研经费

国家对大学的宏观管理还体现在大学研究内容与经费支持方面。在研究经费支持方面,学术研究大都需要一定的经费支持和组织保障,特别是一些应用研究和技术发明项目需要大型设备和较多人员的参与,这样,庞大的经费支持就变得尤为重要。为了支持这些研究项目,国家通过行政力量设立了一大批重大研发项目、研究基地、重点实验室、协同创新中心、国家智库等研究机构和平台,能够进入这些机构和平台的大学或研究人员可以获得持续性的研究经费支持,但是这些机构和平台都有严格的名额限制和评审机制,一般的大学和普通的学者很难获得这样的资助。

以 A 大学为例,2011 年该大学拥有国家重点实验室 5 个,教育部工程研究中心 4 个,教育部重点实验室 12 个,卫生部重点实验室 9 个,总后卫生部重点实验室 1 个,"985 工程"科技创新平台 5 个,"985 工程"哲学社会科学创新基地 7 个,同时获批上海市重点实验室 7 个。① 通过这些研究基地和平台,A 大学获得了较大的研究经费支持,以 2013 年为例,A 大学各类研究项目和研究平

---

① A 大学年报(2011)[EB/OL]. http://www. A. edu. cn/files/nb2011. pdf。

台到账科研经费达到了 122455.45 万元,这些经费有 27.09% 来自省部级以上研究中心和研究平台,来自企事业单位的委托和国际合作项目的经费合计才达到 24.06%,具体见表 6.2.1。因此,从 A 大学研究经费来源上可以更加清楚地体现出国家逻辑对大学研究经费来源的影响。

表 6.2.1　A 大学 2013 年科研经费到账情况表①

类别		计量单位	数额
	小计	万元	122455.45
	国家自然科学基金委员会	万元	29466.63
	国家"973 计划"和重大科学研究计划	万元	12177.61
	国家"863 计划"	万元	3329.72
	国家科技支撑计划	万元	1851.52
	国家科技重大专项	万元	13672.49
	科技部其他	万元	5395.18
科研经费到款	教育部	万元	1186.14
	卫生部	万元	5415.57
	上海市科学技术委员会	万元	16785.20
	上海市教育委员会	万元	351.10
	上海市卫生局	万元	4424.40
	其他上海市项目	万元	1319.65
	国际合作项目(外国基金会/非营利组织等)	万元	1279.41
	企事业单位委托项目	万元	23186.03
	其他国家部委项目	万元	2614.80

① 数据来自 A 大学 2014 年年报,内部出版发行。

为了鼓励和资助更多大学和研究人员参与国家和地方发展战略需要开展的研究工作,各级人民政府也设立了类似的研究项目资助系统,例如省市设立的哲学社会科学基金、自然科学基金等。在国家层面上有全国哲学社会科学基金项目、自然科学基金项目以及中央各部委资助设立的研究项目等,在地方层面上各个省份也会设立相应的基金和项目系统,这样基本形成了覆盖各级各类政府行政层级和各个学科的一整套科研项目申报与资助系统,并且有严格的评审制度。除此之外,从中央到地方还有类型和层级更加完善的教学研究奖励制度和程序。这些项目和奖励具有较高的学术辨识度,也是高校教师绩效评价与职务晋升的基本依据。通过这些手段,基本保证了大学的教学研究工作与国家发展战略和意识形态的需要基本保持一致。

(二)国家逻辑改变着研究者科研项目的类型和研究课题选择的取向

国家逻辑主导下,科学研究更加遵循项目制工作模式的开展,学者在选择一个新的研究项目的时候大都会非常地谨慎,只有自己的研究方向符合国家战略和意识形态需要的时候,研究项目获得批准立项或资助的可能性较大。在现实工作中,是否真的是这样呢?本研究首先对 A 大学教师目前从事研究工作的基本类型进行了调查。调查结果显示,45.4％的教师认为他目前从事的是纯基础研究或理论研究;有 35％的教师认为自己目前从事的是解决经济社会发展问题的应用研究;而认为自己目前从事的研究工作属于技术开发与应用推广研究、人才培养与教学改革相关的教学研究的教师人数相对较少,仅为 12.6％和7.1％,具体情况见表 6.2.2。由此可以看出 A 大学教师科研类型的基本特点,教师目前主要从事基础性理论研究和解决经济社会发展的应用研究,这与 A 大学属性具有一致性,A 大学属于综合研究型大学,这样的大学比起理工研究型大学和行业型大学具有更大的基础性,这类大学的优势也主要表现在更加基础的理科和人文艺术学科。

表 6.2.2　A 大学教师目前从事研究类型情况表

研究类型	纯基础研究或理论研究	解决经济社会发展问题的应用研究	技术开发和应用推广研究	人才培养与教学改革方面的研究	合计
人数	166	128	46	26	366
百分比	45.4	35.0	12.6	7.1	100

　　从制度逻辑的视角下去审视 A 大学教师科研项目的类型,我们可以看到有 35% 的教师目前科研项目的类型是解决经济社会发展问题的应用研究,这与国家逻辑的主导思想基本一致,学者从事这样的应用研究目的是改善社会发展水平、提高人民的社会福祉。同时国家逻辑也强调国家对科研工作的内容和边界也是严格控制的,调查结果与此也是相互一致的,代表国家经济社会发展问题的国家发展战略也正是相当一部分从事应用研究领域研究工作的教师的主体工作。因此,国家逻辑对 A 大学教师科研项目的类型具有较大的影响。

　　为了进一步研究国家逻辑对教师学术研究工作的影响程度,我们对 A 大学教师选择研究课题时优先考虑的因素进行了调查。在调查中,当被问到"当您选择一项新的研究课题时,您会优先考虑哪些因素"的问题时,A 大学教师的回答是这样的:有 88% 的教师认为会优先考虑个人的能力和研究兴趣;有 60.7% 教师认为会考虑是否能够解决社会问题;42.1% 的教师认为会考虑学科建设的需要;有 41% 的教师认为会考虑个人职业生存的需要;有 40.4% 的教师认为会优先考虑是否能够服务国家战略的需要;除此之外,优先考虑学生的发展需要、研究的市场开发前景与应用价值以及学校和院系发展需要的人数相对较少。具体见

表 6.2.3。

表 6.2.3   A 大学教师在选择一项新的研究课题时优先考虑因素调查表

在选择一项新的研究课题时,您会优先考虑哪些因素	人数	百分比
个人的能力和兴趣	322	88.0
解决社会问题的需要	222	60.7
学科建设的需要	144	42.1
个人职业生存发展的需要	150	41.0
服务国家战略的需要	148	40.4
学生的发展需要	86	23.5
研究的市场开发前景或应用价值	72	19.7
学校和院系发展的需要	36	9.8

由此可以看出,虽然大多数教师在选择研究项目时,都会以自己的研究兴趣为基础,但是也会更加关注研究项目是否能够解决社会问题和服务国家战略的需要。在项目立项与结项的时候,项目发布机构也会聘请相关领域的专家学者和委托方进行严格的评审,只有严格按照项目申报计划完成的项目才可以获得经费支持和结项。因此,教师不论从选择研究项目、开展项目研究、结项的过程中会受到国家的监管和控制,国家力量和意识形态也深刻地影响着教师的研究方向和研究价值。

虽然,研究型大学教师选择一项新的研究课题时仍然以个人的研究兴趣为基础,但还是会考虑研究是否能够解决社会问题或者服务国家战略需要,只有这样的选题才能够符合各类研究项目资助的申报要求,才更有可能获得立项和资助。在访谈中也发现,不论是自然科学领域的教师还是人文社科领域的教师,他们都指出,符合国家战略与社会需要的项目才更有可能获得资助,个人的研究兴趣和偏好有时只能让位于国家战略。

四、国家逻辑中事业单位身份对教师薪酬与职业发展的影响

由于长期实行的事业单位编制制度,我国大学从事教学研究工作的教师都是国家编制内人员,从身份上属于国家公务人员或单位人,大学教师工资主要由中央或省级财政支出。2006 年开始事业单位工资制度改革以来,高等学校专业技术人员的工资更加明确地分为四类 13 级,公立大学教师的工资都实行全国或省市统一管理。大学教师的基本工资包括岗位工资、薪级工资、基础绩效等,不同省份和地区教师的各种津贴可能有较大的差异,但是具有相同职称、工龄教师的基本工资在全国或各省市基本一致。目前,大学教师的收入主要有三部分组成,基本工资、校内绩效、获得的各种物质奖励以及其他的技术发明与专利转让中的合法收入等。

在 A 大学教师的工资收入中,基本工资和校内绩效是目前普通教师收入的主体部分,只有一些成果显著的教师可以通过特殊的人才计划项目获得较多奖励性收入。基本工资是大学教师作为事业单位职工的基本工资部分,其发放的标准由政府相关部门核定,相同等级的教师基本一致,这是由事业单位的身份决定的。校内绩效基数的核算也是由学校根据教师岗位等级确定的,但是不同院系可以根据其他创收项目获得额外的收入,如公务员培训基地项目、全国辅导员培训基地项目、企业委托的培训项目等,这些院系可以根据教师在院系创收方面做出的贡献的程度给予一些奖励性绩效。一些靠近市场或政府需要的院系可能获得的创收收入较多,这些院系的教师整体的校内收入也会更高。高校中科研项目收入其实是一个并不合规的说法,科研经费是不能用作个人收入部分的,他只能用作科研项目研究使用,一般讲的科研

项目收入,更准确地应该属于教师主持或完成一些科研项目、发表了高水平的成果,由此获得相关部门或学校奖励而获得的收入,这部分收入才是合法的校内收入。教师科技成果转化或专利转让也会根据国家和学校的转让办法获得相应比例的专利转让费。

此外,课题研究成果同时可以作为教师参评各种奖励的主要成果业绩条件,也可以带来潜在的物质回报,例如被评为院士或长江学者、成为各类人才计划入选者等。不过这些项目和奖励大都是由政府组织评选,因此国家或政府通过这些项目和奖励计划直接影响学者的研究工作,使得原本以知识探究为兴趣和目的的研究工作带来了更加功利和实用的价值。那些获得巨大学术成功的学者,大都具有政府颁发的证书和头衔,或者手握重大研究项目,并具有较强的示范效应。

因此,目前高校教师中大部分教师校内收入的高低还是和教师岗位等级是基本一致的,包括校内绩效工资的基础和岗位等级。从这个意义上讲,高校教师的工资收入还是体现出了国家事业单位身份的特点,事业单位身份制依然是决定大学教师收入分配的基本制度。但是,研究型大学中还有一少部分人才是所在省市和学校通过特殊人才计划项目引进的,不属于事业单位编制,他们的收入分配制度由市场机制决定。

本节小结:

基于本节内容的分析,我们可以更加清楚地看到,在国家逻辑下,国家影响研究型大学教师学术职业身份和工作选择以及学术职业发展的基本途径和作用机制如下:

首先,政策法规是国家逻辑中国家对大学影响的基本手段;

其次,委托者与代理人是国家逻辑中国家与大学的关系的基本形式;

第三,科研项目平台制是国家逻辑中政府影响研究经费和内

容的基本途径;

第四,事业单位身份是国家逻辑中大学教师薪酬确定与职业发展轨迹的重要基础。

第三节　市场逻辑对教师学术职业身份和工作选择的影响

20世纪中期以来,世界高等教育发生了巨大变革,其中高等教育市场化就是最突出的变革之一。从学术职业的角度讲,高等教育市场化首先带来了学术劳动力市场供求关系的变化,其次是市场导向的学术研究模式正在深刻影响着学术研究人员对学术工作的价值和目标的认知,进而影响学术研究的内容和形式。

这里的市场也并不一定指实际的市场活动,有时是一种真实的市场,如学术人才的劳动力市场,有时却指的是学术领域的一些类似市场的现象,例如大学和研究人员可以通过转让技术和专利、开办公司、出售教育产品、为社会提供服务等形式获得额外收入。当越来越多的大学和教学研究人员积极投身于这样的活动时,国家的科研政策也逐步从由政府直接拨款的方式,转向通过设立各种研究基金与项目的形式、采用绩效拨款的方法支持科学研究,而这些经费的获得大都具有竞争性的特点,拥有较大优势的单位和个人才能够获得较多的资助。

根据市场的基本特征,学术知识的价值由学术市场的交换价值决定,学术研究的目的是通过研究成果获得更多经济利益,学术研究的内容和边界由市场价值决定,学术劳动力市场决定教师招聘、薪酬以及雇佣关系。因此,本节将结合前面几章的研究结论,分析市场逻辑对我国研究型大学教师学术职业身份和工作选择的基本影响及作用方式。

一、学术劳动力市场对大学教师供求关系的影响

（一）学术劳动力市场对普通高校教师供求关系的影响

关于这个问题,第三章中我国近三十年来普通高等学校教师供求关系的变化以及 A 大学新进教师学历变化的比较可以充分地体现出来,特别是我国学术劳动力市场中供求关系变化的基本情况。在第三章中,我们分析了专任教师增长曲线和研究生毕业曲线两条曲线的高低情况:大学教师供求关系以 1986 年为分界点划分为前后两个阶段,1949 年—1986 年为第一个阶段,在这个阶段学术劳动力市场处于供不应求阶段;1986 年以后为第二阶段,这一阶段整体上处于学术劳动力市场供大于求阶段。

供大于求的这个阶段又以 2010 年为分界点划分为前后两个亚阶段:在 1987 年—2000 年的第一个亚阶段里,专任教师的增长幅度较小,同时研究生毕业人数也在缓慢地增长,但年平均毕业研究生数远远高于专任教师年增长数,同样在这个亚阶段里,博士毕业生数稳定增加,2010 年以后博士毕业生人数增长较慢,而专任教师年增长数在急剧下降,两条曲线在 2010 年交汇。2010 年开始的第二个亚阶段属于博士研究生供大于求的阶段,这一年博士毕业生数为 4.90 万,教师增长数为 4.79 万,在其后的几年里博士毕业生数曲线高于专任教师的年增长数,博士生供给大于大学教师增长数。

在这里有一个基本的事实,博士研究生毕业是否全部选择在大学从事学术职业? 近年来的研究表明博士研究生的毕业选择更加多元化,但是大学和研究机构仍然是大部分博士毕业生的首选工作单位。同时,2010 年以后国际学术劳动力市场也发生了一些显著的变化,由于受到 2008 年开始的金融危机对欧美劳动力

市场的冲击,有一部分国外获得博士学位的毕业生选择回国就业,这在一定程度上弥补了国内博士毕业生进入非大学机构中就业的问题,从而消解了国内学术劳动力市场中的供给来源不足的问题。因此,上述变化曲线还是能够代表我国普通高校学术劳动力市场的供求变化情况的。博士毕业生数和专任教师增长数对我国学术职业人员的供求关系产生了较大的影响,这种供需关系虽然还会受到其他因素的影响,但是这种关系的变化还是能够反映我国学术职业供求关系的变化情况。

(二)学术劳动力市场对研究型大学教师供求关系的影响

在我国研究型大学中,学术劳动力市场的供给情况与 A 大学基本一致,A 大学 1981 年到 1988 年新选留教师人数较多,并且大部分具有研究生学历,2001 年起新进教师主要以研究生学历为主,并且研究生学历的教师中大部分为博士研究生。

20 世纪 90 年代以来,国内研究型大学的教师招聘政策有了较大的调整,单位分配制或配给制向市场招聘制转变,特别是教师招聘市场越来越透明,学术劳动力市场中的供求关系、市场出清原则开始发挥越来越大的作用,拥有博士学位或者具有海外背景的博士学位的市场交易价值不断攀升。特别是 2008 年全球金融危机爆发以来,欧美国家的学术劳动力市场也出现了供大于求的现象,越来越多在国外获得学位的研究人员开始回国就业,加之国内高校对高层次研究人员的需要,国内顶尖大学的学术人员招聘开始面向全球,人才招聘的条件也随着学术人才供给数量的增加而不断攀升,研究型大学教师中在海外获得学位的教师比例也在不断增加。

在对 A 大学教师最高学位获得国家或地区的调查中,在中国大陆以外地区获得学位的教师占 21.9%,并且主要是美国、英国、法国等欧美发达国家,占海外获得学位教师的 72.5%,具体见表

6.3.1。由此看出,国内和国际学术劳动力市场供求关系的变化,改变着我国研究型大学学术职业人员的构成结构,特别是在促进研究人员多样化方面的作用更加明显。这种多样性主要通过不同国家的研究生培养制度、学科规训制度与学科文化而体现出来的,这在一定程度上改变着目前国内研究型大学教学研究人员的价值、信念、惯习以及学术工作的方式。

表 6.3.1　A 大学教学研究人员最高学位获得国家或地区分布表

最高学位获得国家或地区	人数	百分比
欧美国家	58	15.8%
日、韩、新加坡等亚洲国家	12	3.3%
中国港台地区	10	2.7%
中国大陆	286	78.1%
合计	366	100.0%

二、市场竞争机制对研究型大学教师收入分配的影响

大学的发展越来越注重从商业领域获得经费资助,出资者往往决定着研究成果的使用与公开发表等一系列事项,这也改变着学术研究的内容和形式。美国学者 Bullard 曾经将市场化背景下不同系科大学教师的境遇和差别概括为"大鲨鱼"和"柳条鱼"的区别,即越是靠近市场的学科的研究人员越是能够获得更多的收入和研究机会,人文艺术学科领域的教师越来越不受重视。美国学者 Campbell 和 Slaughter 进一步解释说,从事有经济效益研究的大学教师很快就能积累学术成果的数量、收入和威望,而其他学科的教师则只能投入教学,从而愈发没有时间从事科研和创造

成果①。因此,在学科分化中,应用科学因其研究成果的应用性、实用性和专利的潜在性,较之基础学科更贴近市场和得到市场的青睐,这种情景必然会导致大学不同学科及教学研究人员地位的分化。斯劳特也进一步指出,应用科学更加得到重视,基础研究中有限的资源被削减或转移,基础研究这个科学的"种子"正在被犁埋起来,而这可能会损害科学的未来②。在我国研究型大学中,是否也存在这样的问题和担忧呢?

为更加清楚地描述教师收入与学术市场之间的关系,本研究对 A 大学不同学科教师的收入情况进行了调查。在对 A 大学教师年收入情况的调查中,A 大学教师收入主要集中在 11 万—15 万(34.4%)和 16 万—20 万(25.7%)两个区间内,存在着较大的学科差异:其中人文艺术学科的哲学、文学、历史及艺术学科的教师收入主要集中在 15 万元以下的三个区间内;社会科学类的经济、管理、法学和教育学科的教师收入主要集中在 16 万—25 万之间的两个区间内,并且有接近三分之一的教师收入处于 30 万以上的高收入者群;自然科学的理学、工学、农学和医学学科的教师收入主要集中在 11 万—20 万元的两个区间内,具体见表 6.3.2。由此我们可以看出社会科学领域教师的收入明显高于人文艺术学科和自然科学领域,且 30 万元以上区间内社会科学领域的教师人数和比例也最高,这也在一定程度上验证了前面的结论,市场的介入正在改变着研究型大学教师的收入结构与分层体系。

---

①　Campbell,T.,&. Slaughter,S.. Faculty and administrators attitudes towards potential conflicts of interests,commitment and equity in university industry-relationships [J]. The Journal of Higher Education,1999,70(3):309

②　希拉·斯劳特,拉里·莱斯利.学术资本主义:政治、政策和创业型大学[M].梁骁等译.北京:北京大学出版社,2008:229。

表 6.3.2　A 大学不同学科教师收入情况比较表

学科类属	5—10 万	11—15 万	16—20 万	21—25 万	26—30 万	30 万以上	总计
哲、文、史、艺	29.7%	29.7%	21.6%	16.2%	0.0%	2.7%	100.0%
经、管、法、教	8.5%	14.9%	27.7%	12.8%	8.5%	27.7%	100.0%
理、工、农、医	7.4%	44.7%	26.6%	8.5%	5.3%	7.4%	100.0%
其他	0.0%	60.0%	20.0%	20.0%	0.0%	0.0%	100.0%
合计	12.0%	34.4%	25.7%	11.5%	4.9%	11.5%	100.0%

　　在访谈中一位从事材料科学研究的教授 H1 就提到:"在自己研究的材料科学领域中,现在从事比较热门研究领域的教师,他们的收入要远远高于同等条件的其他教师,例如一些从事新材料研究的教师,市场潜力决定了教师收入的差异",在进一步的交流中他也提到"不过能不能开展这样的研究完全取决于个人的研究兴趣和专业背景,毕竟并不是每一个老师都能够从事这样的研究,我本人就是一个例子,我也开展过这样的研究(与一家企业合作),但是由于个人研究方向的问题,与企业合作过一两次就中断了,因为我的研究更加偏向于基础理论的研究,折腾了几次以后我还是回到了原来的研究方向。"这位老师也提到"这样的一种价值取向越来越对年轻的学者产生不好的示范作用,我觉得真正的学者应该根据自己的研究方向和兴趣开展研究,而不是跟风"。

　　因此,在学科分化中,应用科学有着较大的市场应用价值,应用研究更贴近市场更容易获得市场的青睐,这种情形必然会导致大学不同学科地位与教师的分化。在问卷调查中,当问及"您觉得目前研究型大学教师的收入差距是否合理"时,教师的回答也反映出了这样的问题:有 59.6% 的教师认为该大学不同院系或学科教师之间的收入差距较大,有56.8%的教师认为青年教师的收入太低,当然也有18.6%的教师认为课题研究项目较多的教师收入太高,15.8%的教师认为行政人员的实际收入远高于普通教师,这与我们普遍的看法多少有点差异,具体见表6.3.3。因此,不同系科教师收入差距较大的问题还是比较明显的,由于不同学科和身份的教师收入差距巨大,加上年轻教师的生活成本压力,这对年轻教师的职业期望、学术身份与工作选择都会产生直接的影响。

表6.3.3　A大学教师收入差距是否合理情况调查表

项目	人数	百分比
不同院系或学科教师之间的收入差距较大	218	59.6%
青年教师收入低	208	56.8%
有一定的层级差距,比较合理	74	20.2%
课题项目较多的教师收入高	68	18.6%
行政干部的实际收入远远高于普通教师	58	15.8%
资历高(高职务、高职称)的教师收入太高	36	9.8%
层级差距过小,不太合理	30	8.2%

三、人才供给市场对研究型大学教师招聘形式的影响

新教师招聘形式的变革也在一定程度上反映了外部力量对学术职业变革的影响。因此,为了进一步反映市场对研究型大学学术职业身份和行为选择的影响,本研究对A大学教师的入职形式进行了调查,从中可以看出不同历史时期国家和市场力量对我国研究型大学教师招聘政策的影响。在对A大学不同年龄阶段教师入职途径的调查中,共调查了366名教师的入职途径,其中有12%的教师是通过国家分配的形式进入A大学的,有19.7%

的教师是通过读完博士后直接留校工作的,有 53.6％的教师是通过公开竞聘和各种人才计划引进的。其中,40 岁以下的 138 名教师中基本没有国家分配的教师,而国家分配的教师主要集中在 40 岁—50 岁,这个年龄段的教师也是目前我国研究型大学教师的主体。同时 40 岁—50 岁年龄段教师的入职途径最为丰富,有传统的国家分配制度进入的教师,也有通过新的招聘制入职的教师,同时作为国内顶尖研究型大学,还有一部分教师是通过国家和高校内部的人才引进计划进入 A 大学工作的。50 岁—60 岁年龄段的教师通过人才引进计划引进的占大多数。60 岁以上的 30 名教师中有 14 人是通过国家分配进入大学工作的,占 46.7％,具体见表 6.3.4。

表 6.3.4   A 大学不同年龄段教师入职途径调查表

年龄	入职途径					合计
	国家分配	公开竞聘	各类人才计划引进	读完博士后直接留校	其他	
30 岁以下	0	0	2	0	0	2
30 岁—40 岁	0	36	34	18	12	136
40 岁—50 岁	11	17	26	40	26	148
50 岁—60 岁	4	2	20	14	4	50
60 岁以上	7	0	4	0	12	30
合计	22	55	86	72	54	366

根据第三章的统计分析可以看出,1995 年左右进入研究型大学的教师基本都要求具有博士学位。正常进入研究型大学的年龄普遍在 28 岁—30 岁左右,如果照此推理,40 岁左右的教师进入大学工作的时间大致是 2005 年及以后,50 岁左右的教师进入学术职业工作的时间大致是 1995 年及以后。这两个时间节点恰好可以和我国高等学校人事制度改革的时间相对应:1993 年左

右,我国普通高校已经开始尝试教师聘用制改革,教师招聘主要由学校根据国家编制和本校发展规划等多种途径招聘教师,国家分配制度已经基本结束。大学教师的招聘都要在人才市场中通过公开竞聘的方式选拔,包括一些人才引进计划。

人才市场的供给水平会决定人才招聘的范围和质量,特别是在 2008 年金融危机前后,在欧洲和美国获得大学教职的难度不断增加以后,越来越多在国外获得学位的教师来国内应聘,国内顶尖大学(特别是 985 工程大学)在人才市场上处于优势状态,像 A 大学一样的学校在人才引进方面占尽了学术和地理位置的优势,大学教师的选拔和聘用也就更加容易,所以,我们可以看到 40 岁以下教师通过完成博士后直接留校任教的教师只有 18 人,仅占 13.2%,具体见表 6.3.4。因此,仅从研究型大学教师招聘方面,我们就可以看出我国研究型大学学术职业变革的一些基本情况,国家在学术人员招聘方面的影响力在不断下降,而市场力量作为一种有效的补充机制逐渐发挥着关键性作用。

为了更加清楚地描述上述变化的情况,我们对在 A 大学工作时间不同的教师的入职途径进行了比较分析。通过调查数据我们可以看出,通过国家分配制度进入 A 大学工作的教师基本全都是工作时间在 11 年以上的教师,其中工作 20 年以上通过国家分配进入 A 大学的教师占国家分配进入 A 大学教师的 86.4%。工作时间在 10 年以内的 88 名教师中,再没有国家分配的教师,通过完成博士后进入 A 大学的教师仅占 13.6%,通过市场机制(人才计划和公开竞聘)引入的教师占 81.8%。工作时间在 6 年以内的教师中,通过人才计划引进的教师和普通公开竞聘入职的教师比例相当,特别是最近几年研究型大学新进教师基本都是通过校内人才引进计划被招聘的,例如青年研究员或青年副研究员,这些教师通过校聘通道进入 A 大学,但是这些教师一般都需要通过人才计划聘用期的考核才能够成为正式编制的教师,具体见表

6.3.5。因此,2000 年以来我国研究型大学教师招聘越来越市场化,国家只对具有事业编制的教师制定提供宏观的指导,具体的操作都由高校根据人才发展规划,通过高层次人才市场选择和招聘优秀的教师。

表 6.3.5　A 大学不同来校工作时间教师入职途径调查表

本校工作时间	入职途径					合计
	国家分配	公开竞聘	人才计划引进	完成博士后留校	其他	
0 年—3 年	0	20	20	0	2	42
4 年—6 年	0	18	18	4	0	40
7 年—10 年	0	42	26	20	6	54
11 年—20 年	6	26	18	36	26	112
20 年及以上	38	4	4	12	20	79
合计	44	110	86	72	54	366

四、市场机制对研究型大学教师研究成果类型的影响

　　作为具有公共服务属性的公立研究型大学,大学为社会培养合格的符合社会需要的人才,提供能够提高人类社会福祉的研究成果。当今社会,由于制度环境的急剧变革,学术职业管理中存在着学术逻辑与市场逻辑的内在紧张关系,面临着坚持学术自由与强调社会责任的两难选择。"学术职业在学术的普遍性与功利主义的合理性之间,在好奇心引领的自由探索与绩效竞争之间,在宽松自由的学术环境与企业家精神的追求卓越之间的重重困惑、矛盾和威胁之中,那份孕育千年的高贵与典雅、神圣与无私、自由与恬淡,已在不断喧嚣的世界和日渐浮躁的心境里慢慢交融。"[①]在当

---

　　① 宋旭红,沈红.论学术职业发展的内在逻辑[J].高等教育研究,2008(2):77—77。

今社会,随着大学与社会的联盟与合作越来越深入,大学越来越以市场的机制为基础、按照市场竞争规则和产业逻辑运行;相应地,效率和责任成为了大学的价值追求,绩效指标和质量控制成为了学术职业管理的手段。基于此,在对 A 大学教师认为"教师评聘中哪些项目越来越受到重视"的调查中,教师认为越来越受到重视的四项依次是代表性成果(72.7%)、支持完成研究项目(57.4%)、出版或发表内容的数量(47.5%)以及获得各种奖励或荣誉(46.4%),具体见表 4.3.2。由此可见,市场逻辑与学术逻辑的结合引发了学术职业管理的革命,教师晋升与评聘政策的变化也越来越倾向于量化的科学管理,便于量化的指标越来越具体和苛刻,而对相对难以量化的教学工作虽有一定程度的重视,但仍然重视得不够。

　　根据前面 A 大学教师科研工作类型调查(表 6.3.2)结果,A大学教师主要从事基础性理论研究和解决经济社会发展问题的应用研究。在这些研究类型中,解决经济社会发展问题的应用研究有两个突出的特点:一是研究周期相对较短,可以在短期内实现成果产出或成果转化;二是这样的研究更容易获得社会的认可,特别是作为高校产出与绩效评价的政府的青睐。这两个原因都会带来共同的作用机制——学术研究的认可与评价规则。列维对这种"认可与评价规则"对学术职业管理带来的变化有过深入分析,他认为这种认可与评价规则的变化主要由三个因素引发,一是国家政府政策的影响,二是评价监督中中介组织的出现,三是绩效模式和全面质量管理的日趋高涨。[①] 因此,正是由于绩效评价和社会问责越来越受到重视,学术职业由过去受人尊敬和仰慕的对象转变为被考评和问责的对象,这种变化给传统的学术

　　① 宋旭红,沈红.论学术职业发展的内在逻辑[J].高等教育研究,2008(2):77—77。

职业带来了极大的冲击,在目前国内顶尖大学中也表现得更加突出,这也充分体现出学术职业发展的国家逻辑与市场逻辑的双重作用过程。

小结：

首先,学术劳动力市场供求关系的变化,正在改变着我国研究型大学学术职业构成结构,特别是对促进研究人员的多样化方面的作用更加明显,研究人员的多样化带来了学者价值与信仰的多元化。

其次,市场竞争机制影响着研究型大学教师的收入分配,社会科学领域教师的收入明显高于人文艺术学科和自然科学领域的教师,市场的介入在改变着研究型大学教师的收入结构与分层体系,进而影响教师的学术职业身份与工作选择。

第三,人才供给市场对研究型大学教师招聘形式影响较大,大学教师的招聘都要在人才市场中通过公开竞聘的方式选拔,学术劳动力市场的供给水平决定了人才招聘的范围和质量,2000 年以来我国研究型大学教师招聘越来越市场化。市场化的竞争机制改变着研究型大学教师的职业利益和追求。

第四,市场逻辑与学术逻辑的结合引发了学术研究类型和学术职业管理的革命,教师晋升与评聘更加注重量化考核,而教学相对难以量化考评且仍然重视不足,导致研究型大学教师对教学的重视程度和投入水平不足。

第四节　公司逻辑对教师学术职业身份与工作选择的影响

伴随着我国高等教育规模与结构的不断扩张,大学的办学规模不断扩大,传统小而精的大学不断演变为功能强大、系统庞杂的大型社会组织。为了能够对外部需要作出快速的回应,大学基层组织的职责和功能也在不断扩大，二级院系开始拥有更多自主办学与独立决策的权力，各二级学院或系科也要接受大学的绩效考核。在高等教育规模扩张的过程中，大学管理也开始像大型公司一样，以教学研究绩效为目标，将教学研究任务分解到院系和职能部门。由此，量化管理、全面质量管理以及项目制管理等公司化的管理手段和方法被大学管理者所采用。这样的管理文化更加强化了大学各级组织对教学科研绩效的推崇。对教学科研生产过程的严格控制，短期内能够急剧提升院系的教学质量和学术研究成果，当然也能够激发基层组织、单位和个人的学术活力。大学教学科研管理系统越来越遵循公司管理的逻辑运行。

正如本章制度逻辑的分析框架，在公司逻辑中，学术知识为大学公司的专有财产，学者工作是为了维持公司的雇员身份；学术工作的内容和边界主要由大学决策者决定，通常与大学战略目标一致；学者身份、薪酬和雇佣关系由大学公司决定，与学者工作绩效有关。那么，公司逻辑对我国研究型大学教师学术身份、工作选择以及学术职业环境的满意度究竟产生了什么样的影响？公司逻辑主要通过什么手段在影响着研究型大学教师的学术职业身份和工作选择？本节将会对这两个问题展开讨论。

一、大学内部新型组织的出现与教师岗位身份的变化

随着大学规模的急剧扩展，中世纪时期形成的以学者行会为基础的大学自治制度不断被科层制（官僚统治）所取代。大学的组织结构不断扩展，表现为纵向和横向两个方面：纵向上逐渐形成了顶层的大学、中层的学部（学院）到底层的学系的组织层级；在横向上，中层的学部日益庞大，从中世纪的神、法、医、文四个学部，到近代以后以新学科为依托的社会学部、经济学部、管理学

部、工学部以及后来出现的跨学科学部,甚至于一些更加复杂的研究中心或研究所。适度的官僚控制不仅能够保证大学组织的有效运转,也能通过责任制的形式激发中层和底层学术组织的学术活力,但官僚控制也有一个组织跨度和管理幅度的限度问题。大学的规模扩张带来的学术组织膨胀势必影响大学顶层对中层的控制与协调,不可避免地产生管理僵化等问题。

马克斯·韦伯曾对官僚制产生的背景和意义进行过专业的论述,官僚制是组织管理必然和有效的形式,他也同时指出了官僚控制容易出现管理僵化的问题。现代大学的组织规模已然非常庞大,大学已经成为社会结构中的巨型组织,一所大学就是一个小型的社会。在中国,学生人数达到或超过 2 万的大学比比皆是,综合研究型大学还招收大量的研究生,这些院校的学生数量更加庞大。以 A 大学为例,2016 年该大学有本专科生 13361 人,研究生 19903 人,学历留学生 2169 人,各类在校生人数的总和达到了 35433 人,教学科研人员 2871 人。[①] 在这样的大学,正常生活的教职工和学生人数远远超过了 4 万人,特别是一流大学建设高校,这些大学都拥有较大的本科生、研究生规模。在这样的背景下,原有的大学—系科—教研室的管理层级及管理效率已经非常有限。目前我国普通高校普遍完成了系部制或学院制改革,大学基本形成了大学—学院—系科的新型管理关系,学院较原来的系科具有更大的自主管理权限和资源配置能力。学院制改革最大限度地实现组织管理的扁平化,大大提升了院系组织的协调能力和应变能力。与科层制组织相比,扁平化组织更能适应组织外部环境的急剧变革。同时,越来越多的研究中心、研究基地、科研平台开始跨越原来的系科组织,成为一种新型的研究单位,进行

---

① A 大学概况:统计概览[EB/OL]. http://www. A. edu. cn/2016/channels/view/73/。

科学研究的同时,承担起了研究生培养的任务。

以 A 大学为例,2016 年 A 大学有党政行政机构 49 个,直属教学研究单位 61 个,其中教学院系 29 个,研究院/所/中心 34 个,还有科研基地与研究平台 52 个,各类正式组织机构 162 个。[①] 一所普通的大学就有如此多的正式组织机构,除了机构运行的人员和经费成本以外,如何有效管理这些机构,使之高效良性运转本身就是一个巨大的问题。在这些机构中,教学院系占机构总数的 22.8%,党政行政组织占 30.2%,其他研究中心和研究基地平台合起来占机构总数的 46.9%,(具体见表 6.4.1)。在这些机构中,大学和院系层面上党政行政机构都是按照科层制的管理模式运行的,而研究基地与平台则以研究项目的形式开展工作,项目管理的色彩更加浓厚。因此,在研究型大学基层组织中,党政行政机构、院系以及以项目平台为依托形成的研究机构并存的现象较为普遍。

隶属于不同基层组织的教师其学术职业身份具有较大的差异,院系的教学研究人员基本属于教学研究型或研究教学型的岗位身份,研究中心的教师属于研究员的岗位身份,党政行政机构中人员的身份较为复杂,他们的工作模式和学术观念也具有较大的差异。虽然一个研究项目结束后研究团队就会自动解体,但是这些研究基地和平台在组建的时候就已经有了明确的研究方向或攻克的科研难题,项目开展的时间和周期较长的研究团队成员共同工作的时间也就较长。一个研究基地平台就是一个小型的学术共同体,研究基地平台的实际运作也是遵循着内在的学术专业的逻辑。因此,大学公司规模的扩展为新的教学研究组织的出现提供了一定的机会,推动着大学组织的变革。

---

① A 大学概况:机构设置[EB/OL]. http://www. A. edu. cn/2016/channels/view/73/。

表 6.4.1   A 大学校内组织机构一览表

机构类型	机构名称	数量	比例
教学院系	中国语言文学系、历史学系、物理学系、化学系、高分子科学系、外国语言文学学院、哲学学院、国际关系与公共事务学院、新闻学院、经济学院、艺术教育中心、体育教学部等开展本科教学工作的院系 37 个	37	22.8
研究中心	一带一路及全球治理研究院、社会科学高等研究院、高等学术研究院、中国研究院、大气科学研究院、智能科学与技术研究院、人类表型组研究院、工程与应用技术研究院、放射医学研究所、古籍整理研究所、中国历史地理研究所、高等教育研究所、现代物理研究所、神经生物学研究所、出土文献与古文字研究中心等科研院、所、中心 24 个	24	14.8
研究基地平台	国家重点实验室(5 个)、985 工程科技创新平台(6 个)、985 工程国家哲学社会科学创新基地(7 个)、教育部人文社会科学重点研究基地(8 个)、教育部重点实验室(3 个)、教育部工程研究中心(4 个)、卫生部重点实验室(9 个)、总后卫生部重点实验室(1 个)、上海市重点实验室(7 个)、上海工程研究中心(2 个)	52	32.1
党政行政机构	学校办公室、党委组织部 党委宣传部 党委统战部、发展规划处 人事处、教务处、研究生院、科学技术研究院、文科科研处、图书馆、信息化办公室、资产经营有限公司、附属中学、后勤服务公司、出版社等党政行政机构 49 个	49	30.2
总计		162	100

二、公司逻辑下科研绩效评估标准的差异化

在公司逻辑下,大学中各级行政管理组织和个人也具有理性人的特征,为组织和个人的利益进行精确的算计,特别是行政系统的领导或部门负责人。那么,作为官僚组织中的个人的学术行为也会受到所在学术组织内部政策的影响,最突出的表现为不同

的大学以及同一所大学的不同院系之间都会有一套不同的学术职业政策和规范,例如学术成果的认定、学者招聘、晋升、绩效奖惩等。表 6.4.2 是 A 大学 2012 年 7 月出台的《A 大学教师高级职务聘任实施办法(试行)》中部分内容的节选,在这份文件中提出了"建立科学合理的学术评价体系,采用'代表性成果'评价机制,充分依靠国内外同行的学术评议,提高学术创新质量,引导学术事业健康发展",并且进一步指出"各学院根据本学科特点,围绕学术贡献、学术影响和学术活力等方面建立学术评价体系"①。在这份文件中特别提出"代表性成果"被称为一种正式的制度被提出,在全国高校引起了不小的震动。在院校教师职称评审权下放的背景下,这样的政策设计无疑会减少大家对学术成果数量的追求,但是在院系制定的高级职务评审学术标准中,院系都会基于不同的利益诉求而出台相应的评价办法。在表 6.4.2 列举了 A 大学的管理学院和公共卫生学院 2014 年制定的高级职务评审学术标准,在两个学院的学术标准中对教师教学、科研及实践(社会服务)等的条件做出了更加明确的规定,特别是教学工作数量与教学评价等级、学术论文级别与数量、科研项目类别与数量等方面。在对教学工作数量和质量评价的相关规定方面,管理学院规定了评审副教授必须主讲本科生基础课一门以上,教学评价必须达到所有讲师职称教师评估成绩的前 50% 以内,并对研究为主型、教学研究型和教学为主型教师的科研业绩条件做了区别对待;而公共卫生学院则在教学方面要求教师达到具体的学时,在科研方面区别理科教师和文科教师有不同的要求,同时对教学为主型教师的科研没有要求,只需要提供 2 篇教学研究论文即可。同时由于两个学院学科属性的差异,管理学院对教师实践(社会

---

① 《A 大学高级职务聘任实施办法》[EB/OL]. http://xxgk. A. edu. cn/bd/2d/c5169a48429/page. htm。

服务)方面做了更加详细的规定,如服务实践,政策咨询项目经费等,但公共卫生学院则没有实践的规定。

　　由此可以看到,研究型大学学术职业评聘管理的中心逐渐下移,教师评聘的权力中心开始逐渐向院系转移,但是各院系每年高级职务评聘计划分配则由学校层面的人事部门确定与分配,计划人数的分配比例则与学校层面上的学科发展建设规划基本一致,这在 A 大学层面上的《实施办法》中表现得更加清楚:"根据建设世界一流大学师资队伍战略目标,建立'总量控制、按需设岗、公开招聘、科学评价、择优聘用、合同管理、岗位考核、合格续聘'的教师高级职务晋升制度。"(具体学校和院系高级职务评审学术标准见表 6.4.2)。考核评聘重心下移成为大学改革的重要形式。

表 6.4.2　A 大学不同院系教师高级职务评审学术评价标准(副教授)比较表

	管理学院高级职务评审学术评价标准(副教授)①	公共卫生学院高级职务评审学术评价标准(副教授)②	A 大学高级职务聘任实施办法③
教学方面	不低于每学年两门课的教学工作量;主讲过 2 门以上课程,其中至少有 1 门为本科生基础课或专业基础课;最近 3 年所讲授课程的平均教学评估成绩在讲师职称教师评估成绩的 50 分位数及以上;至少协助培养过硕士生一名,取得硕士学位。	每学年课程教学需在 50 学时以上,教学效果需经学院教学指导委员会审定认可。教学为主型副高级职务申请者,须主讲 2 门课程,年均授课 120 学时以上,教学效果需经学院教学指导委员会审定认可。	建立科学合理的学术评价体系,采用"代表性成果"评价机制,充分依靠国内外同行的学术评议,提

----

　　① A 大学管理学院高级职务评审学术评价标准[EB/OL]. http://www. doc88. com/p-3136799485067. html。

　　② A 大学公共卫生学院高级职务评审学术评价标准[EB/OL]. http://sph. A. edu. cn/a/452. 2016-10-24。

　　③ A 大学高级职务聘任实施办法[EB/OL]. http://xxgk. A. edu. cn/bd/2d/c5169a48429/page. htm。

续 表

管理学院高级职务评审学术评价标准（副教授）[①]	公共卫生学院高级职务评审学术评价标准（副教授）[②]	A大学高级职务聘任实施办法[③]
科研方面 （一）方案一 1)在国内顶级或国际三级及以上等级期刊发表论文3篇以上,其中至少2篇为第一作者或通讯者,至少1篇为国际二级期刊论文;2)作为课题负责人至少承担1项省部级以上科研项目。 （二）方案二 1)在国内顶级或国际三级及以上等级期刊发表论文2篇以上,其中至少1篇为第一作者或通讯作者,至少1篇为国际一级期刊论文;2)作为课题负责人至少承担1项省部级以上科研项目。 （三）方案三 1)在国内顶级或国际三级及以上等级期刊发表论文2篇以上,其中至少1篇为国际顶级期刊论文;2)作为课题负责人至少承担1项省部级以上科研项目。	(1)任现职以来主持国家自然基金科研项目者优先考虑。从2015年起须以第一作者或通讯作者发表医学教育教学论文一篇;教学为主型副高级职务申请者,没有科研方面要求,但需以第一作者或通讯作者发表教学论文2篇。 理科(公共卫生预防医学各相关学科):任现职以来在国内外本学科领域核心期刊上第一作者或通讯作者发表论文6篇(其中3篇为SCI论文,且SCI论文总影响因子$\geqslant$5),并提供"代表性成果"。作为主要承担者承担过至少1项省部级以上科研项目。 文科(社会医学与卫生事业管理学科):任现职以来在国内外本学科领域核心期刊上第一作者或通讯作者发表论文6篇,至少正式出版个人学术专著1部或SCI(SSCI)论文2篇(SCI/SSCI论文总影响因子$\geqslant$2),并提供"代表性成果"。作为主要承担者承担过至少1项省部级以上科研项目。	高学术创新质量,引导学术事业健康发展。具体要求:1.申请正高级职务的人员,在所从事的学科领域内应取得达到国内先进水平的成果,在同行中享有较高的学术声誉和学术影响,是本学科的优秀学术骨干。申请副高级职务的人员,所从事学科领域内应取得同行认可的成果,是具有发展潜力的主要学术骨干。

续　表

管理学院高级职务评审学术评价标准（副教授）①	公共卫生学院高级职务评审学术评价标准（副教授）②	A 大学高级职务聘任实施办法③
	（2）作为主要研究人员（排名为前 5 名者）获得过省、部级以上科研或教学成果奖，在教学或科研相同情况下可优先考虑。	2. 院系应结合学校建立世界一流大学师资队伍战略目标，根据本学科特点，围绕学术贡献、学术影响和学术活力等方面建立学术评价体系，并充分考虑教书育人、成果应用与转化、社会服务等多方面业绩，制定综合的评价标准。
实践方面 在实践方面满足以下三项中一项：1)主持咨询项目金额达到 30 万元及以上，且个人投入时间达 60 小时及以上;2)讲授管理学院高级管理人员发展中心组织的培训课程达到 60 课时及以上;3)撰写案例 2 个及以上且字数在 4 万字及以上，并在管理学院案例中心注册。	无此项规定	
其他方面 申请者如获得省部级二等奖以上奖项者，或获得省部级精品课程(作为最主要核心成员)奖励者，同等条件下优先考虑。积极参加各类学术活动、院系服务性工作或行政工作，主动配合服从工作安排。一般应有至少两年以上的学生工作经历。	无此项规定	

　　大学内部不同院系教师学术评价标准具有较大的差异,这种差异也体现了不同学科之间学术认可标准与规范的差异:人文社会科学领域的学术成果评价中学术权威的影响作用更大,学术水

平的认定有赖于学术权威的评判；而理工科有一个通用的学术水平认定标准——影响因子，因此，理工科的学术认定多依据期刊影响因子，更加强调高影响因子论文的数量。

在访谈中理工学科的教师 H1 也曾提到："社会上可能有一些思维固化，做什么事情都得凭关系，理工科它有一个特点，如果我们发文章，好的文章，包括 Science 等的杂志，它都有一个硬的原则，只要你的研究做得足够好，超人一等，比别人优秀，别人是挡都挡不住的，但是，文科可能没有这样一个硬的试金石，在理科它有许多硬的试金石，如果他能够持续地在好刊物上发文章，他也会取得声誉。……理工科来讲，学术还是有一个基本的标准和准则，你只要做得真正好的话，还是会凸显出来的。因为理科的许多判断标准是比较客观的，……我觉得我们国家的人文学科、社会学科还是应该加强一下学科规范的。"

当然，为了积极响应国家政策的号召，A 大学率先在国内实行"代表作"评价办法，只要有足够分量的代表成果，教师在职称评聘中可以突破基本科研业绩条件的限制破格晋升高一级职务，这样的评价制度更加得到人文艺术学科教师的好评。因为人文艺术学科的教师对著作类的成果更加认可，而理工科教师更加倾向于期刊文章的发表，近些年社会科学学科领域也开始越来越重视国际期刊的水平和影响因子。对于代表作评价办法，不同学科的教师就表达了不同的意见和看法。例如外文学院的教师 W1 就指出："我觉得代表作还是一个比较不错的制度，你还要看研究的领域和期刊什么的，有些学科它比较容易发表论文、出成果，数据来一分析就可以发论文；有些学科和研究领域需要很长时间的积累，在人文学科它的作用更大。我觉得它更加适合于人文学科，历史、哲学等领域研究周期和成果积累较长。我觉得代表作制度还是比较合理的、人性化的。"

因此，虽然学科属性的不同使得不同院系和学科会有不同的学术认可与评价标准,但这些评价标准背后反映的却是公司逻辑下的绩效管理手段。对于普通教师而言,不论是质量还是数量,你必须有一样符合绩效考核的标准和要求,否则就会被淘汰。

因此,大学公司逻辑指导下,教学科研评价具有统一标准基础上差异化的特点,这种差异化的评价标准对不同类型的教师具有不同的形塑作用,在一定程度上,绩效卓越的教师正是那些能够快速适应这种标准要求的教师。

三、公司逻辑下我国研究型大学学术权力的变化

根据公司逻辑中所蕴含的学术工作的象征系统和实践活动,公司逻辑中学术知识是大学公司的专有财产,学者工作的目的是维持公司的雇员身份,学术工作的内容和边界主要由大学决策者决定,通常与大学战略目标一致;官僚控制系统中正式规则的影响较大,而学者的学术身份、薪酬和雇佣关系的决定权被大学公司的行政权威和由行政权威委派的学术权威把持,这也就意味着,大学行政领导与他们委派的学术权威是学术权力的实际拥有者。在实际的大学学术治理结构中,是否依旧是这些人员拥有绝对的权力,并且决定着学术活动的运行呢?

带着这样的疑问,本研究通过"您认为,谁在教师学术职务聘用和晋升中起关键作用"这一问题对Ａ大学学术活动中的权力结构进行了调查。我们将权力结构分为校外、校内的校级、校内的院系三种结构,同时校内权力结构又分为校内行政领导和校内学术权威两类人员,这样的分类可以更加清楚地分析Ａ大学学术权力来源的结构。

根据第四章第二节关于Ａ大学教师担任校内其他职务情况的调查结果,Ａ大学教师的回答具有高度的一致性,他们普遍认为是院系学术权威起关键作用,有72.1%认为院系学术权威在学

术职务聘用和晋升中起关键作用,同时也有 13.1%的教师认为院系管理人员在起关键作用,教师认为校级领导(2.2%)、校级学术权威(6.6%)、职能部门管理人员(1.6%)和校外同行(4.4%)所发挥的作用都非常小,具体见表 6.4.3。

表 6.4.3　A 大学学术职务聘任和晋升中起关键作用人员基本情况表

人员	校级领导	校级学术权威	职能部门管理人员	院系管理人员	院系学术权威	校外同行	合计
人数	8	24	6	48	264	16	366
百分比	2.2	6.6	1.6	13.1	72.1	4.4	100.0

如果我们将一些同类型的选项合并,则会看到学术权力结构的基本情况:

首先,从学术权力和行政权力的角度看,代表行政权力的校级领导、职能部门管理人员和院系管理人员,他们在学术权力结构中只发挥了 16.9%的权力,校院两级学术权威和校外同行共计发挥了 83.1%的学术权力。因此,学术权威是学术权力结构的主体,行政人员在学术权力结构中处于绝对的弱势。

其次,在校级权力和院系权力的构成方面,代表校级权力的校级领导、校级权威和职能部门管理人员在学术权力结构中共计发挥了 10.4%的权力,而院系层面上的院系管理人员和学术权威共计发挥了 85.2%的权力。因此,院系权力是学术权力的管理主体,校级层面的学术管理权力相对处于弱势。

第三,学术权力管理的主体仍在校内,校外同行只发挥了 4.4%的学术权力。

通过对 A 大学教师学术权力来源与结构的调查我们可以初步得出以下结论:在我国研究型大学学术权力主要来源于院系学术权威和院系管理人员,院系层面的学术权力是学术权力结构的主体,校级层面上的学术权力则属于弱势权力,学术权力的主体仍然在校内。根据制度逻辑理论的分析框架,校级行政领导是学术权力的最高拥有者和控制者,并且行政权力对学术活动的控制权大于学术权威的权力。但调查结果显示,在实际大学学术治理结构中,大学领导者在学术权力控制方面的作用相对比较弱,而真正拥有和发挥学术权力控制的是院校学术权威。这在一定程度上反映出了我国学术权力结构的变化,学术权威已经成为学术权力的主体,学术专业的逻辑在大学学术权力控制方面的作用非常重要。

虽然这一结论也会被质疑,院校学术权威是在院系行政管理部门组织下评选出来的,这些学术权威能够在多大程度上代表学术的良心呢? 但是根据本次调查的结果,在学术权力来源和控制方面,公司逻辑的影响作用相对较少,学术权力控制更多地遵循学术专业的制度逻辑。

小结:首先,高等教育规模扩张导致科层制组织体系的繁杂,但是这也为以研究平台和基地为基础的新型组织的出现提供了机会,这两类组织遵循着截然不同的运行机制,大学和院系层面上党政行政机构按照科层制的管理模式运行,而研究基地与平台则以研究项目的形式开展工作,项目管理的色彩更加浓厚,一般遵循的是学术专业的运行模式。其次,公司逻辑下学术绩效评估标准也体现出了统一标准基础上差异化评价的特点。在学术权力来源和控制方面,公司逻辑的影响作用相对较少,学术权力控制更多地遵循学术专业的制度逻辑。

第五节　专业逻辑对教师学术职业身份与工作选择的影响

纵观西方大学发展史,学术职业发展与学术共同体之间有着密切的联系,学术自由、学术自治和学术职业专业化有着深刻的文化传统与基因。在学术职业发展过程中内生了一些极具特色的制度与规范,如同行评价、学术成果发表、学术资格认定等内生制度,以及学术专业理想、学术研究旨趣、学术职业选择取向、学术声望获得途径等惯习与价值信仰和认知规范。

根据制度逻辑的分析框架,在专业逻辑中,学术知识属于学术共同体,通常被专家严格控制,学者工作的目的是提高在共同体内的声望。学术研究工作的内容和边界由学术共同体的追求和需要决定,学术声望高的学者影响力较大,研究工作的合法性来自文化—认知系统的力量。共同体中的权威学者决定着学术人员的招聘、薪酬和雇佣关系,并由学者的学术能力和研究成果决定。学者横向流动自由,纵向流动从最低的学术等级开始走向更高的等级,纵向流动较为缓慢,学术职业发展机会由学术研究质量和学术声望决定。

在我国研究型大学中,专业的制度逻辑所蕴含的这套关于知识来源与研究目的、工作过程与教师控制、教师聘用与雇佣关系、薪酬与绩效考核、学者流动性与发展机会方面的象征系统和价值实践活动的基本现状如何? 许多学者曾提出,"我国大学非常缺乏专业的学术文化和学术共同体规则",那么,这种现象在我国研究型大学中是否依然存在? 其中在哪些方面已经得到了改善? 哪些方面仍然存在较大的不足? 共同体的价值信仰和工作模式对研究型大学教师的学术职业身份和工作选择会产生哪些影响? 这是本节需要回答与探讨的基本问题。

一、能力和志趣依然是教师职业选择与发展的内在动力

正如前面所述,在国家逻辑主导下科学研究更加遵循着项目制的工作模式,学者在选择一个新的研究项目时大都会非常地谨慎,考量自己的研究方向是否符合国家战略和意识形态的需要,

但是在综合研究型大学,大部分教师的研究仍然是以纯基础研究或理论研究为主,具体见表 6.2.2。教师更愿意探究学科和专业领域的一些基本问题,学者的学术研究更加遵从对学术本身问题的探究。

在访谈中 W1 教师就反复提到:"我目前从事的语言学基本理论方面的研究,这个研究领域需要极强的理论要求,短期内不容易发表较多的成果,……因为自己喜欢的研究领域和问题总会坚持下去的,整个研究过程也是一个积累知识的过程,它也不仅是为了产出。积累到一定程度,有些问题突然就想明白了,就可以写出来,这本身也可以锻炼自己的语言水平。"调查结果也显示,虽然在选择一项研究项目时,教师会充分考虑是否能够解决社会发展的问题,并且这也是基于教师本人的研究能力和兴趣的,例如有 88% 的教师认为他们开展一项研究课题时会优先考虑个人的研究兴趣,具体见表 6.2.3。

教师 WI 也曾谈到:"像我们这个年纪的人(W1 教师 45 岁),大家都记得,小的时候很多人的理想都是做一名科学家或成为一名科技工作者,所以当我博士毕业的时候我就断然地选择留校,我比较喜欢大学的一种生活,你们学文科的知道,马克斯·韦伯的话'以学术为志业','志业'不是'职业',我自己也出于这样的一种思考,以学术作为方向,一直做科研以及其他的事情。我工作的目的就是为了自己的理想而去做的,我和别人不太一样,我不去想太多,就是以这个为职业,从事自己比较喜欢的职业。"

因此,不论国家与市场等外部环境如何改变,研究型大学的教师从事学术研究仍然在遵从自己的学术职业理想和信念,坚信长期的积累一定可以取得自己较为满意的研究成果。除此之外,他们也会考虑个人的职业生存、学科发展与建设以及所教学生的发展需要。在访谈中也发现,不论是自然科学领域还是人文社科领域的教师都表示,只有符合国家战略与社会需要的项目才更有可能获得更多的资助,个人的研究兴趣和偏好有时可能会让位于国家战略和市场需求,但是他们也会尽量调整自己的学术志趣与社会需要之间的关系。因此,能力和兴趣依然是目前我国研究型大学教师选择科研项目的首要依据。

通过第四章第四节的调查我们也发现,研究型大学教师选择学术职业的原因主要是因为大学工作的独立自主性、喜欢探究自己喜欢的学问、大学教师的生活方式以及对他们有重要影响的他人(具体见表4.4.2)。在选择工作单位时他们会更加看重大学的学术声誉、学术环境以及所在学科的影响力,当然也会更加看重大学所在的城市(具体见表4.4.3)。由此,我们也可以看到,作为高级学者的研究型大学教师,他们学术职业选择时更加看重专业的自主性、学术机构的影响力以及良好的学术环境。

因此,能力和志趣仍然是目前我国研究型大学教师学术职业选择和发展的内在动力。

二、社会关系网络是教师获得学术声望的主要途径

虽然目前的学术研究更加容易受到来自国家战略、市场利益等外部环境的影响,但是学术研究能力和志趣依然是研究型大学教师学术研究的主要目的和依据。学术声誉的获得除了与学者本身拥有的学术能力和研究成果有关以外,还会受到其他一些因素的影响,例如已经取得的成就和声望、服务机构的影响力、导师的影响力以及个人的社会关系网络等等。为了了解研究型大学教师获得学术职业声望和影响力的影响因素,本研究对教师认为"目前在中国想要成为一位出色的学者,除了个人的学术能力,您认为下列选项中哪几项更加重要"问题的调查中,教师的选择排序在前五位的依次是已经建立起来的人际关系网络(68.3%)、导师的学术声誉和影响力(51.9%)、已经获得的社会声誉和知名度

(49.2%)、工作大学的排名和影响力(44.3%)、担任校内外行政
职务(36.1%),具体见表 6.5.1。在这五个主要因素中排在首位
的是学者已经建立起来的人际关系网络,导师的影响力和担任行
政职务两个因素排在第二和第三位,这三个因素是教师获得更大
学术声誉、取得更多学术成就的主要途径。因此,通过已经获得
的社会声誉、导师的影响力以及担任校内外行政职务等途径而累
积起来的社会关系网络系统是目前我国研究型大学教师获得更
大学术声望的主要途径。

表 6.5.1　A 大学教师获得学术声望的途径情况表

项目	人数	百分比
学位获得机构的地位和声誉	120	32.8
导师的学术声誉和影响力	190	51.9
工作大学的排名和学术声誉	162	44.3
已建立起来的人际网络与关系	250	68.3
担任校内外行政职务	132	36.1
专业团体或组织中担任理事或领导职务	116	31.7
已经获得的社会声誉和知名度	180	49.2
其他	14	3.8

在访谈中,教师 H1 也谈到了学缘关系这种重要的社会关系
网络对学者学术发展的影响问题,他讲到:"我的职业发展相对比
较顺利,是什么原因或条件呢,我自我感觉,我自己当时还是比较
优秀的,……我的学习经历都是在 A 大学完成的,在人文学科把
这叫做学缘关系,(我讲的是专业术语对不对,所以你和我的沟通
不会有问题的)。当然,我这样的学缘关系有它的弱点,学缘关系
比较单一,在现在的一个氛围下,稍微有点不利于自己的发展,主
要是学习新知识。……由于我个人的一些特点,我比较容易和别

人合作,比如跟化学系的一些老师合作,无意识地完成了一些工作,就是学习了新的知识。学缘关系的单一不利于学习新知识,我自己接受新知识主要是靠自己系统地学习,怎么就系统地学习呢? 如果我想要做某一个方面研究的话,我可能会花两三个月的时间去看这些方面的文献、文章,这段时间除了一些日常的工作以外,我就会找这些方向的材料与别人讨论。自己学习,通过这样一个自我学习完成了新知识的学习以弥补学缘关系单一这个事情。很多人可能是通过做博后、换地方跟着一个新的导师习得一种新的知识和技巧,我通过看文献、自学而学习新知识,这样可能比较累一点。新一代的人,他们如果能够在其他地方可以学的话,机会好一点的话,那样可能会更好。……另外,我们的学科几乎是国内最好的学科点,这样的话,当然国外也有好的点,如果能留在国外做博士后也是比较好的……我觉得因为我对自己的学术规划有自己的思想,而且对学校的规则了解较早,比如准入的门槛、职称晋升标准等我比系里的其他老师更早地知道,我就会尽早准备,基本上时间到了就可以达到基本的条件,基本上你达到了条件就可以顺利晋升了,我基本上就按照这个目标去做,就正常地完成了这个过程。”

在 H1 教师的访谈资料中,上面调查中反映的几种因素其实他都碰到了,但是他的经历进一步表明,无论在哪里,学者个人的努力都是学术成功的首要因素,在这个基础上学缘关系单一的不足只能够通过持续不断的学习去弥补。他也提到他所在的学科在国际国内都有较高的水平,这种机构的优势也在一定程度上弥补了他学缘关系上的不足。因此,不论我们怎样努力,一个不争的事实就是,学者个人建构起来的强大的社会关系网络是学者取得成功、获得更大学术声誉的基本途径。这个关系网络系统至少包括自己已经积累起来的人际关系网络、导师的影响力、担任大学与专业学会中的领导职务,以及学习与工作机构的学术影响力等等。

三、同行评价是教师学术评价的主要形式

高深知识是对学术工作内容与工作对象的一种抽象描述，"高深知识"这一术语即是对知识表现形式的描述，更是对知识专业化过程的一种描述，在表现形式上高深知识体现出学者对知识的掌控能力和水平。依据这种能力和水平，研究者分化为一个完整的等级序列结构，而专业化过程则将高深知识分化为不同的学科与专攻领域。在一个特定的学科和研究专攻领域，杰出的研究人员都会受到特殊的重视，他们被从学科和研究领域中精心挑选出来组成了一个同行评价小组，通过集体评判的方式对学术共同体内部成员的学术质量做出评价。同行评价小组可以是一种实体组织，有时也可以是一些专家网络、一些"无形学院"以及一些更大范围内反映学术群体密切活动的关系①。由于学科和研究专攻领域的分化及学科之间的壁垒，只有学科和领域内部的人员才能够对同行的研究能力和水平做出相应的评判，特别是学科和领域内部的精英分子。

在学科和研究领域中，同行评价逐渐演化为一种学术能力与水平评判的基本规则，在特定学科领域或机构中同行评价的有效性代表着该学科领域或机构学术职业的专业化水平。根据第六章第四节中表 6.4.3 的调查结果，院系学术权威决定着教师的学术聘任与晋升的过程，而大学中的学校和院系领导以及党政行政职能部门的行政人员对学术人员的聘任与晋升发挥的作用相对较弱。

在学术活动中，从学术权威为代表的学术权力和行政管理人

---

① 托尼·比彻，保罗·特罗勒尔. 学术部落及其领地：知识探索与学科文化[M]. 唐跃勤，蒲茂华等译，北京：北京大学出版社，2008：92—93。

员为代表的行政权力之间力量对比关系的调查中我们可以看出，学术领域内部更加遵循专业的逻辑，至少在 A 大学，学术权威已经成为学术权力的主体。关于 A 大学的同行评价，教师们也表达了他们的一些看法，例如教师 W1 就提到"不论在学校还是在院系层面上的教师评价，说到底，自己本身的判断能力、学术能力、人品都很重要，因为一定程度上说同行评价也会有问题，但是目前也拿不出一个更好的办法，基本上教授会或学术委员会做出的评价还是比较公平的。但是为了更加公平公正也会有校外的评审，对你的成果、论文等材料进行评审。"至少目前有院系教授会或学术委员会对教师作出评价是一个相对客观公正的办法，校外评审也需要更加规范。

四、评议人是教师在学术共同体中的主要角色

大学教师在利用自身的高深知识从事大学教学、研究和社会服务工作以外，也在承当着更多的校内外其他职务与角色。这些职务与角色主要包括校内行政职务、期刊或项目评议人、专业学会的领导者或发起人等。根据第四章第二节中表 4.2.3 的调查结果，我国研究型大学教师担任的其他职务主要有期刊或项目的评议人、专业和学科委员会的领导、政府与社会组织的咨询专家以及校内行政领导四种。除了担任校内行政职务以外，其他职务都与教师的学术能力有关，例如 63.9％的教师以学术权威和专家的身份担任一些学术期刊或研究项目的评议人，有 45.9％的教师担任专业学会或者全国性学科委员会的领导或成员，有 14.8％的教师担任政府或企业组织的咨询专家或顾问，也有 22.4％的教师担任学校的行政职务。这些职务和角色都代表着教师在学术共同体中的地位与声誉，在他们更好地服务专业学科和社会发展的同时，他们在共同体中的声望与地位也获得了进一步的提升。

由此可见,研究型大学中大部分教师都在担任同行评议者,他们在同行评价中发挥的作用较大,同行评议也是目前我国研究型大学中学术成果认可的基本制度。但是相对而言,研究型大学教师在政府或企业组织的决策咨询服务方面的作用仍十分有限,这可能与传统的学者观念和大学教师社会公关意识有关。

在访谈中 W1 老师谈到:"服务性的工作也有,一般是做一些校内讲座,……我这个人的秉性不大喜欢往外跑,所以服务性的工作比较少,不过,只要学生邀请了,我都会做。……我们这个专业怎么为政府提供咨询服务呀? 我们也不像经济学、管理学、政治学、社会学等学科,一般不会为政府提供决策咨询服务类的工作。同时,一方面讲,我自己是不会主动去做这些工作的,一些老师、同事、领导摊派个任务过来,给点面子做一下,另一方面,扩大一下影响力,给自己、讲座或自己的著作做做广告而已。"

而一位从事法学研究的教师 F2 在谈到大学教师的社会服务工作的时候,则提到了研究型大学教师的社会责任和担当问题,她指出:"学术研究的目的又是什么呢? 除了我说的教学和研究本身的目的以外,我觉得就是服务国家、服务社会,特别是我是从事法学研究的学者,肯定是以自己专业的角度为国家法治建设做出一定的贡献,提供一种类似于智库的支持,或者对政府也好,政策的制定者也好,提供一种决策咨询的作用。……目前我们法学院的老师,大部分都有社会兼职,我自己就是区政府的法律顾问,他们每年遇到一些法律问题的时候,都向我们来咨询,政府和一些单位签订的合同都会让我来审核,这就是在利用自己的专业知识为政府和社会做一些事情。……当然,担任区政府的法律顾问我是被选的,我们都是政府选定的人员,当时他们(政府)到各个大学征求意见,要求推荐,我当时是被我们的领导推荐到那里去的,经过资格审查我就去了,主要还是被动被选的过程,当然你自己也有一个被推荐和申请的过程。"

　　由此可以看出,有一部分教师参与社会服务型工作,特别是能够为政府或企业组织服务的教师的能力与意识具有较强的学科差异。同时更重要的是教师的个人偏好,一部分教师都只是被动地参与这些活动,或者不愿意去做。同时,在一些院系和研究中心,教师高级职务评聘过程中有关于社会服务性工作的硬性规定,例如社会服务的时间与等级等,但是大多数院系都只是将社会服务性工作作为教师聘任与考核的一个加分项,法学院的教师F2指出:"在我们这里(法学院),社会服务工作的成果只是作为教师评职称的一个加分项,并不是必备条件。虽然没有这些规定,但是我们也会鼓励教师从事社会服务,服务政府、服务社会,现在法学院很多老师都受聘为政府或社会机构的法律顾问。"利用学术专业知识服务社会既是现代大学教师的基本职责,也能体现研究型大学教师的社会责任和情怀,但是很显然,A大学教师自主服务社会的意识和能力仍需要改善。这与目前我国研究型大学教师对制度的依赖有一定的关系,似乎只有通过教师考核与评价政策才能够调动教师参与社会服务的意识和努力。

　　小结:本节主要是探讨了专业逻辑在我国研究型大学学术职业身份和工作选择中的作用及表现形式,通过研究发现我国研究型大学教师的学术研究工作充分体现出了学术职业的基本特性,学术研究遵循着学者内在的理想与追求,学术职业的一些内生规则也在学术活动中发挥着重要作用。首先,能力和志趣是目前我国研究型大学教师学术职业选择和发展的内在动力;其次,社会关系网络是研究型大学教师获得学术声望的主要途径;第三,同行评价是我国研究型大学教师学术评价主要方式;第四,评议人是我国研究型大学教师在学术共同体中担任的主要职务。第五,教师普遍意识到参与社会服务工作的必要性,但是主动参与的意识和能力相对不足。

第七章　研究结论与反思

　　在西方国家,"学术职业"专指大学教师所从事的职业,这一职业以高深知识的探究、发现与传播为终极目标和生存方式,具有较高的学术素养和理想追求。在学术职业发展过程中,已经内生了一套关于学术职业身份、理想信念以及专业工作模式等的制度与规范体系。随着大学与国家和市场之间关系的变化,国家和市场的价值信仰和工作模式不断嵌入大学,共同改变着大学教师的学术职业感知系统,特别是大学教师的职业身份、工作选择、职业期望以及学术职业环境等。这些变化在我国研究型大学的表现更加明显。

　　目前我国高等教育正在经历着巨大的变革,研究型大学的教师要面对更加严峻的压力和挑战,来自科研绩效、学术声誉、问责与评估的压力都会改变研究型大学教师的学术职业身份与工作选择的系统。研究型大学的教学研究人员(统称为教师)以学术工作为基础,原本拥有一套以教师、研究者和社会服务者为一体的综合学术身份系统。随着国家、市场等价值信仰和实践活动的影响,原本统一的学术身份系统不断被解构为相互割裂,甚至冲突的身份系统,在学术工作中普遍存在着"重科研轻教学"等现象。因此,本研究的核心内容是我国研究型大学教师学术职业身份和工作选择的基本现状和原因。重点回答了以下几个问题,我国研究型大学教师是如何认识其学术职业身份系统的?研究型大学教师三种统一的学术职业身份为什么会发生割裂?不同学术职业身份认同的教师其工作选择情况如何?国家、市场、公司以及学术共同体四种制度逻辑对他们的学术职业身份与学术工作选择产生了哪些影响?

　　为了更好地回答上述问题,本研究以 A 大学为个案,在考察了 A 大学教师规模和结构变化的基础上,采用问卷调查法、访谈法研究了我国研究型大学教师的学术职业身份、工作选择以及职业环境等的基本现状和特点,并采用制度逻辑理论的分析框架,研究了国家、市场、公司和专业四种制度逻辑对我国研究型大学教师学术职业身份和工作选择的影响和作用方式。作为对本研究的总结,本章将会对本研究的基本结论、促进研究型大学教师学术职业身份走向统一的政策建议,本研究存在的不足和未来研究的展望进行总结和反思。

一、本研究的基本结论

(一)教师规模结构的变化与教师学术职业身份和工作选择的多样化

　　我国研究型大学教师规模与结构的变化,不仅影响着大学教师招聘、晋升、考评和薪酬等政策的制定,也会对教师的学术职业身份、工作选择与职业期望产生深刻的影响。

　　首先,A 大学专任教师增长数的变化经历了一个先慢、后快、又慢的增长过程,专任教师供求关系以 1986 年为分界点,经历了供给严重不足和供大于求两个阶段。在这样教师供给严重不足的阶段,教师学术工作的重心主要在教学工作上面,这导致教师没有更多的时间和精力从事学术研究的工作,教师实际履行的职业身份也更加倾向于教师教育者的身份。但是在供大于求的阶段,教师数量相对充足,教师教学工作压力相对较低,教师选择学术研究工作的时间和机会相对更多,教师学术职业身份的选择更加多元,研究者的身份则会凸显出来。

其次,A 大学教授和副教授人数一直稳定增加,1980 年起快速增长;讲师和助教人数经历了一个先增加后降低的倒 U 型变化过程,1980 年左右达到峰值,助教比讲师早 2 年达到峰值。同时,A 大学教师年龄结构经历了以年轻教师为主体、以中年教师为主体和以中老年教师为主体的三个发展阶段。教授和副教授人数的稳定增加与教师年龄结构的变化直接相关,教授与副教授人数的增加带来了教师身份的统一,中老年教师更加容易平衡教学和研究之间的关系,他们更加倾向于大学教师教育者和研究者双重身份的建构,而年轻教师的工作重心普遍在研究工作上面,他们更加看重和履行研究者的学术职业身份,这与目前的教师评价和激励政策有直接的关系。

第三,A 大学教师学历结构变化的总趋势是研究生学历教师人数不断增加,本专科教师人数不断下降,具体在不同历史阶段变化幅度差异较大:1981 年以来新进教师以研究生学历教师为主;2001 年起新进教师以博士为主,并且海外学习的经历作为一条硬性的标准,带来了研究型大学教师学历结构的多元化。研究型大学教师学历结构和层次的不断变化,带来了不同教育背景和经历的教师学术职业理想和学术身份认同的差异,严格的学术研究训练和学科规制使新进教师更加认同大学教师的研究者身份,这种身份认同的差异对教师教学与研究工作的选择具有较强的示范效应。

(二)研究型大学教师学术职业身份与工作选择的统一性与冲突性

A 大学教师普遍认同大学教师的学术职业身份是教师、学者和社会服务者为一体的综合身份系统,但在实际工作中三种学术身份具有统一性和冲突性的特点。

首先,A大学教师更加认同研究型大学教师的学者或研究者身份,但在实际工作中教师或教育者的身份履行得更好,不同身份认同的差异影响着教师工作任务的分配与选择。A大学大部分教师担任同行评价者,这也在一定程度上反映了A大学教师在国内国际学术舞台上的影响力,但只有极少数的教师能够跻身为全国性或国际性学科委员会主要领导者的行列。

其次,虽然在A大学"重科研轻教学"现象依然存在,但是A大学学术环境相对比较宽松,同时院校政策在教师对教学和研究工作的重视方面仍然具有较强的形塑作用。院校教师考评、晋升以及聘用政策更加强调教师的研究成果,而教学相关的政策相对较少、且要求较低,这在一定程度上造成教师对研究工作的重视、而忽略教学工作。这对处于职业上升期的教师,特别是年轻教师的影响更大,研究者身份不断地被强化,而教师身份仅仅是一种伦理性的身份象征。

第三,A大学教师教学和研究工作的兴趣方面,虽然教学工作和研究工作教师都感兴趣,但是研究工作对教师的吸引力更大,在区别了岗位类别后,即便教学为主型教师也对研究工作更感兴趣。教师学术工作的兴趣也能够反映教师对教师身份和研究身份的兴趣和认同情况,很明显,研究者身份对教师而言更加有兴趣,这也会对教师学术工作时间分配和精力投入产生较大的影响。

第四,在A大学教师教学和研究工作时间的分配方面,教师的岗位性质与其实际用于教学和研究工作的时间基本一致,教学为主型教师用于教学工作的时间相对多于研究工作的时间,研究为主型教师和研究型教师用于研究的时间明显多于教学工作的时间。因为对于不同工作岗位性质的教师来说,教学工作量都有明确的要求,特别是本科生人数较多的院系,教学为主型教师承担的教学任务较重,用于备课、上课以及学生作业辅导的时间更多,而研究为主型教师更多的是承担了研究生课程的教学,相对教学任务和负担较少。在自由支配的时间里教学和研究工作的时间分配,更能够反映教师学术职业身份的认同的实际情况。在A 大学,教学为主型教师和研究为主型教师在可以自由支配的时间里用于科研工作的时间都超过教学工作的时间,教师普遍将可以自由支配的时间用于研究工作,教师履行的身份更加侧重于研究者的身份。同时,研究为主型教师在可以自由支配的时间里用于教学工作的时间却高于教学为主型教师,这主要是因为研究为主型教师会将更多自由支配的时间用于研究生的培养工作中。

(三)学术职业环境与研究型大学教师的学术职业身份与工作选择

学术职业环境体现了学术职业选择的自主性,它对教师学术工作的选择具有较大的影响。通过调查发现,A 大学教师对学术职业环境的整体满意度处于比较高的水平,教师普遍认为 A 大学的学术职业环境相对宽松。

首先,在学术职业环境的七个因子上,A 大学教师在学术职业的自我感受、离职倾向、学术交流环境和工作的支持性条件四个因子上均处于基本满意及以上水平,教师对学术职业环境不太满意或认可的因子依次为工作和生活的压力、职业干扰因素和制度环境三个因子。

其次,学术职业自我感受、制度环境、工作和生活压力以及工作的支持性条件四个因子对学术职业满意度具有显著的影响,其他三个因子的影响不显著。因此,学术职业自我感受、制度环境、工作和生活压力以及工作的支持性条件是影响研究型大学教师学术职业环境满意度的重要因素,并且其影响作用大小依次为学术职业自我感受、学术制度环境、工作与生活压力和工作的支持性条件。这也就意味着教师的学术职业理想、制度环境、工作与生活压力和工作的支持性条件这四个因素对教师教学和研究工作的选择具有较大的影响。如果教师的职业身份是学者,院校对教师的研究支持更多,并且研究工作对教师工作和生活的意义更大,教师则会更加倾向于选择研究工作,反之亦然。

第三,不同性别、年龄、学科、岗位性质以及职称的教师学术职业环境整体满意度及五个因子上差异显著,这为我们分析不同类型教师学术职业身份认同的影响因素提供了现实的支持。

（四）研究型大学教师学术职业身份与工作选择的多重制度逻辑

国家、市场、公司和专业逻辑是影响我国研究型大学教师学术职业身份与工作选择的重要因素,每种制度逻辑都以不同的形式和作用机制影响着教师的学术职业身份与工作行为。

首先,在国家逻辑中,研究型大学教师具有国家公务人员的身份特征,教学和研究工作的选择深受国家战略的影响。首先,政策法规是国家逻辑中国家对大学影响的基本手段;其次,委托者与代理人是国家逻辑中国家与大学的关系的基本形式;第三,科研项目平台制是国家逻辑中政府影响研究经费和内容的基本途径;第四,事业单位身份是国家逻辑中大学教师薪酬确定与职业发展轨迹的重要基础。

其次,在市场逻辑中,研究型大学教师身份具有更加功利的特点,职业利益最大化是其教学与研究工作选择的主要依据。首先,学术劳动力市场供求关系的变化促进了研究人员的多样化。其次,市场竞争机制正在影响着教师的收入结构与分层,突出地表现在社会科学领域的教师收入明显高于人文艺术学科和自然科学领域。第三,学术劳动力市场的供给水平决定人才招聘方式、范围和质量。大学教师的招聘都要在人才市场中通过公开竞聘的方式选拔,2000年以来我国研究型大学教师招聘越来越市场化。第四,市场逻辑与学术逻辑的结合引发了学术研究类型和学术职业管理的革命,教师晋升与评聘更加注重量化考核,而对难以量化的教学工作的考评的重视相对不足。

第三,在大学管理日益公司化、项目制的背景下,研究型大学教师是属于大学公司的雇员,绩效是大学教师短期的工作目标和利益追求。首先,"大学公司"的规模扩展为以研究平台和基地为基础的新型组织的出现提供了机会,这两类组织遵循着截然不同的运行机制;其次,公司逻辑下,学术绩效评估标准具有统一标准基础上的差异化特点。第三,我国研究型大学的学术权力主要来源于院系学术权威和院系管理人员,院系层面的学术权力是学术权力结构的主体,校级层面上的学术权力相对弱势,学术权力的主体仍然在校内。

第四,在专业逻辑中研究型大学教师在国内学术共同体内拥有较高的学术声誉和地位,优秀的学者是他们更加认同的学术身份,工作的目标是获得更大的学术成就和更高的声望。我国研究型大学教师的学术研究工作充分体现了学术职业的基本特点,学术研究遵循着学者的内在理想与追求,学术职业的一些内生规则也在学术活动中发挥着重要作用。首先,能力和志趣是目前我国研究型大学教师学术职业选择和发展的内在动力;其次,社会关系网络是研究型大学教师获得学术声望的主要途径;第三,同行评价是我国研究型大学教师学术评价的主要方式;第四,评议人是我国研究型大学教师在学术共同体中担任的主要职务。

二、促进研究型大学教师学术职业身份走向统一的政策建议

教学、研究和社会服务是现代大学的基本职能,并且教学、研究和社会服务并非孤立的三种活动。以高深知识为基础,研究型大学中的教学、研究与社会服务三种活动具有统一性的特点,这

要求研究型大学教师的学术职业身份和工作选择理应具有统一性。虽然研究型大学普遍认同教师、研究者以及社会服务者三种身份是一个统一的身份系统，但是受到国家政策、市场竞争、绩效管理以及学术认可机制等的影响，三种身份和工作常常需要教师进行取舍，不同类型的教师在学术职业身份和工作选择方面具有较大的差异。

在研究型大学，"重科研轻教学"的现象依然比较严重，如何真正有效地解决这一问题，仍然需要从国家政策的调整、院校学术制度的完善以及教师学术精神培育等方面发挥积极的作用。因此，本研究从研究型大学教师学术职业身份建构的角度出发，提出了如下政策建议。

（一）推进博士生培养制度改革，重视教学学术能力和文化的培育

博耶在《学术反思：教授工作的重点》中指出，大学的学术活动至少应该包括探究的学术、整合的学术、应用的学术和教学的学术四种基本形式[①]，这对我们全面理解大学学术活动的基本形式和学术文化提供了一种更加完善的思路。大学的活动不应总是局限在传统的研究与发现领域，学术研究的传播和传承需要教学学术作为支撑。因此，研究型大学教师的学术职业身份理应是研究者与教师身份的统一体，同时为了更好地服务于国家战略的需要，研究型大学的教师也应该主动承担起科技服务者、文化引领者、道德实践者等社会服务者的身份。这就需要更加包容共生的大学文化，实现四种学术文化的统一。

在对 A 大学教师的访谈中，当问到"您是如何理解研究型大学教师的学术职业身份和学术工作"的时候，年轻教师普遍回答

---

① 潘金林，龚放.走向多元学术：博耶的学术生态观及其实践意义[J].教育理论与实践，2010(16)：16—19。

"研究型大学教师的首要身份是就是研究者,或者科学研究是其首要工作",但是中老年教师则强调"教师或教育者的身份,更加看重人才培养的职责和担当"。由此可以看到,不同教育经历和学术实践的教师对其学术职业身份和工作选择的差异非常明显,学科规训对教学研究人员的学术文化影响深远。因此,为了改变研究型大学重科研轻教学的学术文化,必须加快推进研究型大学博士生培养制度的改革。目前国内的研究生培养体系更加注重学生的科研能力训练,很少有关于博士生教学能力训练的课程体系和训练计划,只有极少数的研究生参与本科生的教学活动。从学术文化培育的角度讲,国内的博士生教育应该借鉴国外大学博士生助教制度的做法,通过学科规制和文化实现大学学术文化的改造和传承。

(二) 完善教师考评政策,强化教师教学能力的考核指标

研究型大学教师考核与晋升政策对教师学术工作的选择具有较强的形塑作用。在调查中Ａ大学教师普遍反映:一方面,教师职称评聘中过于重视对科研产出数量和质量的考核,而关于教学相关的考核指标基本流于形式,不论是教学工作数量还是教学工作质量的考核都只是规定了一个最低要求;另一方面,即便教师教学工作的考核会综合学生评价和同行评价来体现教师的教学水平,但是评价结果的权重依然非常小①。在访谈中,年轻教师普遍反映:"职称晋升考核的压力较大,'非升即走'要求教师科研产出的短平快,在时间和精力有限的情况下,只能根据工作的轻重缓急选择工作内容,一般情况下只能压缩教学时间,或者提高教学工作的效率。"这种现象目前在中国大学教师职务晋升和绩效考评工作中非常普遍,导致教师只将有限的时间和精力投入到

---

① 表6.4.2是Ａ大学不同院系教师高级职务考核指标和要求,能够看到教学相关工作的考核指标和要求。

教学工作中,这在有晋升压力的中青年教师身上表现得更加明显。访谈中也有一些青年教师反映,即便是目前只重视科研指标的评价方式,也存在政策缺乏延续性、政策变化太快的问题。

因此,如何制定科学合理的教师考核评价办法,有效评价教师教学和科研工作的绩效,仍需院校做深入的研究。从目前研究型大学教学和科研工作状态而言,在推进教师考核与晋升政策改革的过程中,不断完善教学工作的考核指标体系,加大对教学工作考核的权重,不断改善学生评教结果的有效性和教师同行评价的客观性。

（三）完善教师发展中心的效能建设,提升教师教学学术水平

为了有效提升教师的教育教学水平,弥补青年教师教学能力和水平先天不足的缺陷,教师教学发展中心作为一种新兴的组织机构在我国大学中已经比较普遍,成为提升教师教学水平的专门机构。但是,目前我国普通高校的教师教学发展中心普遍存在学术性不强、独立性不够、专业性和感召力不足的问题[①],这就导致教师教学发展中心在提升教师教学水平和能力方面的作用仍十分有限。在教师访谈中,一些教师反映 A 大学教师教学发展中心主要通过开展讲座、专题辅导和示范教学等形式开展工作,但由于学科教学文化的差异,教学发展中心的活动和内容更加侧重于教学理念的培训,教学技能和方法等方面的辅导培训明显不足。在西方大学,教师教学发展中心的工作更加侧重于"临床视导",主要针对教师的具体教学问题进行微观的指导。

因此,提升我国研究型大学教师教学发展中心的工作质量,就必须从教师教学发展中心的性质定位、机构建制以及工作内容与方法等方面进行改革和完善,使教学发展中心能够在提升新进

---

① 别敦荣,韦莉娜,李家新.高校教师教学发展中心运行状况调查研究[J].中国高教研究,2015(3):10—10。

教师或年轻教师教学学术水平中发挥更大的作用。在这里重点强调的是院系在教师教学发展方面的工作,建立和完善老中青"传帮带"的制度和机制。在访谈中有教师就提到"如果院系的听课评课活动只是为了中老年教师完成听课任务,这样的课不听也罢,希望在做好听课以后的评课和示范课工作方面有所改变"。年轻教师教学学术水平的提升需要教师教学发展中心的理念引领,更需要教学发展中心和院系结合教师教学情境进行专项辅导或者一对一的帮扶工作。

(四)强化教师分类管理,完善教师激励机制

高校教师分类管理是完善教师激励机制的核心工作。目前我国普通高校教师岗位性质的划分主要包括教学型、研究型、教学为主型和研究为主型四种类型,一些高校的分类则更加简单,分为教学为主型、研究为主型和研究型三种类型。教师岗位性质的划分主要根据教师所在机构性质和教师意愿两种因素,其中一些专门设立的研究中心的专职教师的岗位性质一般为研究型教师,有本科生教学的院系的教师则划分为教学为主型教师或者研究为主型教师。在教学院系中一般会由教师在岗位竞聘时自主选择岗位性质,但是在访谈中了解到教师一般不会主动选择教学型教师或者教学为主型教师,除非是教学能力非常出众的教师或者科研能力相对较弱的教师才会主动选择教学为主型教师岗位,因此教学为主型教师人数相对较少。由于目前院校教师激励机制更多的是以教师科研产出作为绩效考核的标准,导致教师都以科研产出作为努力的方向,加之教学奖励的项目相对较少,导致教师对教学的投入仍然有限,这在教师访谈中几位教师都有谈到。

问卷调查和教师访谈结果也都表明,A 大学认为学术职业环境相对比较宽松,教师绩效更加注重成果产出的奖励机制,对科研产出较少或没有产出的教师基本没有惩罚。相对来讲,"非升

即走"序列的年轻教师晋升考核压力较大,工作时间较长的教师,绩效考核的压力相对较少。对于非"非升即走"序列的教师而言,就会出现两个极端,大部分教师在教学科研工作中积极认真,但也有一少部分教师的工作积极性较差。在访谈中,法学院的一位教师 W3 就提到"A 大学目前的教师激励政策容易养懒人,我们学院就有几位教师是这样的,因为他们年龄都四五十岁了,还是讲师或副教授,他们评职称已经没有太大希望了,成天除了上课,基本上见不到人,他们现在就等着退休了",另一位环境系的教师 HJ1 也提到"为什么 A 大学目前一些学科在学科评估中的下降速度很快,主要的原因是目前对教师的激励明显不足"。这两位教师的观点可能仅代表一些非常积极努力的教师的观点,特别是中老年教师的观点。但是在对一些年轻教师的访谈中,年轻教师就提到:"给多少钱就干多少活,A 大学教师的收入水平在同类院校中只是一个中等水平,发的工资这么有限,你还指望教师能够产出多少东西呢?"由此我们可以看到,在 A 大学,教师激励机制明显存在一些问题,对"非升即走"序列教师的激励考核相对较重,但是对非"非升即走"序列的教师的激励相对不足。

因此,从教师管理的角度讲,做好教师的分类管理是有效激励的重要前提和基础。分类管理首先应该区分教师的岗位性质,不同岗位性质的教师应该有不同的考核标准和要求;其次,对于非"非升即走"序列的老教师在做好岗位分流的同时,适当增加一些惩罚机制,减少他们的负面示范效应;第三,对于"非升即走"序列的教师应该根据学科类别和岗位性质确定考核期限和考核要求,处理好短期效益和教师长远发展之间的关系。

研究型大学教师学术身份的建构过程是一个系统的过程,国家的政策导向、市场的价值信仰以及院校的绩效管理模式最终都是通过教师的学术实践活动不断建构起来的实践性身份系统。虽然政策的调整能够产生最直接的影响,但是教师的学术专业理想和精神才是教师学术职业身份建构的核心要素，这就需要通过学术共同体培育和发展教师的学术职业精神和职业理想。因此，从更加长远的角度讲，学术共同体的培育和学者专业精神的塑造对我国研究型大学教师学术身份的建构和工作选择的意义更大。

三、本研究的主要不足及展望

本研究的基本问题是我国研究型大学教师对其学术职业身份和工作选择的基本现状以及影响因素。大学教师的学术工作包括大学教师从事教学、研究和社会服务工作的三类基本工作。目前社会普遍关注高等学校普遍存在"重科研轻教学"的现象，并通过国家政策规范的形式改变这种现状，但是效果仍然不太明显。本研究尝试从研究型大学教师学术职业身份和工作选择的角度出发研究"重科研轻教学"的原因，试图从教师学术职业身份认同的角度出发探讨这一问题等的内在根源。教师的学术职业身份认同同时受到国家政策导向、市场竞争法则、院校的绩效管理以及学术共同体的认可机制等外部环境的深刻影响。基于这样的思考，本研究从我国 A 大学教师学术职业身份和工作选择的基本现状出发，在对 A 大学学术职业环境调查的基础上，采用制度逻辑理论的分析框架，重点探讨了国家、市场、公司和专业四种制度逻辑对我国研究型大学教师学术职业身份和专业工作选择的影响和作用形式，深入分析研究型大学"重科研轻教学"问题的成因，并提出了一些促进研究型大学教师学术职业身份走向统一的政策建议。本研究对于丰富学术职业相关问题的研究成果和扩展制度逻辑理论的经验领域具有一定的理论价值，也对研究型大学学术职业相关政策与制度的完善具有较强的实践意义。

但是，由于本人研究能力和精力有限，对有些问题的分析和解释还存在一些不足，希望在今后的学术研究生涯中继续探索和完善。

首先，A大学是一所综合研究型大学，我国研究型大学类型较多，如果仅从专业特色和大学传统的角度去划分，至少应该包括偏文科的研究型大学、偏工科的研究型大学以及行业性的研究型大学。因此，A大学并不能够完全代表所有的研究型大学，这仍然需要在今后的研究中不断扩张研究型大学的研究类型，或者对不同类型大学进行更加具体和深入的研究。同时，虽然本研究中问卷调查和访谈的样本基本符合统计抽样的要求，样本特征也能够反映A大学教师的整体情况，但是由于个人精力有限，问卷调查和访谈的样本数量相对较少，在样本选取上仍然存在着一些缺陷，在今后的研究工作中，笔者更应该加强在研究方法和技术方面的学习和改进。

其次，本研究从制度逻辑理论视角出发，建构了我国研究型大学教师学术职业身份与工作选择的制度逻辑分析框架，也分析了四种主要制度逻辑对研究型大学教师学术职业身份和工作选择的影响和作用形式。但是由于研究型大学教师学术职业身份及认同的复杂性，在研究中只是分析了四种制度逻辑对我国研究型大学教师学术研究工作的作用形式，对四种制度逻辑对教师学术职业身份变革的影响的分析不够深入，这需要在今后的研究中继续深入地研究。同时，在理论分析的过程中，四种制度逻辑之间竞争与冲突关系的解释和分析仍然需要补充和加强，并且需要更加完善的实证方法进行验证和分析。

参考文献

一、中文参考文献

［1］N·加雅拉姆，菲利普·G·阿特巴赫，别敦荣.孔子与古鲁：中国与印度学术职业的变革[J].高等教育研究,2007(2)：24-32。

［2］埃里克·古尔德.公司文化中的大学[M].吕博,张鹿译.北京：北京大学出版社,2005：24。

［3］伯恩鲍姆.大学运行模式[M].青岛：青岛海洋大学出版社,2003：67。

［4］查强,史静寰,王晓阳.是否存在另一个大学模式？[J].复旦教育论坛,2017(2)：5-12。

［5］陈慧娴,熊华军.中世纪大学学术职业：信仰与理性的统一[J].高教发展与评估,2010,26(6)：74-79。

［6］陈伟."从身份到契约"：学术职业的变化趋势及其反思[J].高等教育研究,2012(4)：65-71。

［7］陈伟."编外讲师"——德国学术职业生涯的独特设计[J].比较教育研究,2007,28(4)：58-62。

［8］陈伟.西方学术专业比较研究——多学科视域中德、英、美大学教师的专业化运动[D].浙江大学,2003：191。

［9］陈亚玲.民国时期学术职业化与大学教师资格的检定[J].高教探索,2010(6)：88-93。

［10］陈悦,陈松林,高锡文.美国学术职业工会化评析[J].大学：研究与评价,2007(Z1)：143-146。

［11］陈悦.学术职业的解读——哲学王的理想与现实[J].煤炭高等教育,2006,24(3)：35-37。

［12］杜驰.高等教育发展与学术职业的制度变迁［J］.高教探索,2008(4)：
　　　10‐13。

［13］菲力普・G.阿特巴赫.变革中的学术职业：比较的视角［M］.别敦荣等
　　　译,青岛：中国海洋大学出版社,2006。

［14］菲利普・G.阿特巴赫.国际学术职业——十四个国家和地区概览
　　　［M］.周艳等译,青岛：中国海洋大学出版社,2008。

［15］菲利普・阿特巴赫,利兹・莱斯伯格,劳拉・拉姆布雷.全球高等教育
　　　趋势：学术革命追踪——2009世界高等教育大会趋势报告摘要(上)
　　　［J］.世界教育信息,2009(11)：15‐18。

［16］菲利普・G.阿特巴赫.比较高等教育：知识、大学与发展［M］.人民教
　　　育出版社译,北京：人民教育出版社,2006。

［17］菲利普・G.阿特巴赫.失落的精神家园——发展中与中等收入国家大
　　　学教授职业透视［M］.施晓光译,青岛：中国海洋大学出版社,2006。

［18］耿益群.金融危机对美国学术职业的影响及其启示［J］.高教探索,2009
　　　(6)：85‐89。

［19］耿益群.美国研究型大学学术职业的历史沿革及特点分析［J］.比较教
　　　育研究,2008,30(5)：46‐51。

［20］耿益群.院校制度与美国研究型大学学术职业的发展［J］.比较教育研
　　　究,2010(1)：20‐24。

［21］顾恒.留苏群体学术职业生涯与新中国高等教育变迁［D］.华东师范大
　　　学,2014。

［22］郭丽君.西方大学教师聘任制改革及其对学术职业的影响［J］.高教探
　　　索,2007(1)：112‐115。

［23］郭丽君.学术职业的思考［J］.学术界,2004(6)：148‐154。

［24］侯定凯.博耶报告20年：教学学术的制度化进程［J］.复旦教育论坛,
　　　2010,8(6)：31‐37。

［25］黄亚婷.新公共管理改革中的英国学术职业变革［J］.高等教育研究,
　　　2013(5)：95‐102。

［26］冀玉婷,谢思诗.学术资本主义背景下学术职业的现状及其发展对策
　　　分析——基于SWOT分析法［J］.当代教育科学,2016(9)：58‐60。

［27］姜梅,史静寰.学术资本主义对学术职业发展的影响［J］.江苏高教,
　　　2015(6)：14‐17。

［28］柯进,刘博智,刘盾.一堂迟到了十一年的课咋补？［N］.中国教育报,
　　　2016‐03‐14(3)。

［29］拉塞尔・雅各比. 最后的知识分子［M］. 洪洁译,南京：江苏人民出版社,2002。

［30］赖亚曼. 美国高校教师薪酬外部竞争力分析与启示［J］. External Salary Competitivity, 2008(29：6)：90‐96。

［31］李碧虹,舒俊,曾晓青. 中美学术职业国际化的比较研究［J］. 比较教育研究,2014(10)：97‐103。

［32］李春萍. 分工视角中的学术职业［J］. 高等教育研究,2002(6)：21‐25。

［33］李志峰,沈红. 论学术职业的本质属性——高校教师从事的是一种学术职业［J］. 武汉理工大学学报(社会科学版),2007,20(6)：846‐850。

［34］李志峰,龚春芬. 论学术职业的权力、权威与声望［J］. 清华大学教育研究,2008,29(4)：12‐17。

［35］李志峰,沈红. 学术职业：欧洲中世纪时期的形成与形态［J］. 中山大学学报(社会科学版),2007(4)：44‐47。

［36］李志峰,沈红. 学术职业发展：历史变迁与现代转型［J］. 教师教育研究,2007,19(1)：72‐75。

［37］李志峰. 高校学术职业分层制度的变迁逻辑［J］. 清华大学教育研究,2012(4)：110‐116。

［38］李子江,陆永. 美国学术职业安全的保障机制［J］. 现代大学教育,2006(6)：89‐93。

［39］理查德・斯科特. 制度与组织——思想观念与物质利益(第三版)［M］. 姚伟,王黎芳译,中国人民大学出版社,2010(3)：1。

［40］林荣日. 制度变迁中的权力博弈：以转型期中国高等教育制度为研究重点［M］. 复旦大学出版社,2007：345。

［41］刘易斯・科塞. 理念人——一项社会学的考察［M］. 郭方等译. 北京：中央编译出版社,2001。

［42］卢乃桂,徐岚. 法国高等教育管理体制变革中的教师学术职业［J］. 高等教育研究,2008(1)：92‐98。

［43］罗雄荣. 现代西方学术职业的特点及启示［J］. 煤炭高等教育,2010,28(2)：53‐55。

［44］马克思・韦伯. 学术与政治［M］. 冯克利译,北京：生活・读书・新知三联书店,1999：155。

［45］毛益民. 制度逻辑冲突：场域约束与管理实践［J］. 广东社会科学,2014(6)：211‐220。

［46］欧内斯特・波耶. 学术水平反思——教授工作的重点领域,载《发达国

家教育改革的动向和趋势》[M].北京：人民教育出版社,1994。

[47] 商丽浩.限制兼任教师与民国大学学术职业发展[J].浙江大学学报：社会科学版,2010,40(6)：76-82。

[48] 沈红.论学术职业的独特性[J].北京大学教育评论,2011,9(3)：18-28。

[49] 时伟.大学学术职业发展的冲突与调适[J].江苏高教,2012(4)：16-18。

[50] 宋旭红.学术职业发展的内在逻辑[M].武汉：华中科技大学出版社,2008：73。

[51] 苏永建.多重制度逻辑中的中国学术职业——从政策调整到制度变革[J].江苏高教,2013(5)：13-16。

[52] 谭冠中.我国高校教师管理改革与学术职业发展走向的思考——基于中、美大学比较视野的审视[J].肇庆学院学报,2012,(4)：60-64。

[53] 唐纳德·肯尼迪.学术责任[M].阎凤桥等译,北京：新华出版社,2002。

[54] 托尼·比彻保罗·特罗勒尔.学术部落及其领地：知识探索与学科文化[M].北京：北京大学出版社,2008。

[55] 王应密.中国大学学术职业制度变迁研究[D].华中科技大学,2009。

[56] 吴薇,熊晶晶.近代莱顿大学教师学术职业特点与启示[J].集美大学学报,2013,14(1)：13-16。

[57] 吴岩.美国大学教师的学术职业化过程及其意义[J].教育评论,2008(2)：158-162。

[58] 吴艳茹.发达国家大学教师制度变革的基本动向及影响[J].教育与职业,2011(23)：94-96。

[59] 吴志兰.荷兰的学术职业——最近十几年的改革与发展[J].外国教育研究,2004(6)：57-60。

[60] 希尔斯.学术的秩序：当代大学论文集[M].李家永译,北京：商务印书馆,2007。

[61] 希拉·斯劳特,拉里·莱斯利.学术资本主义[M].梁晓,黎丽译,北京：北京大学出版社,2008。

[62] 熊华军,丁艳.中世纪大学学术职业的变化[J].大学教育科学,2011(2)：69-74。

[63] 熊华军,李伟.实践理性规定的中世纪大学学术职业[J].中国地质大学学报(社会科学版),2012(3)：93-98。

[64] 熊华军. 后学院科学时代的大学学术职业[J]. 高等教育研究,2012(9)：
　　　36－41。

[65] 熊华军. 理论理性规定的古希腊大学学术职业[J]. 当代教育与文化,
　　　2012,4(4)：86－91。

[66] 熊华军. 学院科学时代的大学学术职业[J]. 自然辩证法研究,2012(8)：
　　　49－53。

[67] 阎凤桥. 转型中的中国学术职业：制度分析视角[J]. 教育学报,2009,5
　　　(4)：8－17。

[68] 阎凤桥."西学东渐"与中国近现代学术职业的形成[J]. 中国高等教育
　　　评论,2014(5)：3－13。

[69] 阎光才. 我国学术职业环境的现状与问题分析[J]. 高等教育研究,2011
　　　(11)：1－9。

[70] 杨锐. 当代学术职业的国际比较研究[J]. 高等教育研究,1997(5)：
　　　89－97。

[71] 杨书燕,吴小节,汪秀琼. 制度逻辑研究的文献计量分析[J]. 管理评论,
　　　2017,29(3)：90－109。

[72] 叶菊艳. 叙述在教师身份研究中的运用—方法论上的考量[J]. 北京大
　　　学教育评论,2013(1)：83－94、191。

[73] 易红郡. 从编外讲师到终身教授：德国大学学术职业的独特路径[J].
　　　高等教育研究,2011(2)：102－109。

[74] 詹姆斯·杜德斯达. 21 世纪的大学[M]. 刘彤译. 北京：北京大学出版
　　　社,2005。

[75] 张斌贤. 学术职业化与美国高等教育的发展[J]. 北京大学教育评论,
　　　2004,2(2)：92－96。

[76] 张焱. 学术场域的变革与学术职业的坚守[J]. 教育发展研究,2013(9)：
　　　31－35。

[77] 张英丽. 学术职业与博士生教育. 武汉：华中科技大学出版社,2009。

[78] 赵晓梅. 十八世纪江南学术职业化的考察——读艾尔曼《从理学到朴
　　　学》[J]. 西南民族大学学报(人文社科版),2005,26(1)：68－70。

[79] 周光礼. 委托-代理视野中的学术职业管理——中国大学教师聘任制
　　　改革的理论依据与制度设计[J]. 现代大学教育,2009(2)：80－85。

[80] 周雪光,艾云. 多重逻辑下的制度变迁：一个分析框架[J]. 中国社会科
　　　学,2010(4)：132－150。

[81] 周艳. 中国高校学术职业的结构性变迁及其影响[J]. 清华大学教育研

究,2007,28(4):50-55。

[82] 朱春奎,舒皋甫,曲洁. 城镇医疗体制改革的政策工具研究[J]. 公共行政评论,2011(02):116-132。

[83] A 大学高级职务聘任实施办法[EB/OL]. http://xxgk. A. edu. cn/bd/2d/c5169a48429/page. htm。

[84] A 大学管理学院高级职务评审学术评价标准[EB/OL]. http://www. doc88. com/p-3136799485067. html。

[85] A 大学人事处. http://www. hr. A. edu. cn/4850/list. htm,2018-3-14。

[86] 中共中央关于教育体制改革的决定[EB/OL]. http://www. moe. gov. cn/jyb_sjzl/moe_177/tnull_2482. html。

[87] 中国教育在线. 全国高校人才引进数据分析报告[EB/OL]. http:// teacher. eol. cn/shu_jv_bao_gao_11982/20110913/t20110913_682871_3. shtml,2011-09-20。

[88] 中华人民共和国国家统计局[EB/OL]. http://data. stats. gov. cn/easyquery. htm? cn=C01. 2018-8-24。

[89] 中华人民共和国教育部. 中华人民共和国高等教育法[EB/OL]. http://www. moe. edu. cn/publicAiles/business/htmlAiles/moe/moe_619/200407/1311. html. 2016-10-11。

二、英文文献

[90] Bauer M. Book Reviews: J. Pfeffer and G. K. Salancik: The External Control of Organization 1978, New York: Harper and Row [J]. Organization Studies, 1980,1(3):298-300.

[91] Becher T. Decline of Donnish Dominion: The British Academic Professions in the Twentieth Century [J]. Journal of Higher Education, 1994,65(65):114.

[92] Benjamin E. The New Academic Generation: A Profession in Transformation by Martin J. Finkelstein; Robert K. Seal; Jack H. Schuster [J]. Academe, 1999,85(5):86.

[93] Bhappu A D. The Japanese Aamily: An Institutional Logic for Japanese Corporate Networks and Japanese Management [J]. Academy of Management Review, 2000,25(2):409-415.

[94] Blackburn R T, Lawrence J. H. Faculty at Work: Motivation [J]. Achievement Need, 1995,64(4):26.

［95］Bowen H R，Schuster J H. American Professors：A National Resource Imperiled ［M］. OxAord University Press，1986.

［96］Boyer E L. Scholarship Reconsidered：Priorities of the Professoriate ［J］. Academe，1990,42(1)：151.

［97］Butler G. Anxiety：Theory，research and intervention in clinical and health psychology ［J］. Journal of Child &- Aamily Studies，1995 (10)：10.

［98］Campbell. T.，Slaughter，S. Faculty and administrators attitudes towards potential conflicts of interests，commitment and equity in university industry-relationships ［ J ］. The Journal of Higher Education，1999,70(3)：309

［99］Clark B R. The Academic LiAe：Small Worlds，Different Worlds ［J］. Educational Researcher，1989,18(18)：4 - 8. 20.

［100］Clark B R. The Academic Profession：National，Disciplinary，and Institutional Settings ［ M ］. University of CaliAornia Press，1987：37.

［101］Curtis J H，Caplow T，Mcgee R J. The Academic Marketplace ［J］. American Journal of Sociology，1961,20(2)：92.

［102］Eisenhardt K M. Agency Theory：An Assessment and Review ［J］. Academy of Management Review，1989,14(1)：57 - 74.

［103］Engel A J. From Clergyman to Don ：The Rise of the Academic Profession in Nineteenth-century OxAord ［M］. OxAord University Press，1983.

［104］Felder D W. Review：American Academics：Then and Now，by Logan Wilson ［J］. Improving College and University Teaching，1980,28(3)：140 - 141.

［105］Frederick Rudolph. The American College and University ［M］. New York：A. Division of Random House. 1962.

［106］Friedland R，Alford R R. Bringing society back in：Symbols，practices and institutional contradictions ［A］. W. W. Powell，Dimaggio. P. J. In The New Institutionalism in Organizational Analysis ［C］，1991(10)：232 - 263.

［107］Hallett T，Ventresca M J. Inhabited Institutions：Social Interactions and Organizational forms in Gouldner's Patterns oA Industrial

Bureaucracy [J]. Theory & Society, 2006,35(2): 213 - 236.

[108] Halsey A H, Trow M A. The British academics [M] Faber and Faber Ltd. 1971.

[109] Harold J. Perkin. Key Profession: the history of the association of university teachers [M], London: Routledge & Kegan. Paul, 1969.

[110] Hazelkorn E. Rankings and the Battle Aor World-class Excellence [J]. Journal of Higher Education Policy & Management, 2009,21 (1): 4 - 4.

[111] Jacob P E. Social Sciences: Changing Values in College. An Exploratory Study of the Impact of College Teaching [J]. American Journal of Education, 1958,66(2): 127

[112] Jencks C, Riesman D. The academic revolution. [M]. The academic revolution. The University of Chicago Press, 1977: 113 - 117.

[113] Julie Battilana, Bernard Leca, Eva Boxenbaum. How Fctors Change Institutions: Towards a Theory of Institutional Entrepreneurship [J]. Academy of Management Fnnals, 2009,3(1): 65 - 107.

[114] Kogan M, Moses I, El-Khawas E. Staffing Higher Education: Meeting New Challenges [J]. 1994,22(7): 364 - 392.

[115] LieAner I. Aunding, resource allocation, and performance in higher education systems [J]. Higher Education, 2003,46(4): 469 - 489.

[116] Linnell R H E. Dollars and Scholars. An Inquiry into the Impact of Faculty Income upon the Function and Future of the Academy. Ainal Summary [J]. Journal of Higher Education, 1984,55(3): 430.

[117] Martin J. Finkelstein, Robert K. Seal&Jack H. Schuster. The New Academic Generation: a profession in transAormation [M],Baltimore and London, 1998.

[118] Meara K O', Bloomgarden A. The Pursuit of Prestige: The Experience of Institutional Striving From a Faculty Perspective [J]. Journal of the Professoriate, 2011,9(2): 4.

[119] Meyer J W, Rowan B. Institutionalized Organizations: Formal Structure as Myth and Ceremony [J]. American Journal of Sociology, 1977,83(2): 340 - 363.

[120] Michael P. Lempert. The Academic Man: A Study in the Sociology of a Profession [J]. Educational Studies, 1996,27(3): 236 - 241.

［121］ Mok K H. The Quest for World Class University: Quality Assurance and International Benchmarking in Hong Kong ［J］. Quality Assurance in Education, 2005,13(13): 277 - 304.

［122］ Morrill P H, Spees E R. The Academic Profession. Teaching in Higher Education. ［M］. Human Services Press, 1982.

［123］ Murphy A. The Institutional Logics Perspective: A New Approach to Culture, Structure and Process ［J］. Leadership &. Organization Development Journal, 2012,15(6): 583.

［124］ Ostrom E. Beyond Market and States: Polycentric Governance of Complex Economic Systems ［J］. American Economic Review, 2015, 100(4): 641 - 672.

［125］ P. G. Altbach. Comparative Perspective on the Academic Profession ［M］. New York: Praeger Publishers. 1977.

［126］ Pfeffer J, Salancik G R. Organizational Decision Making as a Political Process: The Case of a University Budget ［J］. Administrative Science Quarterly, 1974,19(2): 135 - 151.

［127］ Pfeffer J, Salancik G R. Social Control of Organizations ［J］. British Journal of Sociology, 1978,23(4): 406 - 421.

［128］ Royston Greenwood, Mia Raynard, Aarah Kodeih, et al. Institutional Complexity and Organizational Responses ［J］. Academy of Management Annals, 2011,5(1): 317 - 371.

［129］ Sauder M, Espeland W. Strength in Numbers? The Advantages of Multiple Rankings ［J］. Indiana Law Journal, 2005, 81 (1): 205 - 227.

［130］ Soni P. The External Control of Organizations (Pfeffer and Salancik, 1978) ［C］. IIMB Internal. 2014.

［131］ Suchman M C. Managing Legitimacy: Strategic and Institutional Approaches ［J］. Academy of Management Review, 1995, 20 (3): 571 -610.

［132］ Thornton P H, Ocasio W, Lounsbury M. The Institutional Logics Perspective ［M］. OxAord University Press, 2012.

［133］ Thornton P H, Ocasio W. Institutional Logics ［M］. The SAGE Handbook of Organizational Institutionalism, 2008.

［134］ Thornton P H. Markets From Culture: Institutional Logics and

Organizational Decisions in Higher Education Publishing [M]. 2004.

[135] Thornton P H. Institutional Logics and the Historical Contingency of Power in Organizations: Executive Succession in the Higher Education Publishing Industry, 1958 - 1990 [J]. American Journal of Sociology, 1999,105(3): 801 - 843.

[136] Voronov M, Clercq D D, Hinings C R. Institutional complexity and logic engagement: An investigation of Ontario Aine wine [J]. Human Relations, 2013,66(12): 1563 - 1596.

[137] Zhong Z, Ulicna D, Han S. The EU and China: the Race for Talent-The Relevance and Responsiveness of Higher Education [M]. Internationalisation of Higher Education: An EAIE Handbook. 2014.

[138] Renn K A, Dilley P, Prentice M. Identity Research in Higher Education: Commonalities, Differences,and Complementarities [M]. Higher Education: Handbook of Theory and Research. Springer Netherlands, 2003: 109 - 127.

附录一：调查问卷

我国研究型大学学术职业基本现状调查问卷

非常感谢您在百忙之中能够抽空参与我们的调查！本调查是为了了解我国研究型大学学术职业的基本现状，调查只用作学术研究，问卷均为匿名答卷，我们会对您的信息绝对保密，请您根据题目要求认真作答，谢谢您的合作！

一、您的基本情况（请在符合您情况的题项上打"√"）

1. 您的性别是
   ① 男　② 女
2. 您的年龄是
   ① 30 岁以下　② 30—40 岁　③ 41—50 岁　④ 51—60 岁
   ⑤ 60 岁及以上
3. 您在本校工作时间是
   ① 0—3 年　② 4—6 年　③ 7—10 年　④ 11—20 年
   ⑤ 20 年及以上

4. 您的最高学历是

　　① 本科及以下　　② 硕士　　③ 博士

5. 您的最高学位是否在中国大陆获得?

　　① 是　　② 否,在哪个国家或地区,请注明_____

6. 在获得学士、硕士、博士学位及做博士后的经历中,您在本校学习过几次?

　　① 没有　　②1次　　③2次　　④3次　　⑤4次

7. 您的学科属于

　　① 哲学、文学、历史学、艺术学　　② 经济学、管理学、法学、教育学

　　③ 理学、工学、农学、医学　　④ 其他

8. 您的专业技术职务是

　　① 正高级　　② 副高级　　③ 中级　　④ 初级或未定职

9. 您所从事的工作岗位属于

　　① 教学为主型　　② 研究为主型　　③ 研究型

10. 您是通过什么途径进入目前工作大学的?

　　① 国家分配　　②公开竞聘　　③ 各类人才计划引进

　　④ 完成博士后直接留校　　⑤ 其他,请注明_____

11. 您目前的校内年收入在下列哪个区间?

　　①5万以下　　②5—10万　　③11—15万　　④16—20万

　　⑤21—25万　　⑥26—30万　　⑦30万以上

12. 本校您所在学科的学术水平在国内达到了何种水平?

　　① 国内顶尖　　② 国内一流　　③ 一般　　④ 不好评价

13. 您选择从事大学教师职业,主要原因有哪些?（多选）

　　① 工作稳定,收入有保障　　② 社会地位高

　　③ 工作独立自主　　④ 能够影响他人或改变社会

　　⑤ 喜欢大学教师的生活方式　　⑥ 能够探究自己喜欢的学问

　　⑦ 与其他职业相比,更了解大学　　⑧ 重要他人的影响

　　⑨ 其他,请注明_____

14. 您选择目前工作大学的主要原因有哪些?(多选)
　　① 该大学的国际国内声誉　　　② 该大学所在学科的影响力
　　③ 该大学的学术环境　　　　　④ 有熟人引荐
　　⑤ 该大学的薪酬待遇　　　　　⑥ 该大学所在的城市
　　⑦ 该大学和学科的发展潜力　　⑧ 有过在该大学学习的经历
　　⑨ 其他,请注明_____

15. 在职业发展过程中,推动您持续前进的动力主要有哪些?(多选)
　　① 增加收入　　　② 晋升职称/职务　　③ 提高学术声誉和地位
　　④ 促进学科发展　⑤ 培养更多学生　　⑥ 坚守学术责任和理想
　　⑦ 持续的工作兴趣　⑧ 其他,请注明_____

16. 您对自己教学研究工作的整体满意度如何评价?
　　① 非常满意　② 比较满意　③ 基本满意　④ 不太满意
　　⑤ 非常不满意

17. 如果有再次选择的机会,您将会怎样选择自己的职业?
　　① 再次选择本校本岗
　　② 再次选择大学教师,但去其他学校任教
　　③ 选择去大学以外的机构

二、您的教学科研工作情况(请在符合您情况的题项上打"√")

18. 近三年以来,您承担了几门本科生课程的教学工作(选择教授课程门数)?
　　① 1 门　② 2 门　③ 3 门及以上
　　④ 没有承担(如果没有承担,请跳过 19 题)

19. 如果承担过本科教学工作,您上一次学生评价的结果怎样?
　　① 优秀　② 良好　③ 中等　④ 合格　⑤ 不合格

20. 近三年以来,您取得的学术成果数量,请在下表中填写成果数,没有的请填写"0"。

成果类型	主编或参编著作/教材	第一作者/通讯作者发表论文	主持或参与省部级及以上课题	主持或参与地厅级、校级、学会等项目
数量				
成果类型	主持或参与横向课题	作为主要参与人申请专利	获得省部级及以上奖励	获得地厅级、校级、学会等奖励
数量				

21. 您的工作兴趣符合下列哪一种描述？

　　① 主要兴趣为教学　② 教学与研究都有兴趣,但对教学更感兴趣
　　③ 主要兴趣为研究　④ 教学与研究都有兴趣,但对研究更感兴趣

22. 根据目前的工作情况,教学、研究和社会服务工作在您工作总时间中各占多大比例？ 请在对应比例的表格中打"√",(社会服务指教师利用自己的专业知识为本校、国家、社会提供的其他服务性活动)。

工作类型	20%以下	20%—40%	41%—60%	61%—80%	81%—100%
教学时间					
科研时间					
社会服务时间					

23. 在您可以自由支配的时间里,教学、科研和社会服务工作的时间是如何分配的？ 请在对应比例的表格中打"√"。

工作类型	20%以下	20%—40%	41%—60%	61%—80%	81%—100%
教学时间					
科研时间					
社会服务时间					

24. 您觉得下面哪一项最符合本校教学与科研关系的实际状况？

　　① 重教学,轻科研　　　　② 重科研,轻教学

　　③ 教学、科研同等重视　　④ 教学、科研都不受重视

25. 您目前从事的研究工作主要属于下列哪一类？

　　① 基础研究或理论研究

　　② 解决经济社会发展重大问题的应用研究

　　③ 技术开发和应用推广研究

　　④ 人才培养与教学改革方面的研究

26. 在选择一项新的研究课题时,您会优先考虑下列哪些问题？
　　(多选)

　　① 个人的能力和兴趣　　　② 学生的发展需要

　　③ 学科建设的需要　　　　④ 服务国家战略的需要

　　⑤ 解决社会问题的需要　　⑥ 市场开发前景或应用价值

　　⑦ 学校和院系发展的需要　⑧ 个人职业生存发展的需要

27. 您认为贵校目前的教师评聘中,下列哪些项目越来越受到重
　　视了？

　　① 教学工作的数量　　　② 学生评教结果

　　③ 出版或发表的数量　　④ 代表性成果

　　⑤ 获得各种奖励或荣誉　⑥ 主持完成研究项目

　　⑦ 其他,请注明_____

28. 您认为,谁的决定在学术聘任和晋升中起关键性作用？

　　① 校级领导　　　② 校级学术权威　　③ 职能部门管理人员

　　④ 院系管理人员　⑤ 院系学术权威　　⑥ 校外同行评议人

29. 您认为贵校薪酬分配的现状如何？(多选)

　　① 层级差距过小,不太合理

　　② 有一定的层级差距,比较合理

　　③ 青年教师收入太低

　　④ 高职务、高职称的教师收入太高

⑤ 课题项目较多的教师收入太高

⑥ 不同院系或学科教师之间的收入差距较大

⑦ 行政干部的实际收入远远高于普通教师

三、学术职业角色和学术职业环境感知情况

30. 在下列描述中，您认为大学教师最应该承担哪些角色？（请选择最符合的 5 项）

① 教师或教育者　　② 学者或研究者　　③ 学生的导师

④ 学生的朋友　　　⑤ 真理的发现者　　⑥ 技术的发明者

⑦ 知识的创造者　　⑧ 知识的权威　　　⑨ 公共知识的传播者

⑩ 文化的引领者　　⑪ 社会的批判者　　⑫ 道德的榜样

⑬ 社会的良心

31. 在下列描述中，您很好地履行了哪些角色？（请选择最符合的 5 项）

① 教师或教育者　　② 学者或研究者　　③ 学生的导师

④ 学生的朋友　　　⑤ 真理的发现者　　⑥ 技术的发明者

⑦ 知识的创造者　　⑧ 知识的权威　　　⑨ 公共知识的传播者

⑩ 文化的引领者　　⑪ 社会的批判者　　⑫ 道德的榜样

⑬ 社会的良心

32. 除了教学研究工作，您还担任下列哪些角色？（可多选）

① 兼任校内的行政职务

② 学术期刊、研究项目、高等院校等的同行评议人

③ 全国性、国际性学科委员会成员

④ 学术团体领导人（如专业性学会/协会的理事）

⑤ 政府或企业组织的咨询专家或顾问

⑥ 没有担任上述角色

33. 在中国想要成为一位出色的学者,除了个人的学术能力,您认为下列选项的中哪几项比较重要?(可多选)

　　① 学位获得机构的地位和声誉

　　② 导师的学术声誉和影响力

　　③ 机构的排名和学术声誉

　　④ 已建立起来的人际网络与关系

　　⑤ 担任校内外行政职务

　　⑥ 专业团体或组织中担任理事或领导职务

　　⑦ 社会声誉和知名度

　　⑧其他,请注明＿＿＿＿＿＿

34. 下列关于大学教师学术工作变化的描述中,您比较同意哪几项?(可多选)

　　① 教学越来越变成了无足轻重的工作

　　② 越来越多的教师为了完成绩效考核任务而工作

　　③ 越来越多的教师变成了知识的贩卖者

　　④ 从研究中获得的成就远远高于教学的回报

　　⑤ 越来越多的教师感觉教学是一种良心活

　　⑥ 有时获得政府的奖励能够更快提高声望和地位

　　⑦ 学术工作的功利性越来越严重

　　⑧ 教师评聘中同行评价的作用仍十分有限

35. 下面是您对学术职业环境的主观感受,请在符合您情况的选项对应的空格内打"√"。

题项	非常符合	比较符合	基本符合	不太符合	非常不符合
我喜欢目前的学术工作					
我很清楚自己的学术目标					

题项	非常 符合	比较 符合	基本 符合	不太 符合	非常 不符合
我会根据自己的兴趣自由选择研究方向					
我能够在工作中获得较高的成就感和精神回报					
学校有清晰的发展战略和目标					
学校最高领导者能够胜任学校的领导工作					
学校及学科具有较好的学术地位和研究平台					
教学和辅助人员提供了良好的服务					
学校行政管理专业化水平逐渐提高					
我经常参与学校或院系内部决策					
我对工资津贴和福利待遇比较满意					
我的收入足以维持体面的生活需要					
我比较喜欢学校的研究氛围					
我与同事的交流与合作比较频繁					
我的工作能够持续获得导师的指导					
在这里工作有更多的国际交流机会					
国家研究资助制度公平合理					
政府学术奖励制度公平合理					
各类人才计划项目设置合理					
重大项目获得者名实相符					
学术奖励名实相符					
政府重大资助项目价值大					
校内学术晋升制度公平合理					

续　表

题项	非常符合	比较符合	基本符合	不太符合	非常不符合
校内岗位流动自由					
校内教师考评制度公平合理					
校内收入分配制度公平合理					
无关学术杂务多					
备受各种考评之累					
学术奖励项目过滥					
生活压力很大					
工作压力很大					
学生评价压力很大					
考核与晋升压力很大					
工作是谋生的手段					
行政职务吸引力大					
将来可能离开本校					
将来可能移居海外					

附录二：教师访谈提纲

教师访谈提纲

1. 结合您的学习和工作经历，请您谈谈您对大学教师职业的理解，您觉得研究型大学教师的学术身份主要有哪些？更加看重大学教师的哪些身份？

2. 您在实际工作中教学和研究工作的基本情况如何？您更喜欢教学工作还是研究工作？在您的日常生活中教学、研究和社会服务工作的时间和精力是如何分配的？

3. 在您的学术工作中，哪些因素会影响您的学术职业身份与工作选择？请您重点谈一谈院校晋升、考评政策对您学术工作选择的影响？您面临的主要工作压力来自哪里？

4. 请您简要介绍一下您的职称晋升过程，在这个过程中您有什么体会和感受？在这个过程中主要采用什么方法评价教师的学术能力？您对"代表作"制度有什么看法？

5. 您觉得本校学术环境怎么样？

后　　记

　　学术职业是一种以学术研究为志业和追求的人,马克斯·韦伯称他们是"由神职召唤的,以知识的探索、发现与传播为天职的人",学术职业在西方专指大学教师所从事的职业。随着高等教育功能的扩展,大学教师这一职业群体的职业身份、理想信念及工作模式都与马克斯·韦伯的时代相去甚远。那么,原本无上光荣的学术职业为什么会变得不再神圣? 这样的变化会产生什么样的结果? 带着这些疑问,在复旦大学求学期间,我以制度变迁的视角对我国研究型大学教师学术职业身份和工作选择问题进行了深入的研究。

　　本书是在我博士论文的基础上加工而成的。每每想起复旦求学的经历都会让我感慨万千,在这里开启了我的学术生涯,在这里明白了何为"探求真知,学无止境"。五年足以改变一个人,复旦的这五年,在良师益友的鼓励和鞭策下,我的科研能力得到了提升,心灵得到了沉淀,职业理想一步步升华,使我在未来的人生之路上更加充满了信心和斗志。

　　在复旦求学的五年中,我的恩师林荣日老师给了我莫大的帮助,老师的鼓励和肯定给了我信心和勇气。从论文的整体框架到语言符号,老师的指导至今记忆犹新。在这里由衷地感谢林老师,是您为我的学术道路指明了方向,引导我学会思考,使我掌握了在学术道路上披荆斩棘的本领。

通往真理的道路注定是布满荆棘的，拥有披荆斩棘的勇气和过关斩将的本领方能到达真理的彼岸。虽然毕业论文的写作过程非常艰辛，因为有坚持，因为有老师和同学的帮助，才完成了论文的研究与写作。从论文的选题到研究设计，从实地调研到统计分析，从篇章结构到问题分析，从论文初稿到修改定稿，每一个环节都充满着艰辛和历练，在一次次的怀疑和批判中找到了可行的方法和持续的动力。坚持，唯有坚持才是战胜一切困难的方法。

真理愈辩愈明，新知唯有在思想碰撞中产生。在复旦求学的五年中，十分有幸，碰到了许多具有真知灼见的老师和热情洋溢的同学，与他们的交流和探讨总是能够让我思维开阔、才思泉涌。总是能够回想起在熊庆年、牛新春、朱春奎和林荣日等老师课堂上学习的情景，老师点拨、课间讨论、课后追问，课堂上讨论的话题被转化为研究选题，完成了课程论文并发表。老师们精深的学术造诣，高尚的人格魅力，激励着我知术欲圆、行旨须直。在此，非常感谢几位老师的指导和教诲，由衷地祝愿你们身体健康，学术之树长青！

独学而无友，则孤陋而寡闻。学术研究需要志同道合者，结伴而行，唯此学术之路才不会孤独。虽然复旦高教所博士生较少，但是"小集体承载大梦想"，几个怀揣学术梦想的年轻人聚集到了复旦高教所，大家共同学习、共同生活、交往甚密、共同成长。2014年秋天，我同李威、查自力同一年进入高教所读博士，三人一同上课，在餐点上研讨，在讨论中迸发出思想的火花。来自香港地区的林嘉妍和陈中杰为我们带来了香港地区高等教育的一手资料。同门的王佳、黄天慧、沈洋、张天骄、阚斌斌、边静等博士生一起参加林老师主持的课题研究，大家通力合作、相互交流，在研究中学会了课题申报、研究设计、论文发表等方法，并建立了真挚的情谊。真心地感谢这几年遇到的这些大胆、热情、富有理想和智慧的同学们,有你们的陪伴和坚守,我的学术之路才会充满激情和希望。

此外,感谢毕业论文调研中参与问卷调查的所有老师们,感谢你们能够在百忙之中抽出宝贵的时间填写问卷,协助我收集到了非常重要的数据和信息,为我的论文提供了真实有效的一手资料。感谢参与我深度访谈的二十几位老师,您能抽出两三个小时与我分享你们的故事与感受,使我在收集资料的同时,感受到了学术研究的意义和学术职业的魅力。鉴于学术伦理,恕我不能在这里对你们一一表示感谢,由衷地感谢你们对我研究的支持与帮助。

最后,感谢我亲爱的妻子和可爱的儿子,你们是我学习生活的动力和源泉,你们辛苦了!在书稿出版之际,我的妻子安桂花对书稿的第五章进行了修改,并对全书的文字进行了校对。我的妻子总是在我最困难的时候给予我鼓励,在我求学的这几年承担着照顾家庭和孩子的重任,解决了我的后顾之忧。我的儿子总是能够在我写作困难的时候带给我欢乐,你给了我无尽的动力、信心和责任。再次感谢我温柔善良的妻子和可爱聪慧的孩子,感谢你们与我一起分担困难,共享喜乐,坚信我们一家的生活会更加美好、幸福!

本书是我博士阶段学术研究工作的总结,希望有更多的学者对我国研究型大学教师的学术职业身份与工作选择问题展开更加深入的研究。本书在写作过程中难免会有不足和缺陷,恳请同行们不吝赐教!

谨以此书献给关心、帮助我的人们,感激之情无以言表,唯有笔耕不辍,不断求索,用实际行动回报大家!

师玉生

2021 年 3 月于河西学院

图书在版编目(CIP)数据

我国研究型大学教师学术职业身份与工作选择:基于 A 大学的个案研究/师玉生著. —上海:上海三联书店,2022.8
ISBN 978 - 7 - 5426 - 7853 - 9

Ⅰ.①我… Ⅱ.①师… Ⅲ.①高等学校-教师-学术工作-研究-中国 Ⅳ.①G644

中国版本图书馆 CIP 数据核字(2022)第 158603 号

我国研究型大学教师学术职业身份与工作选择
——基于 A 大学的个案研究

著　　者／师玉生

责任编辑／杜　鹃
装帧设计／一本好书
监　　制／姚　军
责任校对／王凌霄

出版发行／上海三联书店
　　　　　(200030)中国上海市漕溪北路 331 号 A 座 6 楼
邮　　箱／sdxsanlian@sina.com
邮购电话／021－22895540
印　　刷／上海惠敦印务科技有限公司

版　　次／2022 年 8 月第 1 版
印　　次／2022 年 8 月第 1 次印刷
开　　本／890mm×1240mm　1/32
字　　数／250 千字
印　　张／10.125
书　　号／ISBN 978 - 7 - 5426 - 7853 - 9/G・1650
定　　价／68.00 元

敬启读者,如发现本书有印装质量问题,请与印刷厂联系 021－63779028